Himmel
über
Ostpreussen

Maja Schulze-Lackner

Himmel über Ostpreussen

Roman

Weltbild

Besuchen Sie uns im Internet:
www.weltbild.de

Genehmigte Lizenzausgabe für Verlagsgruppe Weltbild GmbH,
Steinerne Furt, 86167 Augsburg

Umschlaggestaltung: Höpfner-Thoma, Planegg
Umschlagmotiv: Getty Images, München (© Marek Mnich)
Gesamtherstellung: GGP Media GmbH, Pößneck
Printed in the EU
ISBN 978-3-86800-777-0

2014 2013 2012 2011
Die letzte Jahreszahl gibt die aktuelle Lizenzausgabe an.

1848

Sehr früh war in diesem Jahr der Winter über Ostpreußen hereingebrochen. Innerhalb von ein paar Stunden war das Thermometer um 10 Grad gefallen. Obwohl erst Anfang November, versank das Land bereits im Schnee, und der eisige Ostwind trug dazu bei, dass kaum jemand Lust verspürte, die schützenden Mauern des Schlosses zu verlassen. Die Tag und Nacht von den Dienern befeuerten Kamine hatten Mühe, die hohen, weiten Räume ausreichend zu heizen. Es würde noch eine Weile dauern, bis sich die dicken Mauern erwärmt hatten und man sich im ganzen Schloss bewegen konnte, ohne ständig zu frieren. Die behaglichsten Zimmer waren die nicht allzu große Bibliothek, der Lieblingsraum des Schlossherrn, Horst Graf von Wallerstein, und der grüne Salon, ein mit Biedermeiermöbeln aus hellem Kirschholz eingerichteter Raum. Auf pastellfarbenen Smyrner-Teppichen standen mehrere Sitzgruppen, zierliche Stühle und Sessel, die mit beige-hellgrün gestreifter Seide bezogen waren. Vor dem großen Kamin gruppierten sich Sofas und Sessel und überall Tischchen mit Nippes, Silberschalen und üppigen Blumenarrangements aus dem schlosseigenen Treibhaus. Die hohen, von resedafarbenen Ripsportieren eingerahmten Fenster boten freien Blick auf den herrlichen, tief verschneiten Park. An den mit hellgrüner Seide bespannten Wänden hingen in Pastell gemalte Landschaftsbilder in ovalen Goldrahmen.

Kurt, der Diener, war gerade dabei, den Teetisch vor dem Kamin zu decken, als Aglaia, die einzige Tochter der Wallersteins, mit ihrer Cousine Tanya von Ahlfeld in das Zimmer stürmte. Beide Mädchen hatten leuchtend rote Backen. »Puh, ist das kalt«, sagte Tanya und hielt ihre klammen Hände über das prasselnde Feuer. »Kaum bin ich angekommen, zerrst du mich schon hinaus in die eisige Kälte. Morgen setze ich keinen Fuß vor die Tür.«

»Ach, stell dich nicht so an«, sagte Aglaia lachend. »Ein bisschen frische Luft hat noch keinem geschadet.« An den Diener gewandt fügte sie hinzu: »Wo ist meine Mutter, schläft sie noch?« Sie zählte die Tassen auf dem Teetisch. »Warum deckst du für fünf, bekommen wir Besuch?«

»Ja, die Frau Gräfin erwartet die Frau Kommerzienrat Heller und die Baronin von Welsen.«

»O Gott!« Die beiden jungen Mädchen rollten die Augen. »Bitte, Kurt, servier uns den Tee in der Bibliothek«, bat Aglaia. »Papa kommt ja erst morgen aus Berlin zurück.«

»Is jut, mach ich«, sagte Kurt schmunzelnd »werd man noch tüchtich einheizen drüben, is ja bastich kalt heute.«

Aglaia senkte ihre Stimme zu einem Flüstern. »Weißt du was, Cousinchen? Wir werden den beiden alten Schabracken höflich guten Tag sagen und uns dann nach drüben verdrücken.«

»Tante Wilhelmine wird das aber gar nicht recht sein«, sagte Tanya zweifelnd. »Du weißt doch, wie viel Wert sie darauf legt, dass wir mit ihren Freundinnen gepflegte Konversation machen. Hast du etwa Mademoiselle Claude vergessen?«

»O Gott, nein, wie könnte ich! Wenn ich an die denke, packt mich immer noch das kalte Grausen.« Ihre Mutter hatte eines Tages die Idee gehabt, zusätzlich zum Privatlehrer eine Gouvernante einzustellen. »Die Mädchen müssen anständige Manieren lernen«, hatte sie ihrem Mann mitgeteilt. »Aglaia treibt sich ja nur noch im Stall herum oder reitet stundenlang über die Felder. Mich umweht hier von morgens bis abends dieser scheußliche Stallgeruch. Und Tanya vergräbt sich mit ihren Büchern in ihrem Zimmer.«

»Und was ist daran auszusetzen?«, hatte der Graf gefragt. »Sie sind doch noch Kinder.«

»Daran auszusetzen ist, dass sie einfach kein Benehmen haben. Wenn Gäste da sind, verdrücken sie sich, anstatt sich gesittet an der Unterhaltung zu beteiligen.«

»Wahrscheinlich langweilen sie sich«, lachte der Graf, »und ehrlich gesagt, bei einigen deiner Freundinnen kann ich das auch verstehen.«

Allen Einwänden zum Trotz wurde eine Gouvernante eingestellt. Ein ältliches, vertrocknetes Fräulein ohne jeglichen Humor, ein Musterbeispiel ihres Berufsstandes sozusagen. Sie war immer in Schwarz gekleidet, nur ein täglich frisches weißes Spitzenkrägelchen hellte die Trostlosigkeit ein wenig auf. Auf dem schütteren, zu einem Knoten gezurrten Haar, saß eine kleine Haube und auf der spitzen Nase ein Zwicker. Sie aß mit bei Tisch und gab den Mädchen ständig Anweisungen wie: »Aglaia, halt dich bitte gerade.« – »Man isst die Suppe etwas zierlicher, Tanya, man sollte den Löffel nicht hören.« – »Meine Güte Aglaia, wie kann man die Kartoffeln nur so unfein zerdrücken?« – »Eine vollendete Dame wischt sich den Mund nicht ab wie ein Kutscher, Tanya. Sie tupft sich nur zart die Mundwinkel mit der Serviette.« So ging es in einem fort. Vor allem ihre Ordnungsliebe brachte die Mädchen oft zur Verzweiflung. »Man lässt keine Bücher aufgeschlagen herumliegen, Tanya.« – »Aglaia, die Reitgerte gehörte in den Stall. Würdet ihr euch bitte langsam Ordnung angewöhnen.«

Die herrlichen freien Nachmittage waren jetzt vollgestopft mit Unterricht im Sticken und Klavierspiel. Eines Tages meinte sie: »Heute werden wir Übungen zur Konversation machen. Eine gepflegte Unterhaltung ist lebensnotwendig für eine junge Dame.« Mademoiselle Claude hatte sich da etwas ausgedacht, auf das sie ganz besonders stolz war, das ihr allerdings zum Verhängnis werden sollte. Im großen Salon wurden auf verschiedenen Sesseln Puppen platziert, die Schilder um den Hals trugen mit Namen aus dem Bekanntenkreis der Wallersteins. »Ihr kennt diese Herrschaften ja alle«, begann sie streng. »Nun versucht einmal, euch mit ihnen zu unterhalten.«

Die Mädchen saßen sprachlos da. Dann begannen sie zu kichern. Das war ja wohl der Gipfel der Blödheit!

»Nun, dann fangen wir mal mit der Kommerzienrätin Heller an. Aglaia, möchtest du beginnen?« Die Augen der Gouvernante funkelten böse, und ihr schmaler Mund war zu einem Strich zusammengepresst. Aglaia saß trotzig da, die Arme über der Brust verschränkt. »Mit der doofen Heller will ich nicht reden. Die strickt ja immer nur.«

»Und du, Tanya? Wie ist es mit dir?«

Tanya überlegte fieberhaft, was sie die Kommerzienrätin fragen könnte, dann sagte sie leise: »Was wird das denn da, Frau Heller, vielleicht ein Schal?«

Aglaia prustete los. »Das ist doch wirklich zu blöd«, rief sie, »nein, so was Dummes.« Sie konnte sich gar nicht beruhigen. Vor Zorn bebend holte die Gouvernante ein Stöckchen aus ihrer Tasche und gab Aglaia damit einen Schlag auf die Hand. Die schrie laut »Aua!« und sah die Gouvernante entsetzt an. Noch nie hatte sie jemand geschlagen. Dann brach sie in Tränen aus. In dem Moment betrat der Graf den Salon.

»Was um Gottes willen machen Sie denn da, sind Sie von allen guten Geistern verlassen?« Auf seiner Stirn schwoll eine dicke Ader, ein sicheres Zeichen außergewöhnlichen Zorns.

»Ich versuche den beiden jungen Damen im Auftrag ihrer Gattin Manieren beizubringen«, antwortete sie spitz.

»So, hat meine Frau Ihnen auch aufgetragen, sie zu schlagen?« Er bebte vor Wut.

»Nun, nicht so direkt …«

»Sie verlassen auf der Stelle das Schloss«, befahl er, jetzt wieder ganz beherrscht. »Man wird Ihnen in der Verwaltung Ihr Gehalt bis Monatsende auszahlen.« Das war das jähe Ende der Ära Mademoiselle Claudes.

Zu Aglaias und Tanyas Erleichterung wurde keine neue Gouvernante angestellt. Stattdessen mussten sie, als sie alt genug waren, die Schule für Höhere Töchter der Leonie von Quasten besuchen – darauf hatte Aglaias Mutter Wilhelmine bestanden.

»Ach Tanyachen, mach dir man um Mama keine Gedanken«, sagte Aglaia jetzt. »Ich werde sie bitten, uns zu entschuldigen. Schließlich bist du ja gerade erst aus Königsberg zurückgekommen.« Aglaia brannte darauf, den neuesten Klatsch aus der Großstadt zu erfahren. Sie war gerade achtzehn geworden, nicht ganz zwei Jahre älter als ihre Cousine und hatte ihre Ausbildung dort bereits vor einiger Zeit beendet.

»Danke, Kurt.« Aglaia lächelte den Diener dankbar an, als er den Salon verließ, um in der Bibliothek einzuheizen. Im Hinausgehen hielt er die Tür auf für Wilhelmine von Wallerstein. »Ah, da bist du ja wieder, Tanya«, begrüßte sie ihre Nichte kühl.

»Ja, Tante Wilhelmine«, sagte Tanya und küsste mit einem

tiefen Knicks die Hand ihrer Tante. »Ich bin froh, wieder zuhause zu sein.«

»Nun, ich erwarte, dass Fräulein von Quasten dir anständige Manieren beigebracht hat. Wie ist dein Zeugnis? Ich hoffe ...«

»Aber Mamachen!«, fiel ihr Aglaia ins Wort. »Du weißt doch, Tanya ist viel klüger und viel braver als ich. Ihr Zeugnis ist hervorragend.«

»Du sollst so etwas doch nicht sagen.« Flehend sah Tanya ihre Cousine an. Sie wusste, ihre Tante schätzte es gar nicht, wenn sie irgendetwas besser konnte als Aglaia.

»Nun zeig es doch Mama, Tanya.«

Zögernd reichte Tanya Wilhelmine das weiße, mit goldener Schrift beschriebene Büttenpapier. Achtlos legte die es auf den Teetisch. »Ich werde es mir später ansehen. Ach, ich höre schon die Stimme der Baronin – nehmt ihr den Tee mit uns?«

»Nein, Mamachen«, sagte Aglaia schnell. »Ich habe Tanya so lange nicht gesehen. Wir gehen rüber in die Bibliothek. Du bist doch nicht böse?«

Die Baronin betrat von der Frau Kommerzienrat gefolgt den kleinen Salon. Beide wurden von Wilhelmine überschwänglich begrüßt. Die beiden Mädchen küssten den Damen die Hand, und nach ein paar belanglosen Worten verschwanden sie nach nebenan.

Aglaia und Tanya konnten unterschiedlicher nicht sein. Aglaia war groß, mit breiten, geraden Schultern, einem üppigen Busen und einer schlanken Taille. Das bildschöne Gesicht wurde von großen dunklen Augen mit dichten langen Wimpern beherrscht. Die braunen Locken waren mit Schildpattkämmchen achtlos nach oben gesteckt, und ihre vollen roten Lippen entblößten beim Lachen eine Reihe makelloser, perlweißer Zähne. Sie hatte eine gesunde Gesichtsfarbe, die sie wohl ihrem steten Verlangen nach frischer Luft verdankte. Wann immer das Wetter es erlaubte, ritt sie stundenlang über die Felder, und auch jetzt trieb sie sich so oft sie konnte im Stall herum, striegelte ihre Lieblingsstute Hortensie und verwöhnte sie mit Möhren oder Zucker.

Tanya dagegen war genau das Gegenteil. Klein und zart, glich sie einer Madonna. Die tizianroten Haare waren in der Mitte gescheitelt und hinten zu einem dicken Zopf geflochten, sodass sie die zierlichen Ohren fast verdeckten. Ihre Haut war alabasterfarben, und die grüngrau gesprenkelten Augen blickten meist melancholisch. Doch auch die entzückende kleine Nase und der herzförmige zartrosa Mund, ihre ganze Anmut und Lieblichkeit, konnten nicht darüber hinwegtäuschen, dass das junge Mädchen nicht glücklich war. Nur hin und wieder begleitete sie Aglaia bei ihren Ausritten. Sie fürchtete sich ein wenig vor den großen Tieren, die ihr unheimlich waren. Lieber las sie Bücher, die Bibliothek ihres Onkels war ja unerschöpflich. Oder sie schrieb heimlich Gedichte, die sie aber nicht einmal Aglaia zeigte.

Die beiden jungen Mädchen verband ein Geheimnis. Schon als kleines Kind war Aglaia äußerst neugierig gewesen. Ihr war aufgefallen, dass der oberste Stock des Schlosses nie benutzt wurde, selbst wenn das Haus voller Gäste war. »Was ist da, Papachen?«, fragte sie eines Tages ihren Vater. »Da oben ist es immer so still?«

»Dort hat mein Onkel Archibald, der Bruder deines Großvaters, gelebt«, antwortete er. »Er hat jeden Abend mit seinem Teleskop die Sterne beobachtet. Der Himmel über Ostpreußen war das Einzige, was ihn am Ende noch interessierte. Wir haben alles so gelassen, wie es nach seinem Ableben war. Aber gut, dass du mich daran erinnerst. Gelegentlich möchte ich die Räume ausleeren lassen.«

Aglaias Neugierde war geweckt. Ein paar Tage später hatten sich die Mädchen die Erlaubnis erbeten, im selben Zimmer zu schlafen. Es war eine sternenklare Nacht, und irgendwann rief Aglaia leise: »Tanya, schläfst du schon?«

»Nein, noch nicht so ganz«, flüsterte diese. »Was ist, kannst du nicht schlafen?«

»Steh auf, wir wollen heute auch mal die Sterne beobachten wie Großonkel Archibald!«

Tanya rieb sich schlaftrunken die Augen. »Das dürfen wir bestimmt nicht. Wenn Tante Wilhelmine ...«

»Ach, du weißt doch, Mama geht immer früh zu Bett. Niemand wird uns hören.« Leise öffnete Aglaia die Tür. Kein Laut war zu vernehmen. »Nun komm!« Sie nahm Tanya fest bei der Hand. »Hab keine Angst. Ich bin ja bei dir.« Barfuß stiegen sie vorsichtig die Treppe hinauf. Wenn eine Stufe knarzte, blieben sie mit klopfendem Herzen stehen. Aber niemand schien sie zu hören, und so gingen sie leise weiter. Die oberen Türen waren unverschlossen. Fahles Mondlicht beschien die mit großen weißen Tüchern verhüllten Möbel. Es roch modrig und verstaubt, und Spinnen hatten riesige Netze gespannt.

»Das ist fürchterlich gruselig.« Tanya zitterte am ganzen Leib. »Sieh nur die Bilder an den Wänden. Die Augen verfolgen uns mit ihren Blicken.«

»Ach Unsinn«, sagte Aglaia forsch, obwohl ihr das alles auch nicht ganz geheuer war, »das sind bloß unsere Ahnen, die sind schon ewig lange tot. Na ja, manchmal sollen sie im Schloss spuken, sagt Kurt.«

Tanya erstarrte. »Ich will hier sofort weg. Ich will wieder in mein Bett!« Sie schlotterte vor Angst.

»Nun stell dich nicht so an.« Aglaia sprach nun in normaler Lautstärke. »Ich glaube nicht an Gespenster. Und sieh mal, dahinten, das muss das Fernrohr von Großonkel Archibald sein.« Sie zog ihre zitternde Cousine mit sich, und tatsächlich, da stand es, das Wunderding, leicht verstaubt, aber noch völlig intakt.

In dieser Nacht eröffnete sich den beiden Mädchen eine neue Welt. Sooft sie konnten, schlichen sie nach oben und betrachteten staunend den Himmel. War einmal für längere Zeit schlechtes Wetter, fieberten sie der Nacht entgegen, wenn es endlich wieder klar und ihre Sterne wieder zu sehen waren. Sie hatten gehört, dass sie alle Namen hatten, aber aus Angst, entdeckt zu werden, wagten sie niemanden danach zu fragen.

Eines Abends, sie saßen dicht beieinander und blickten hinauf in das geheimnisvolle Weltall, sagte Aglaia: »Ich glaube, Tanya, es gibt nichts Schöneres auf der Welt als den Himmel über Ostpreußen.«

Tanya nickte schweigend. Drei der unzähligen Himmelskörper erschienen ihnen besonders strahlend. »Onkel Horst hat einmal gesagt, als ich wieder mal so furchtbar traurig war, meine Mama wäre jetzt ein Engel und wohnte auf einem der Sterne. Sieh mal, Aglaia, der da, ganz links, siehst du ihn? Ich glaube, da sitzt meine Mama und schaut auf mich herunter.« Ganz glücklich sah sie in diesem Moment aus. »Ich werde den Stern Ingewild nennen. So hieß nämlich meine Mama.«

»Ich habe eine Idee, Tanya«, sagte nun Aglaia aufgeregt. »Wir suchen uns jetzt jede einen Stern aus, dem wir unseren Namen geben. Und wenn wir mal voneinander getrennt sein sollten …«

Verschreckt klammerte Tanya sich an ihre geliebte Cousine.

»Aber du gehst doch nicht weg von mir? Versprich mir das, bitte!«

»Natürlich nicht, du Dummchen«, gab Aglaia altklug zurück, »aber es kann ja mal sein, wenn wir groß sind, und auch nur für kurze Zeit ... Also dann gucken wir immer am Abend um zehn Uhr in den Himmel zu unseren Sternen und denken aneinander. Wollen wir uns das versprechen?«

Tanya nickte ernst. »Ganz fest will ich dir das versprechen.«

»Danke, Kurt.« Aglaia hob die Hand, als der Diener ihnen den Tee einschenken wollte. »Wir brauchen dich nicht mehr. Ich mache das selbst.« Sie konnte es kaum erwarten, endlich mit ihrer geliebten Cousine allein zu sein. »Nun erzähl doch«, fragte sie aufgeregt, »was gibt es Neues?« Es klopfte, und Kurt betrat mit Feuerholz erneut den Raum. Während er sich am Kamin zu schaffen machte, kuschelte sich Tanya in den tiefen russischgrün bezogenen Ledersessel. Sie liebte diesen Raum mit seinen unzähligen Büchern, Erstausgaben so vieler berühmter Dichter und Schriftsteller, den dicken Teppichen und dem großen, mit rotem Safranleder bezogenen Schreibtisch. Dort hatte ihr geliebter Onkel Horst sie oft getröstet, wenn Tante Wilhelmine mal wieder streng und ungerecht mit ihr gewesen war. Als sie ganz klein war, hatte sie sich in ihrem Kummer manchmal in dem Mahagonigehäuse der großen Standuhr versteckt und war nur durch gutes Zureden ihres Onkels dazu zu bewegen gewesen, dieses wieder zu verlassen. Immer hatte er ein liebes Wort für sie. Oft, wenn er sie irgendwo leise weinend fand, hörte sie ihn danach mit seiner Frau schelten. Einmal hatte Tanya gelauscht.

»Was hast du nur gegen das arme Kind. Sie kann doch nun wirklich nichts dafür«, hatte sie ihren Onkel sagen hören.

»Man muss streng mit ihr sein! Manche Dinge vererben

sich, dem muss Vorschub geleistet werden«, war die Antwort ihrer Tante gewesen. Tanya hatte keine Ahnung, an was sie schuld sein sollte. Auch was sie geerbt haben könnte, war ihr schleierhaft, und irgendwann vergaß sie das Gespräch. Aber was sie nicht vergessen konnte, war, dass ihre Tante sie hasste.

Aglaias Stimme riss sie aus ihren Gedanken. »Was ist Tanya? Nun erzähl schon.« Aglaia reichte ihr eine Tasse heißen Tee. »Kurt ist weg. Also, hat dir Egbert einen Antrag gemacht?« Sie blickte ihre Cousine gespannt an. Die Tasse in Tanyas Hand begann heftig zu zittern, und das zarte Porzellan fing an zu klirren. Ihre Augen füllten sich mit Tränen.

»Nein …« Sie schwieg.

»Aber warum nicht?«, rief Aglaia aufgebracht. »Seit über einem Jahr macht er dir den Hof. Wir … ich … meine Mama rechnet fest mit einer Verlobung.«

»Ich weiß.« Tanya hatte sich wieder gefasst. »Deine Mutter will mich so schnell wie möglich loswerden.«

»Ach Tanyachen …« Aglaia sprang auf und nahm das unglückliche Mädchen in den Arm. »Mama ist manchmal ein bisschen streng mit dir, ich weiß, aber sie meint es doch nur gut, ganz bestimmt.«

Tanya antwortete nichts darauf. Sie wusste, dass es nicht stimmte. Als Neugeborenes war sie zu den Wallersteins gekommen und zusammen mit Aglaia aufgewachsen. Sie waren wie Geschwister und liebten sich von Herzen. Irgendwann, als sie größer wurde, hatte man ihr gesagt, dass ihre Eltern bei einem Unfall ums Leben gekommen seien und Horst von Wallerstein als einziger Verwandter sich angeboten hatte, sie bei sich aufzunehmen. Er liebte sie und zeigte es ihr auch immer wieder. Aber Wilhelmine lehnte sie ab. Alles hatte Tanya versucht, die Liebe oder wenigstens ein bisschen Zuneigung ihrer strengen Tante zu gewinnen. Aber sie war nur auf eisige Ablehnung gestoßen, und irgendwann gab sie ihre Bemühungen auf. Als sie älter wurde, hatte sie Fragen nach ihren Eltern gestellt, aber immer nur ausweichende Antworten bekommen, und hatte schließlich aufgehört zu fragen.

»Also, was ist los?«, fragte Aglaia erneut. »Habt ihr euch gestritten?«

»Nein. Ich weiß nicht, was los ist. Egbert ist in der letzten Zeit so merkwürdig. Er liebt mich, das weiß ich. Aber er hat anscheinend große Sorgen. Man munkelt in Königsberg, dass seine Familie in finanziellen Schwierigkeiten ist. Sein Vater spielt ... Es geht da wohl um große Summen ... ach, ich weiß nicht.« Sie war kurz davor, in Tränen auszubrechen.

»Du meinst, Graf Schlieren hat sein ganzes Vermögen verspielt?« Aglaia blickte ihre Cousine entsetzt an. »Das ist ja furchtbar.« Sie nahm einen Schluck Tee. »Aber Egbert ist doch Offizier bei den Ulanen. Was hindert ihn daran, dich zu heiraten?«

»Vielleicht, weil ich keine Mitgift bekomme. Ich weiß es nicht! Jedenfalls hat er mich noch nicht gefragt, und ich kann ihm ja schließlich keinen Antrag machen.« Tanya wirkte in ihrem Unglück so klein und zerbrechlich, dass Aglaia versuchte, sie aufzuheitern.

»Nächste Woche beginnt die Saujagd. Egbert kommt bestimmt, jedenfalls war er bisher immer da.« Sie puffte Tanya liebevoll in die Seite. »Komm, sei wieder fröhlich. Es wird bestimmt alles gut. Und jetzt erzähl mal, was in Königsberg so los war.«

Während Aglaia dem harmlosen Klatsch Tanyas lauschte, schoss Wilhelmine im kleinen Salon mit ihrem Stickrahmen in der Hand ihre Giftpfeile ab. »Nun ist Ihre Nichte ja auch mit der Schule fertig«, sagte die Frau Kommerzienrat Heller und lud sich das fünfte Stück Kuchen auf den Teller. »Wird sie weiter bei Ihnen leben?«

»Ich hoffe sehr, dass wir sie bald unter der Haube haben«, antwortete Wilhelmine spitz. »Wir haben sie ja lange genug durchgefüttert.«

Elvira von Welsen sah ihre alte Freundin leicht belustigt an. »Na ja, meine Liebe, die Haare scheint sie euch nun nicht gerade vom Kopf gefressen zu haben. Sie ist ja zart wie ein Grashalm, im Gegensatz zu dir.«

Wilhelmines Gesicht lief rot an.

»Wenn du die paar Pfund meinst, die ich zugenommen habe ... *ridicul* ist das. Einfach lächerlich, so etwas zu sagen!« Sie fächelte sich mit ihrer Stickerei Luft zu. Die Wechseljahre machten ihr zu schaffen und natürlich die unübersehbare Gewichtszunahme. Sie warf der Elvira von Welsen einen empörten Blick zu. »Du hast gut reden«, fügte sie beleidigt hinzu. »Du bist ja richtig dürr.« Sie schnaufte tief. »Aber schließlich führst du ja auch seit Manfreds Tod keinen großen Haushalt mehr mit ich weiß nicht wie vielen Mahlzeiten.« Der Baron war vor über einem Jahr an einem Herzinfarkt gestorben.

»Sei nicht albern, Wilhelmine«, sagte Elvira, »ich war immer schlank und habe auch die Absicht, es zu bleiben.«

»Nun, was Tanya angeht«, nahm Wilhelmine den verlorenen Faden wieder auf, »weißt du doch, Elvira, was ich meine.«

»Natürlich weiß ich das, meine Liebe. Du kannst das arme Würmchen einfach nicht ausstehen.«

»Du liebe Zeit, das arme Würmchen! Wo wäre sie denn, wenn wir uns ihrer nicht angenommen hätten?« Ihr mächtiger Busen hob und senkte sich.

»Gibt es denn schon einen geeigneten Kandidaten?«, fragte Frau Kommerzienrat Heller jetzt, um die gereizte Stimmung zu entschärfen.

»Nun, Egbert Schlieren bemüht sich schon seit einiger Zeit um sie. Erstaunlich, wo sie doch mit keinerlei Mitgift zu rechnen hat. Er ist eine sehr gute Partie, fabelhafte Familie. Offensichtlich scheint ihn die …«

»Wilhelmine!« Die schneidende Stimme Elviras ließ die Gräfin innehalten. »Überleg dir gut, was du sagst!« Frau Kommerzienrat Heller hörte schlagartig auf zu kauen. Jetzt schien es äußerst interessant zu werden. Eigentlich war es ihr unbequem, sich direkt am Klatsch zu beteiligen, was aber nicht hieß, dass sie sich nicht brennend für all das interessierte. Aber zu ihrem Verdruss wechselte die Gräfin sofort das Thema, und die Kommerzienrätin griff wieder zu ihrem Strickzeug.

»Warst du nicht kürzlich bei deinen Verwandten auf Schloss Birkenau, Elvira?«, fragte Wilhelmine. »Wie geht es denn dem Grafen Kaulitz? Wir haben ihn eine Weile nicht gesehen. Seit dem Tod seiner Frau hat er sich ja sehr zurückgezogen. War es gemütlich? Erzähl doch mal.«

»Es war reizend. Man isst hervorragend. Das Schloss ist neu renoviert und wunderbar eingerichtet, die Diener in Livree, glatt rasiert …«

»Was, glatt rasiert?«, fiel ihr Frau Kommerzienrat Heller ins Wort »das hätte es in meiner Jugend nicht gegeben!« Ihre Stricknadeln klapperten empört.

»Nun, die Zeiten ändern sich«, lächelte die Baronin amüsiert. »Übrigens geht es Jesko, meinem Cousin – wir sind wirklich nur sehr weitläufig verwandt –, sehr viel besser, seit sein Sohn Eberhard seinen Abschied genommen hat. Er lebt jetzt auf Birkenau und hat die Verwaltung der schlosseigenen

Güter übernommen.« Sie nahm einen Schluck Tee. »Er war ja immer mehr Landwirt als Soldat.«

»Ich weiß, sehr zum Kummer seiner Mutter.« Kommerzienrätin Heller rümpfte die Nase. »Sie liebte ja alles, was mit Militär zu tun hatte. Immer wieder wusste sie zu erwähnen, was für ein hochrangiger und schneidiger Offizier ihr Vater gewesen ist.«

»Eberhards Abschied von den Ulanen war ja wohl nicht ganz freiwillig«, warf Wilhelmine jetzt ein. »Wie gut, dass die Kaulitz das nicht mehr erleben musste.«

Die Kommerzienrätin nickte verständnisvoll, während Elvira laut auflachte. »Alle Welt weiß, dass der arme Junge von seinem Rittmeister erwischt wurde, als er drei Stunden nach dem Zapfenstreich und auch wohl etwas derangiert in seine Garnison zurückkam. Man hätte das als Kavaliersdelikt abtun können, aber dieser Rittmeister hat es an die große Glocke gehängt.«

»Und nun ist der junge Graf degradiert und nur noch Offizier der Reserve. Der ganze Landkreis hat sich ja darüber echauffiert«, fügte Wilhelmine spitz hinzu.

»Eine Schande ist das, eine Schande«, murmelte die Kommerzienrätin.

»Macht euch doch nicht lächerlich!« Elvira war jetzt erbost. Diese Diskussion begann ihr auf die Nerven zu gehen. »Weder Jesko noch Eberhard machten mir einen unglücklichen Eindruck, das scheint mir doch die Hauptsache zu sein. Und solch Geschwätz hat sie noch nie interessiert. Übrigens erwähnte Jesko, dass du sie zu eurer Saujagd eingeladen hast, Wilhelmine. Offensichtlich hat dich diese ›Schande‹ nicht davon abgehalten.« Es machte Elvira höllischen Spaß, ihre Freundin zu ärgern. Sie wusste, wie sehr dieser daran lag, den seit einigen Jahren eingeschlafenen gesellschaftlichen Verkehr mit den von Kaulitz wieder aufleben zu lassen. Schließlich gehörten sie zu den einflussreichsten und größten Grundbesitzern des Landkreises.

Wilhelmine schoss giftige Blicke in Richtung ihrer Freundin. »Man muss auch vergessen können«, sagte sie leichthin. »Was meinst du denn, Elvira, werden sie kommen?« Man sah ihr an, dass sie vor Neugierde platzte.

»Jesko war sich noch nicht ganz sicher«, flunkerte Elvira. Sollte Wilhelmine doch noch ein paar Tage in Ungewissheit schmoren. »Er wird dir eine Note schicken. Übrigens, Eberhard hat sich nach Aglaia und Tanya erkundigt. Er meinte, die entzückenden kleinen Mädchen müssten ja inzwischen bildhübsche junge Damen geworden sein. Er hat sie jahrelang nicht gesehen.«

Ehe Wilhelmine antworten konnte, meinte die Kommerzienrätin, nun doch noch etwas zur Konversation beitragen zu müssen. Unaufhörlich mit ihrem Strickzeug klappernd, sagte sie: »Ihre Mamsell, beste Gräfin, hat mir kürzlich das Rezept für die wunderbare Blaubeermarmelade gegeben. Ich weiß nicht, irgendwie ist sie mir nicht gelungen.«

»Da werden Sie wohl etwas falsch gemacht haben, meine Liebe«, sagte Elvira, sich erhebend. Sie wusste, jetzt würde die Mamsell gerufen, man würde über Blaubeermarmelade palavern, und sie hasste nichts mehr als Gespräche über Kochrezepte.

»Willst du schon gehen?«, fragte Wilhelmine erstaunt.

»Ja, ich muss mich leider verabschieden. Ich habe ganz vergessen, dass mich meine Schneiderin in Insterburg zur Anprobe erwartet.«

»Was, du lässt dir neue Kleider machen?« Wilhelmine sah

sie fassungslos an. »Doch wohl nicht etwas Farbiges! Du bist doch in Trauer.«

»Ich bin jetzt über ein Jahr in Schwarz herumgelaufen, und du weißt genau, wie sehr ich um Manfred getrauert habe. Aber nun ist damit Schluss, ob es dir passt oder nicht.« Sie sagte das ganz ruhig, obwohl sie innerlich kochte. »Ich denke nämlich nicht daran, die nächsten zwanzig Jahre als trauernde Witwe zu verbringen, und noch weniger will ich eine dicke Matrone werden …« Im letzten Moment verkniff sie sich das »wie du«.

Ächzend versuchte die Gräfin, sich aus ihrem Sessel zu erheben, um ihre Freundin zu verabschieden.

»Lass nur, Wilhelmine, bleib sitzen. Ich finde schon allein hinaus. Bis bald und auf Wiedersehen, Frau Kommerzienrat.«

Der Wind hatte nachgelassen, und durch eine Wolkenlücke schimmerte die blasse Sonne hervor. Fest in ihre Felldecke gewickelt, genoss Elvira von Welsen die Fahrt durch die verschneite Landschaft. ›Schrecklich, diese alte Heller‹, dachte sie, ›was Wilhelmine bloß an ihr findet?‹ Aber eigentlich, wenn sie es recht bedachte, war ihre alte Freundin auch nicht viel besser als die Kommerzienrätin. Was war nur aus der ›schönen Wilhelmine‹ ihrer Jugend geworden? Elviras Gedanken wanderten zurück in die Vergangenheit. Sie und Wilhelmine waren gleich alt, seit ihrer Kindheit befreundet und hatten alle Geheimnisse miteinander geteilt. Ihre Eltern hatten miteinander verkehrt, später besuchten sie beide dasselbe Mädchenpensionat und heirateten sogar im gleichen Jahr. Elvira den etwas älteren Manfred von Welsen, einen Königsberger Bankier, und Wilhelmine Horst von Wallerstein, den schönsten Mann des Landkreises und das Objekt der Begierde aller heiratsfähigen jungen

Damen. Aber Wilhelmine hatte alle aus dem Feld geschlagen. Zwar war sie von niederem Adel, Horsts Mutter war darüber nicht gerade entzückt gewesen, aber dafür eine außergewöhnliche Schönheit. ›Wenn ich Aglaia sehe, denke ich immer, Wilhelmine steht vor mir‹, dachte Elvira. ›Wie schade, dass sie sich dermaßen gehenlässt.‹ Sie seufzte. Was hatte sie für eine traumhafte Figur gehabt und dazu dieser verschleierte Blick! Und was ist jetzt aus ihr geworden – sie ist aus dem Leim gegangen, die schönen Augen eingebettet in Fett und Tränensäcke. Kaum zu glauben, dass sie erst siebenundvierzig Jahre alt ist. Wie eine sechzigjährige Matrone sieht sie inzwischen aus. Und richtig bösartig ist sie inzwischen. Wie sie mit der armen Tanya umgeht, ist ein Skandal, wirklich! Und das schon seit so vielen Jahren ... Ja, ja, ihre alte Freundin ist schon lange nicht mehr die, die sie mal so sehr bewundert hatte. Kaum erstaunlich, dass Horst immer mehr Zeit in Berlin verbringt. Na gut, es ist Revolution – jedenfalls hört man ständig davon. Aber hier in Ostpreußen, auf dem Land konnte man sich das gar nicht so richtig vorstellen. Ob er nicht doch eine Geliebte in Berlin hat, wie man munkelte? Wilhelmine hatte wohl noch nichts davon mitgekriegt. Jedenfalls hatte sie bisher nichts erwähnt. Elviras Gedanken wanderten zu Manfred, ihrem verstorbenen Mann. Er hatte sie geliebt. Immer wenn sie von Wilhelmine geschwärmt hatte, hatte er ihr gesagt, wie entzückend er sie selbst fand. »Du gefällst mir viel besser als sie. Du bist so süß und hübsch, so zierlich, und ganz besonders liebe ich dein entzückendes Stupsnäschen und die blonden Locken.«

Elvira wusste, er mochte keine dicken Frauen, und immer, wenn ihr Mieder etwas enger saß, aß sie von allem nur noch die Hälfte. Bis jetzt hatte sie es so gehalten, und sie beabsichtigte auch nicht, das zu ändern. Manfred hatte ihr ein beträchtliches Vermögen hinterlassen. ›Jetzt ist die Trauerzeit vorbei‹, dachte sie, ›und ich werde mein Leben genießen. Auf keinen Fall werde ich in meinem Witwentum aufgehen. Wilhelmine wird sich noch wundern.‹ Sie schreckte aus ihren Gedanken hoch. Der Schlitten hielt in der Wilhelmstraße vor dem Haus von Frau Klühspieß, ihrer Schneiderin.

Der Graf war schon früh am Morgen nach Wallerstein zurückgekehrt. Er saß bereits im Frühstückszimmer bei der Lektüre der *Neuen Preußischen Zeitung*, als Aglaia hereinstürmte. »Papachen, wie schön, dass du wieder da bist.« Strahlend fiel sie ihrem Vater um den Hals.

»Mein Liebling!« Er drückte seine Tochter fest an sich, um sie dann mit beiden Armen von sich zu schieben. »Jedes Mal, wenn ich wieder nach Hause komme, bist du noch hübscher geworden«, sagte er, »und meine Angst, dass dich mir jemand wegnehmen könnte, wird von Mal zu Mal größer.«

Aglaia lachte auf. »Keine Angst, Papachen, Verehrer gibt es ja genug, aber bis jetzt gefällt mir noch keiner so gut wie du.« Bewundernd betrachtete sie ihren Vater. Was war er doch für ein schöner Mann! Ungewöhnlich groß und schlank, wirkte er wesentlich jünger als zweiundfünfzig. Sein von den täglichen Ausritten leicht gebräuntes Gesicht wurde beherrscht von leuchtend blauen Augen unter buschigen Brauen und einer fein gebogenen, aristokratischen Nase. Auffallend war sein voller, sinnlicher Mund. Die immer noch dunklen Haare waren an den Schläfen leicht ergraut, und sein Gesicht war bis auf einen schmalen, gestutzten Wangenbart glatt rasiert.

»Wo ist Tanya? Sollte sie nicht schon wieder hier sein?«

»Ja, sie ist gestern angekommen. Sie wird gleich da sein, sie war noch nicht ganz mit ihrer Toilette fertig.«

In diesem Moment betrat die Gräfin den Raum. Der Graf erhob sich und küsste seiner Frau die Hand. »Guten Morgen, meine Liebe«, sagte er förmlich »wie ist dein Befinden?«

»Danke, ich möchte nicht klagen.« Sie fächelte sich mit ihrer Serviette Luft zu. »Die fliegende Hitze macht mir zu schaffen. Abscheulich ist das, wirklich abscheulich.« Sie ließ sich von Kurt Tee einschenken. »Und wie war deine Reise, seit wann bist du zurück?«, fuhr sie fort.

Die Tür öffnete sich, und der Graf wandte sich um. »Tanya, meine Kleine, wie schön dich wieder bei uns zu haben.« Er nahm seine Nichte in den Arm.

»Ja, Onkel Horst, ich freue mich auch, wieder hier zu sein«, sagte das junge Mädchen errötend, und an ihre Tante gewandt: »Verzeih, Tante Wilhelmine, dass ich etwas zu spät bin. Aber ich war doch sehr müde.«

Bevor diese etwas sagen konnte, rief der Graf: »Du musst dich doch nicht entschuldigen, mein Kind. Erhol dich jetzt erst mal von dem Drill bei der Quasten.«

»Das hat ja wohl noch keinem geschadet«, murmelte die Gräfin.

Die Bemerkung ignorierend, fragte der Graf: »Nun, Tanya, ich nehme an, du hast ein fabelhaftes Zeugnis. Darf ich es denn mal sehen?«

»Ich habe es Tante Wilhelmine gegeben«, antwortete Tanya schüchtern.

»So, und wie ist es?« Fragend blickte er zu seiner Frau.

»Ich hatte noch keine Zeit, es mir anzusehen«, sagte diese unwirsch.

»Soso, mit was warst du denn so beschäftigt?« Der Graf hob verärgert die Augenbrauen.

»Gestern hatte ich die Kommerzienrätin Heller zum Tee, und Elvira war auch kurz da ...«

»Das ist ja hochinteressant!« Die Ironie in seiner Stimme war nicht zu überhören. Bevor er seinem Ärger Luft machen konnte, wurde die Unterhaltung von Kurt unterbrochen, der auf einem silbernen Tablett die Post brachte. »Ah, Jesko Kaulitz kommt mit Eberhard zur Saujagd«, rief der Graf erfreut, als er das erste Couvert geöffnet hatte. »Wir haben uns ja seit einer Ewigkeit nicht mehr gesehen. Eberhard muss jetzt auch schon Anfang zwanzig sein.«

»Er ist vier Jahre älter als ich«, sagte Aglaia. »Tante Elvira hat es mir kürzlich erzählt.«

»Ach, die gute Elvira, wie geht es ihr denn? Durch meine ständigen Reisen nach Berlin sehe ich sie ja kaum noch.« Sie war eine der wenigen Freundinnen seiner Frau, die er mochte. »Wird sie auch zur Saujagd kommen?«

»Ja«, sagte Wilhelmine indigniert, »und wahrscheinlich in einem farbigen Kleid!«

»Und was ist daran so ungewöhnlich, ich meine, was stört dich daran?« Wieder sah er seine Frau fragend an.

»Sie ist schließlich Witwe.« Wilhelmine schnaufte empört.

»Nun lass mal die Kirche im Dorf.« Er wurde jetzt wirklich ärgerlich. »Manfred ist bald zwei Jahre tot ...«

»Eineinhalb!«

»Nun dann eben eineinhalb. Aber Elvira ist eine lebenslustige Person. Es ist bestimmt nicht in Manfreds Sinn, dass sie für den Rest ihres Lebens in Trauer versinkt.« Aglaia und Tanya wechselten einen verstohlenen Blick. Die Diskussion wurde ihnen zu ungemütlich. Wilhelmines Gesicht war verdächtig rot angelaufen.

»Dürfen wir aufstehen, Mamachen?«, bat Aglaia. »Du

weißt, nach dem Frühstück brauche ich immer frische Luft.« Und ohne eine Antwort abzuwarten, zog sie Tanya mit sich aus dem Zimmer.

Auch der Graf erhob sich. »Verzeih, meine Liebe. Ich habe wichtige Post. Du weißt, die Revolution ... Wir sehen uns später.« Eilig verließ auch er den Raum. Die wütende Wilhelmine blieb allein zurück.

Seit Tagen herrschte im Schloss rege Betriebsamkeit. Gästezimmer wurden gelüftet, Betten frisch bezogen, Böden geschrubbt, Regale abgestaubt und alle vorhandenen Kamine angeheizt. Die Vorbereitungen für die Saujagd liefen auf Hochtouren, und auch in der Küche herrschte Hochbetrieb. Die Mamsell trieb mit lauter Stimme die Küchenmädchen zur Eile an, und wenn mal wieder eine Pastete oder Sülze nicht so geworden war, wie sie es sich vorgestellt hatte, hörte man bis in den grünen Salon ihr entsetztes »Erbarrrmung!«. Ungefähr vierzig Gäste wurden erwartet, ganz genau wusste man das nie. Die meisten würden übernachten, und wenn ihnen danach war, auch einige Tage länger bleiben. Das war so üblich in Ostpreußen, und kein Gastgeber käme auf die Idee zu fragen, wie lange man denn zu bleiben gedenke. Wilhelmine war in ihrem Element. Sie kommandierte die Stubenmädchen herum, ließ wegen jeder Kleinigkeit die Hausdame kommen und ermahnte mehrmals Kurt, den ersten Diener, darauf zu achten, dass die Livree der Lakaien jederzeit ausgebürstet, die Handschuhe makellos weiß und die Schuhe blank geputzt seien. Gerda, ihre Zofe, wurde angewiesen, ihr neues Abendkleid etwas auszulassen. Nach der unverschämten Bemerkung Elviras über ihr Gewicht hatte Wilhelmine es vorsichtshalber noch einmal anprobiert, und tatsächlich war es etwas zu eng.

»Es muss irgendwie eingegangen sein«, stellte sie ärgerlich fest. »Es ist mir schleierhaft, wie so etwas passieren kann.« Gerda machte dazu ein ausdrucksloses Gesicht. Später in der Küche sagte sie zu der Mamsell: »Die Gjnädige wird man immer dicker. Allet, aber och allet is ihr zu eng.«

Tanya war überglücklich. Nach tagelangem bangem Warten war endlich ein Brief von Egbert angekommen. »Er schreibt, dass er mich liebt«, sagte sie strahlend zu Aglaia, »und er kann es kaum erwarten, mich zu sehen. Ich soll ihn sooft es geht auf meiner Tanzkarte eintragen.« Sie seufzte tief. »Er kommt nur morgen zur Soiree, leider kann er nicht zur Saujagd bleiben.« Sie drückte den Brief wie einen Schatz an ihre Brust. »Ich bin ja so froh, Aglaia. Ich kann ihn sehen, auch wenn es nur für ein paar Stunden ist.«

»Siehst du, ich hab dir doch gesagt, es wird alles gut.« Aglaia streichelte die Hand ihrer Cousine. »Ich bin ja so froh, dich wieder glücklich zu sehen.«

Endlich war der Abend der Soiree gekommen. Hunderte von Kerzen tauchten die große Halle in ein warmes Licht, und der Hausherr begrüßte die ersten Gäste. Wo blieb denn bloß Wilhelmine? Schon mehrere Male hatte er verstohlen auf seine goldene Taschenuhr gesehen. Bereits zehn Minuten nach sieben! Was war nur in sie gefahren? Sie wusste doch, wie sehr er Unpünktlichkeit hasste.

Währenddessen versuchten die Zofe und ein zu Hilfe gerufenes Stubenmädchen verzweifelt, Wilhelmine in ihr Korsett zu zwängen. »Können gjnädigste Gjräfin nich noch en bisschen mehr Luft einhalten«, rief Gerda verzweifelt. »Es fehlt ja man nur noch gjanz wenig.«

Wilhelmines Gesicht war hochrot angelaufen, und Schweißperlen standen auf ihrer Stirn. »Nun macht schon«, japste sie, »ich muss runter, ich bin schon viel zu spät!« Endlich war der letzte Haken am Korsett zu und das dunkelgrüne Samtkleid unter größter Mühe geschlossen. »Du solltest es doch weitermachen, Gerda!«, schnaubte Wilhelmine. »Hast du es vergessen?«

»Nu ne nich!« Die Zofe war leicht pikiert. »Ich hab man alles rausgjelassen, nu is nüscht nich mehr drin in den Nähten.«

Als hätte sie das nicht gehört, rief Wilhelmine aufgebracht: »Gib mir meine Puderdose … wo ist denn bloß mein Fächer, und die Smaragde, mein Lorgnon … schnell!« Endlich war sie fertig und betrat, sich unaufhörlich Luft zufächelnd, die bereits halbgefüllte Halle.

Ihr Mann begrüßte gerade Jesko von Kaulitz und seinen Sohn Eberhard. »Mein lieber Kaulitz, was für eine Freude, dich zu sehen«, und zu Eberhard: »Donnerwetter, mein Junge, was bist du für ein stattlicher Kerl geworden.« Wilhelmine trat zu ihnen. »Ah, da bist du ja, meine Liebe. Sieh nur, wer gerade gekommen ist.« Sein Blick strafte seine freundlichen Worte Lügen. Die beiden Herren begrüßten sie mit einem Handkuss, man tauschte Freundlichkeiten aus, und dann mischten sie sich unter die anderen Gäste.

Auch Aglaia und Tanya waren endlich mit ihrer Toilette fertig. Sie waren etwas spät, weil Tanya sich nicht entscheiden konnte, was sie anziehen sollte. Schließlich hatte sie ein altrosa schillerndes Taftkleid gewählt und die Taille so eng geschnürt, dass man sie mit zwei Händen umfassen konnte. Der tiefe Ausschnitt ging über in kleine Puffärmel, und aus dem weiten, bauschigen Rock sah man die Spitzen ihrer rosa Satinschuhe. Ihr Haar war an den Seiten zu dicken Schnecken geflochten, und als einzigen Schmuck trug sie Ohrringe aus rosa

Südseeperlen, ein Geschenk ihres Onkels zu ihrem sechzehnten Geburtstag.

»Du siehst einfach hinreißend aus«, sagte Aglaia. »Egbert soll tot umfallen, wenn er dir jetzt keinen Antrag macht!«

»Du übertreibst«, Tanya errötete leicht. »Sieh doch selbst in den Spiegel. Du siehst erst recht umwerfend aus.«

Aglaia trug ein tief dekolletiertes Abendkleid aus zartgelber Spitze, unterlegt mit gelbem Taft. Die dunklen Locken waren zu einer kunstvollen Hochfrisur aufgetürmt, in die kleine Schleifen aus gelben Seidenbändern gesteckt waren. Um den Hals trug sie ein zweireihiges *Collier de Chien* aus weißen Perlen. Während sie die langen gelben Glacéhandschuhe überstreifte, fragte sie: »Hast du meinen Fächer gesehen, Tanya?« Nach kurzem Suchen war er gefunden, verdeckt von Unterröcken und achtlos abgelegten Kleidern. Das immer lauter werdende Stimmengewirr von unten, vermischt mit dem Stimmen der Instrumente des Orchesters ließ Aglaia aufhorchen. »Komm, Tanya, wir müssen gehen. Du weißt, wie sehr Papa Unpünktlichkeit hasst.«

Tanya, erschreckend blass, tupfte noch schnell etwas Rouge auf ihre Wangen. »Ja, ich komme«, rief sie, »aber lass uns, ehe wir hinuntergehen, durch die Balustrade schauen. Ich will sehen, ob Egbert schon da ist.«

Wie zwei kleine Mädchen hockten sich die beiden hinter das Geländer der großen Treppe und blickten auf die elegante Gesellschaft hinunter. Es war ein wahrlich festliches Bild. Alle Damen in großer Toilette, die Herren in Frack oder Uniform. Schmuck und Orden blitzten um die Wette. Lakaien servierten auf silbernen Tabletts eisgekühlten Champagner. Es herrschte eine heitere Stimmung. Die meisten kannten sich, die Begrüßung war laut und herzlich. »Sieh nur, da, neben der Tür zum

Speisesaal, steht Egbert. Sieht er nicht wunderbar aus?«, flüsterte Tanya aufgeregt.

»Ja, natürlich sehe ich ihn.« Aglaia lächelte. Sie fand, dass er, hochgewachsen wie er war, eher einem in die Höhe geschossenen Knaben glich als einem richtigen Mann. Er hatte ein hübsches, sehr blasses Gesicht, lange Wimpern und um den Mund einen weichen Zug. Er trug Uniform und war in ein angeregtes Gespräch mit einem etwa gleichaltrigen jungen Mann in Zivil vertieft. Er war genauso groß wie Egbert, hatte breite Schultern, eine schlanke Taille und schmale Hüften. Sein Frack saß perfekt. Sein Gesicht war schmal mit ebenmäßigen Zügen und bis auf einen gepflegten Oberlippenbart glatt rasiert. Eben lachte er laut auf und entblößte eine Reihe ebenmäßiger Zähne. »Wer ist das da bei Egbert?«, flüsterte nun Aglaia. »Er kommt mir irgendwie bekannt vor, und sieh dort, da sind Gustav und Mathias Goelder aus Weischkehmen.«

Aber Tanya war bereits aufgesprungen. »Komm, nun lass uns endlich gehen. Ich kann es kaum erwarten, Egbert zu sehen.« Unauffällig mischten sie sich unter die Gäste. Aglaia war heilfroh, dass ihr Vater ihre verspätete Ankunft offensichtlich nicht bemerkt hatte. Artig nach rechts und links grüßend, bewegten sie sich zielstrebig auf die jungen Männer zu.

»Ach du bist das, Eberhard!«, lachte Aglaia auf, als sie endlich vor den beiden stand. »Ich habe dich als schlaksigen Knaben in kurzen Hosen und mit aufgeschlagenen Knien in Erinnerung, der kleine Mädchen auf den Tod nicht ausstehen konnte.«

»Nun, mit den Mädchen hat sich das ein bisschen geändert«, gab er lachend zurück. »Vor allem wenn aus denen eine so schöne Frau geworden ist wie du.«

Aglaia errötete. »Na, na, nun übertreib mal nicht so«, sagte sie verlegen, wurde aber sofort abgelenkt von der Ankunft der Baronin von Welser. »Ist das nicht Tante Elvira?«, fragte Aglaia überrascht. Auch Tanya wollte ihren Augen kaum trauen.

»Sie sieht unglaublich aus verglichen mit letzter Woche in ihrer Witwentracht und mit schwarzer Schute auf dem Kopf.« Tatsächlich war sie kaum wiederzuerkennen. Das in der Mitte gescheitelte blonde Haar war seitlich zu dicken Korkenzieherlocken gedreht. Das taubenblaue, reich bestickte Seidenkleid betonte ihre schmale Taille und zeigte ein üppiges Dekolletee, und der prachtvolle Saphirschmuck am Hals und an den Ohren harmonierte perfekt mit dem leuchtenden Blau ihrer Augen.

»Was für eine Wandlung«, flüsterte Aglaia ihrer Cousine ins Ohr. »Alte Schabracke werde ich sie in Zukunft sicher nicht mehr nennen.«

Mit ausgebreiteten Armen begrüßte nun Horst von Wallerstein die neu Angekommene. »Elvira, du siehst fabelhaft aus. Manfred wäre ja so stolz auf dich.« Er küsste ihr beide Hände. »Was für eine Freude, dich heute als meine Tischdame zu haben«, und in ihr Ohr flüsternd, »ich habe um dich gebeten. Wilhelmine hatte mir doch tatsächlich die alte Heller zugedacht!« In komischer Verzweiflung schlug er die Augen gen Himmel.

Wilhelmine war jetzt zu ihnen getreten, und ein erbarmungsloser Lorgnettenblick traf ihre Freundin. »Na, du siehst ja aus!«, zischte sie. »Manfred wird sich im Grab umdrehen.«

»Vor Freude, meine Liebe, vor Freude«, beschwichtigte ihr Mann. »Hört ihr, Kurt hat den Gong geschlagen. Gott sei Dank, ich habe nämlich einen Bärenhunger.« Er bot Elvira galant den Arm. »Darf ich dich zu Tisch führen?«

Das Diner war vorzüglich. Die Küche auf Schloss Wallerstein galt als exzellent, man wusste das, und jedem Gang wurde kräftig zugesprochen. Die Damen tranken ausschließlich Champagner, während die Herren edle Weine bevorzugten. Man lachte, flirtete und scherzte, und je weiter der Abend fortschritt, umso lebhafter wurde die Unterhaltung. Das Stimmengewirr glich einem Bienenschwarm.

»Ich bin ja so froh, dass Papa die heutige Einladung angenommen hat«, gestand Eberhard seiner Tischdame Aglaia. »Es ist das erste Mal seit Mamas Tod.« Er deutete zu Elvira von Welsen hinüber, die in dem Moment laut auflachte, wohl über einen Scherz, den Jesko von Kaulitz ihr gerade ins Ohr geflüstert hatte. »Sie hat Papa regelrecht überredet zu kommen. Was für eine Tragödie, hätte er erneut abgesagt.« Er unterstrich seine Worte mit scherzhaft dramatischer Geste. »Dann wäre ich dir womöglich erst wieder begegnet, wenn du verheiratet und Mutter vieler Kinder wärest.« Er sah sie fragend an. »Du bist doch hoffentlich noch nicht vergeben?«

»Nein«, Aglaia musste lachen. »Weder verlobt noch verheiratet. Und wie ist es mit dir?«

»Noch habe ich die Richtige nicht gefunden. Ich werde meine Braut danach auswählen, wie gut sie Polka tanzt.« Er blickte sie verschmitzt an. »Würdest du mir bitte alle Polkas auf deiner Tanzkarte reservieren … oder nein, lieber die ersten zehn Tänze? Einen Walzer möchte ich auch probieren.«

»Findest du das nicht ein bisschen übertrieben?« Aglaia schlug ihm leicht mit ihrem Fächer auf die Hand. »Ich habe hier einige sehr ernsthafte Verehrer, die kann ich unmöglich enttäuschen.« Sie zeigte hinüber zu den Goelderbrüdern. »Zum Beispiel Gustav und Mathias. Sie machen mir beide ordentlich den Hof.« Die Zwillingsbrüder, blendend aussehende Junggesellen, waren gleich groß und sahen sich bis auf die unterschiedlichen Haarfarben sehr ähnlich. Gustavs dunkles Haar war mit Pomade nach hinten gekämmt, während Mathias eine feuerrote Mähne trug. Sie waren im ganzen Landkreis berüchtigte Herzensbrecher.

»Fabelhaft«, neckte Eberhard sie, »beide eine hervorragende Partie. Wie ich hörte, hat Gustav gerade von seinem Vater Weischkehmen überschrieben bekommen und Mathias das herrliche, gleich daran angrenzende Ashruten.« Er lachte. »Und was ist mit Leopold, merkst du nicht, dass er dauernd zu uns herüberschielt?«

»Um Himmels willen!« Aglaia hob abwehrend die Hände. »Er ist zwar ein sehr schöner Mann, aber was man da so hört ... wilde Feste auf Schloss Troyenfeld – nein, das ist nun wirklich kein Mann für mich.« Um der Unterhaltung eine andere Richtung zu geben, sagte sie nun: »Jetzt schau dir bloß Tante Elvira an. Unsere beiden Väter scheinen sie ja bestens zu unterhalten.« Mal neigte Elvira sich dem einen zu, lachte und flirtete, dann ließ sie sich von dem anderen die Hand küssen.

»Ja, ich habe meinen Vater lange nicht mehr so ausgelassen gesehen. Schon nach ihrem Besuch kürzlich auf Birkenau war er wie verwandelt. Ihre fröhliche Art tut ihm gut.«

Inzwischen war das Dessert abgetragen, und Wilhelmine hob die Tafel auf. Die großen Flügeltüren zum nebenan liegenden Saal öffneten sich, und das Orchester ließ die »Aufforderung zum Tanz« ertönen. Gleich darauf begannen sie mit einer Polka.

»Nun, dann wollen wir mal mit dem Test beginnen«, rief Eberhard und wirbelte mit Aglaia über das Parkett.

Nachdem die älteren Herren mehr oder weniger fest auf den Beinen – einige hatten den schweren Weinen etwas zu sehr zugesprochen – ihren Pflichttanz absolviert hatten, zogen sie sich in die Bibliothek zurück. Dort servierte Kurt Portwein und Cognac und reichte ein Ebenholzkästchen mit

Zigarren herum. Während Horst von Wallerstein langsam und bedächtig das Deckblatt der Havanna anschnitt, begannen einige Herren bereits eine lebhafte Diskussion.

Natürlich beschäftigte zur Zeit nur ein Thema die Gemüter: die Revolution. Legationsrat Hartmann, ein dicklicher älterer Herr mit eisgrauem Backenbart, und Fritz von Eyersfeld, etwa gleich alt, aber schlank, fast hager, mit Monokel im linken Auge, waren lautstark einer Meinung.

»Diese Sozis sind die Pest«, sagte der Baron von Eyersfeld. »Mord und Totschlag hat es im März in Berlin gegeben.«

»Bin ganz Ihrer Meinung, lieber Baron«, stimmte ihm der Legationsrat zu, »aber nicht nur in Berlin, im ganzen Land hat es kriegsähnliche Ausmaße angenommen, tststs. Ich frage mich nur, wofür?« Er schüttelte verständnislos seinen großen Kopf.

»Immerhin haben die Anführer die Bauernbefreiung und Aufhebung der Pressezensur erreicht«, mischte sich nun Horst von Wallerstein ein. »Aber die Durchführung von Wahlen zu einer verfassungsgebenden Nationalversammlung geht auf deren Konto«, ereiferte sich jetzt Graf Dühnkern, ein hochgewachsener Herr mit spärlichem Haarwuchs und einer stark gebogenen Nase über einem schmallippigen Mund. Horst von Wallerstein ließ sich von Kurt einen Cognac nachschenken. »Immerhin, man hat sich Posen einverleibt. Es gehört ab sofort zum Deutschen Bund.«

»Trotzdem eine Pest, diese Sozis, eine Pest«, schimpfte erneut Baron von Eyersfeld.

»Nun, es gibt aber auch eine starke Gegenbewegung zu der Revolution«, warf Hofrat von Saalfeld ein. »Dieser pommersche Junker, wie heißt er man noch – Bismarck glaube ich, der macht da mächtig von sich reden.«

»Ja, gerade habe ich in der *Neuen Preußischen Zeitung* einen interessanten Artikel von ihm gelesen«, fiel Horst von Wallerstein ein. »Er hat dieses neue Blatt ja wohl auch mitbegründet. Ich habe es sofort zusätzlich zur *Hartungschen Zeitung* abonniert.« Er nahm einen tiefen Zug von seiner Zigarre. »Sehr lesenswert, wirklich sehr lesenswert.«

»Alter altmärkischer Adel, die Bismarcks«, sagte nun Jesko von Kaulitz, der bisher der Unterhaltung interessiert gefolgt war. »Ich bin früher dort oft zur Jagd gewesen.«

»Na ja, inzwischen wohl etwas verwässert, dieser Adel«, näselte der Baron. »Die Mutter von diesem Bismarck ist eine Menken, schlicht und einfach nur M e n k e n ...« Er hob indigniert die Augenbrauen. »Eine Kaufmannstochter aus dem Oldenburgischen. Einfach schrecklich, wenn man das vom züchterischen Standpunkt aus betrachtet.«

»Also Fritz, jetzt lass aber mal die Kirche im Dorf!«, lachte Jesko von Kaulitz gutmütig. »Unsere Altvorderen sind ja auch nicht mit dem goldenen Löffel im Mund geboren worden.«

»Und abgesehen davon, lieber Eyersfeld«, mischte sich Graf Dühnkern ein, »Otto von Bismarck hat vom züchterischen Standpunkt, wie Sie es nennen, schon alles wieder ins Lot gebracht. Letztes Jahr hat er Johanna von Puttkammer geheiratet. Ein reizendes junges Mädchen aus fabelhafter Familie. Ich konnte mich persönlich davon überzeugen, war nämlich in Rheinfeld auf der Hochzeit.«

Jesko von Kaulitz ging sein Freund Eyersfeld mit seinem Dünkel mal wieder gehörig auf die Nerven, und er erhob sich. »Ich verlasse Sie jetzt, meine Herren. Ich habe mich auf der Tanzkarte meiner überaus reizenden Cousine Elvira eingetragen und möchte sie nicht über Gebühr warten lassen.«

Während die Jugend unermüdlich tanzte, saßen die älteren

Damen auf den an den Wänden aufgestellten Sesseln und Sofas und tranken ihren Mokka. Elvira hatte sich nach dem Essen etwas frisch gemacht und ließ sich nun strahlend neben Wilhelmine auf dem Sofa nieder, eingehüllt in eine Wolke von Parfüm. Wieder traf sie ein strafender Blick aus dem Lorgnon ihrer Freundin. »Musst du denn immer so schrecklich übertreiben, Elvira? Zu viel Parfüm, zu viel Dekolletee, zu viele Locken … in deinem Alter!«

Elvira lachte laut auf. »Was soll das denn heißen? Ich fühle mich einfach nicht alt, und erst recht nicht wie eine alte Witwe, auch wenn es dir nicht passt.« Ein Lakai servierte ihr einen Mokka, dann sprach sie weiter. »Ich habe mich heute Abend so gut amüsiert wie schon seit langem nicht mehr.«

»Das war nicht zu übersehen.« Wilhelmine fächerte sich hektisch Luft zu, ihr Ärger war offensichtlich.

»Mir scheint, du bist ein bisschen eifersüchtig, meine Liebe«, stichelte Elvira gutmütig. Glücklicherweise tanzten in diesem Augenblick Tanya und Egbert an ihnen vorbei und enthoben Wilhelmine einer Antwort.

»Was für ein entzückendes Paar«, rief die Baronin von Eyersfeld, die dem Geplänkel der beiden Freundinnen amüsiert gelauscht hatte. Sie strahlte eine liebenswürdige Überheblichkeit aus. Auch sie war eine Frau Mitte vierzig, nicht übermäßig hübsch, aber groß, schlank und durch ihren extravaganten Geschmack sehr attraktiv. Sie war ganz und gar Elviras Meinung. Wenn ihr Fritz – schließlich war auch er schon in den Sechzigern – das Zeitliche segnen würde, hatte auch sie nicht die Absicht, für den Rest ihres Lebens die trauernde Witwe zu spielen.

»Hat er sich denn schon erklärt, der junge Egbert von Schlieren?«, ließ sich jetzt die Frau Kommerzienrat Heller vernehmen. »Sie erwähnten doch kürzlich, liebe Gräfin …«

»Leider noch nicht«, fiel ihr Wilhelmine ins Wort. »Aber ich hoffe doch, dass der junge Mann morgen dazu die Gelegenheit findet.« Ein Lakai reichte ein Tablett mit kleinen Kuchen herum. Elvira und die Baronin lehnten dankend ab, während Wilhelmine sich einen ganzen Teller volllud.

»Die Hälfte täte es auch«, flüsterte Elvira ihr zu, was ihr erneut einen giftigen Blick ihrer Freundin eintrug.

»Wie gesagt«, fuhr Wilhelmine fort, das junge Paar mit ihrem Lorgnon verfolgend, »ich hoffe doch, dass er morgen bei Horst um ihre Hand anhält.«

Elvira sagte nichts dazu. Als sie eben draußen ihre Nase puderte, hatte Tanya ihr erzählt, dass Egbert schon morgen früh in Königsberg in seiner Garnison zurückerwartet wurde. »Es ist Wintermanöver. Aber sag nichts zu Tante Wilhelmine«, hatte Tanya sie beschworen. »Bitte, Tante Elvira, versprich es mir.« Er hatte also offensichtlich nicht die Absicht, sich in absehbarer Zeit zu erklären. Sie spürte unendliches Mitleid mit dem armen Mädchen, wusste sie doch alles über ihre Herkunft und Wilhelmines daraus resultierende Abneigung gegen sie.

»Nun sieh doch bloß, Wilhelmine. Aglaia und Eberhard scheinen sich ja blendend zu verstehen«, rief sie, um von Tanya und Egbert abzulenken.

»Ja, sie tanzen schon die siebente Polka zusammen«, ließ sich die Kommerzienrätin vernehmen.

»Donnerwetter, Sie passen aber gut auf«, spottete Elvira. Offensichtlich beschäftigte sie sich mit Zählen, wenn sie mal nicht strickte. Sie und die Baronin begannen ein Gespräch über Mode, als sich Graf Kaulitz den Damen näherte.

»Cousinchen, darf ich um den nächsten Tanz bitten?«, rief er.

»Aber mit dem größten Vergnügen!« Sie sprang auf und beide schwebten bei einem Wiener Walzer davon.

Am nächsten Morgen waren die Jagdgäste noch vor Tagesanbruch mit lautem Getöse und begeisterten »Weidmannsheil!«-Rufen aufgebrochen. Aglaia dagegen schlief noch tief, als es sachte an ihre Tür klopfte. »Darf ich reinkommen?«, flüsterte Tanyas Stimme.

Schlaftrunken richtete Aglaia sich auf. »Wieso bist du schon wach?« Ihr war, als wäre sie gerade erst eingeschlafen.

»Egbert ist eben aufgebrochen. Ich kann jetzt einfach nicht allein sein.«

Mit einem Schlag war Aglaia hellwach. »Woher weißt du das? Du hast ihn doch nicht etwa ...?« Entsetzt sah sie ihre Cousine an.

»Doch«, sagte die. »Er war die ganze Nacht bei mir.«

Aglaia war wie gelähmt. Wie konnte Tanya nur! Ihre Gedanken überstürzten sich. Wenn Egbert nun von jemandem gesehen worden war und ihre Mutter davon erfuhr! Nicht auszudenken, was dann passieren würde. Allein diese Vorstellung ließ Aglaia erzittern. Die schrecklichsten Szenen malte sie sich aus. Das leise Klappern von Tanyas Zähnen holte sie aus ihrer Erstarrung. »Mein Gott, du Arme«, flüsterte sie, »du schlotterst ja vor Kälte.« Sie hob die Bettdecke. »Komm, schlüpf rein, du holst dir sonst noch den Tod.« Die Mädchen schwiegen eine Weile. Jede hing ihren Gedanken nach. Aglaia sprach als Erste. »Tanyachen, wie konntest du nur! Hättet ihr nicht warten können, bis ihr verlobt seid?« In ihrer Stimme lag leiser Vorwurf.

»Wir haben uns heute Nacht heimlich verlobt«, flüsterte Tanya aufgeregt. »Wenn Egbert aus dem Manöver zurück ist, will er mit Onkel Horst sprechen. Ganz fest hat er mir das versprochen.«

»Das verstehe ich nicht«, sagte Aglaia empört. »Warum hat er nicht schon gestern mit Papa gesprochen, warum noch warten, wenn er sich so sicher ist?« Sie war wütend auf Egbert, wusste sie doch, dass es wieder endlose Sticheleien seitens ihrer Mutter geben würde. Und selbst Egbert dürfte das in der letzten Zeit nicht entgangen sein. Er wusste ja inzwischen, wie Wilhelmine zu Tanya stand. »Und du kennst doch Mama. Wenn sie hört, dass ihr heimlich verlobt seid ...«

»Um Himmels willen, das darf sie nicht erfahren. Es ist heimlich, verstehst du ... heimlich!« Tanyas Stimme klang flehend.

Entrüstet setzte Aglaia sich auf. »Aber warum denn diese Heimlichkeit? Ich begreife das nicht.«

»Ach Aglaia, so genau weiß ich das doch auch nicht. Aber bitte sei mir nicht böse und auch nicht auf Egbert. Er sagt, es gibt noch einiges zu klären mit seinem Vater.« Sie seufzte. »Glaub mir, wir haben uns einander ganz fest versprochen. Es wird bestimmt alles gut.« Sie drückte die Hand ihrer Cousine. »Bitte bitte, sei mir nicht mehr böse. Ich bin ja so schrecklich glücklich.«

Aglaia strich dem aufgeregten Mädchen über die offenen Haare, die wie rote Flammen auf dem weißen Kopfkissen lagen. »Ach Tanyachen, ich kann dir doch gar nicht lange böse sein. Du weißt doch, wie lieb ich dich habe. Aber ich bin hundemüde. Lass uns noch ein wenig schlafen. Du weißt, es wird heute ein anstrengender Tag.«

Als die beiden Mädchen später das Frühstückszimmer betraten, trafen sie dort nur noch Wilhelmine und Elvira an. »Ihr seid ja reichlich spät«, sagte Wilhelmine streng. Mit der einen Hand fächelte sie sich Luft zu, mit der anderen hielt sie ihr Lorgnon vor die kurzsichtigen Augen. »Und besonders frisch seht ihr auch nicht gerade aus. Vor allem du, Tanya.«

»Nun lass mal die Kinder, Wilhelmine«, lachte Elvira, »die beiden haben schließlich bis zum Morgengrauen getanzt. Da hast du schon längst geschlafen.« Dass sie Tanya und Egbert bereits kurz nach Mitternacht nicht mehr gesehen hatte, verschwieg sie wohlweislich. »Na, habt ihr euch gut amüsiert?«, fragte sie. »Eberhard ist ja ganz hingerissen von dir, Aglaia, das war wirklich nicht zu übersehen.«

Aglaia lief rot an. »Ach Tante Elvira, nun übertreib man nicht«, und nach einer kleinen Pause fügte sie hinzu: »Er ist jedenfalls sehr nett.«

Über Elviras Gesicht huschte ein Lächeln, das alles oder nichts sagte. Das sah gestern wirklich nach mehr als ›sehr nett‹ aus, dachte sie. Nun ja, man würde sehen ... »Also ich für mein Teil habe mich amüsiert wie lange nicht mehr«, wechselte sie jetzt das Thema. »Ich habe richtigen Muskelkater vom Tanzen, und meine Füße sind ganz wund.«

»Na, du hast ja auch ganz schön rumscharmutziert mit dem Kaulitz«, stellte Wilhelmine fest. »Findest du das angemessen, als Witwe und in deinem Alter?«

»Ach, das bisschen Flirten ... du gönnst mir aber auch gar nichts. Und was hast du denn bloß immer mit meinem Alter?« Elvira lachte gutmütig. »Ich habe dir nun schon des Öfteren gesagt, ich fühle mich nicht alt.«

»Recht hast du, Tante Elvira«, mischte sich Aglaia jetzt ein. »Einfach toll hast du gestern ausgesehen.« Aber als sie das wütende Gesicht ihrer Mutter sah, verkniff sie sich den Rest des Satzes. Sie fand, dass ihre Tante auch heute richtig fabelhaft aussah, viel jünger als ihre Mutter, obwohl die beiden doch gleichaltrig waren.

Jetzt richtete sich Wilhelmines Lorgnon wieder auf Tanya. »Man sagte mir, Graf Schlieren sei bereits in aller Frühe aufgebrochen. Was hat das zu bedeuten? Ich dachte, er wollte …«

»Egbert musste zurück in seine Garnison«, unterbrach Tanya die Inquisition ihrer Tante. »Heute beginnt das Wintermanöver.«

Zu ihrer Erleichterung wurden sie von Kurt unterbrochen. »Der Schlitten mit der Verpflegung der Jagdgäste wäre jetzt abfahrbereit. Wenn die Komtess und Baroness mitfahren wollen …« Die beiden Mädchen sprangen erleichtert auf. »Ja, wir kommen, Kurt«, rief Aglaia, »wir ziehen uns nur schnell Pelze und Stiefel an.« Wollten sie es doch auf keinen Fall versäumen, der Jagdgesellschaft warme Suppen und Schnäpse zu bringen.

»Also verstehst du das?« Wilhelmine fächerte sich empört Luft zu. »Ich habe fest mit einer Verlobung gerechnet.« Ihre Lippen waren zu einem schmalen Strich zusammengepresst. »Du weißt schließlich auch, wie schwer es ist, ein Mädchen ohne Mitgift an den Mann zu bringen.«

»Mein Gott, Wilhelmine, das Kind ist noch nicht mal siebzehn Jahre alt. Nun sei doch nicht so ungeduldig. Es war gestern ja nun wirklich nicht zu übersehen, wie verliebt die beiden sind.« Sie nahm einen Schluck Kaffee. »Egbert Schlieren ist ein Ehrenmann. Über kurz oder lang wirst du das Mädchen schon los.«

»Na hoffentlich! Ich kann ihren Anblick kaum noch ertragen. Sie wird dieser Person …«, sie holte tief Luft, »… dieser Person, na ja, du weißt schon, von Tag zu Tag ähnlicher.«

Elvira nickte ergeben. Mein Gott, natürlich wusste sie …

Der Winter hatte das Land fest im Griff. Aber Eberhard von Kaulitz ließ sich nicht davon abhalten, immer häufiger nach Wallerstein zu kommen. Der Grund blieb niemandem verborgen. Der Schnee lag meterhoch, ein gemeinsamer Ausritt mit Aglaia war unmöglich, und so gab es kaum eine Gelegenheit für die beiden, sich alleine zu sehen. Meistens waren Gäste da, man spielte Whist, fuhr Schlittschuh auf dem zugefrorenen Schlossteich oder musizierte gemeinsam. Es war bitterkalt, das Thermometer zeigte an manchen Tagen minus 20 Grad. Aber da jeder wusste, wie sehr Aglaia die frische Luft liebte, konnte sie glaubhaft versichern, dass ein Spaziergang im Park für sie lebensnotwendig war. Eberhard erklärte sich natürlich sofort bereit, sie zu begleiten, und der Schicklichkeit halber musste stets jemand dabei sein. Tanya erbot sich jedes Mal freiwillig. Trotz eines bodenlangen Pelzes, dicken Stiefeln, Strickmütze und Handschuhen und Muff, fror sie immer erbärmlich. Aber für Aglaia würde sie alles tun, wenn es sein musste, auch erfrieren! Sowie die drei außer Sichtweite des Schlosses waren, blieb sie zurück in dem kleinen Pavillon am Rand des Teiches, wo sie vor Kälte zitternd auf die Rückkehr der beiden Turteltauben wartete. Versteckt in ihrem Muff trug sie Egberts Briefe bei sich, die sie immer und immer wieder las:

Ich liebe dich, meine kleine Elfe, und ich hoffe, sehr bald offiziell um Deine Hand anhalten zu können. Aber noch plagen mich Sorgen wegen meines Vaters, die erst aus der Welt geschafft werden müssen. Vergiss nicht, wir sind einander versprochen.

Das stand in seinem letzten Brief. Um was für Sorgen es sich genau handelte, schrieb er nicht. Natürlich hatte Tanya einiges gehört in Königsberg. Es wurde geredet über Egberts Vater, seine Schulden und Affären mit Frauen. Und natürlich verbot es Egberts Ehrenkodex, so etwas über seinen Vater an sie zu schreiben. Aber er würde sie holen, ihr Geliebter, da war sie sich ganz sicher.

Eberhard war heute etwas früher gegangen. Das Thermometer war gefallen, ein Schneesturm kündigte sich an. Er wollte noch vor Dunkelheit zu Hause sein. Die beiden Mädchen saßen im grünen Salon, Tanya ganz nah am prasselnden Feuer. Sie zitterte noch immer vor Kälte. In ihrem Schoß lag der Stickrahmen. Sie wusste, Tante Wilhelmine wurde ärgerlich, wenn sie sich nicht mit etwas beschäftigte. Aber ihre Finger waren zu steif, um die Nadel durch den Stoff zu führen.

»Trink deine heiße Schokolade«, sagte Aglaia besorgt, »die wird dich wärmen, du Arme.« Sie reichte Tanya den Becher mit dem dampfenden Getränk. »Und ein paar Kekse solltest du auch essen. Sie sind einfach köstlich.« Tatsächlich roch das ganze Zimmer nach dem herrlichen Gebäck. »Helma ist wirklich eine Künstlerin in der Küche.« Genüsslich biss Aglaia in einen Vanillekeks. Helma war die Mamsell, die schon seit über zwanzig Jahren in der Küche von Wallerstein das Regiment führte.

»Ich habe keinen Appetit«, sagte Tanya. »Mein Magen ist wie zugeschnürt. Irgendwie ist mir nicht gut.«

»Ach Tanyachen, du machst dir zu viel Gedanken um Egbert. Es wird alles gut, ganz bestimmt.« Sie ging zur Tür, um zu sehen, ob sie fest geschlossen war. Dann flüsterte sie, denn sie wusste, die Wände hatten Ohren. »Eberhard hat mich vorhin gefragt, ob ich ihn heiraten will.« Sie strahlte ihre Cousine an. »Ist das nicht wunderbar? Weihnachten will er bei Papa um meine Hand anhalten. Wir sind jetzt auch heimlich verlobt wie du und Egbert.« Sie lief aufgeregt auf und ab. »Vielleicht können wir eine Doppelhochzeit feiern. Oh Tanya, das ist mein größter Traum. Was hältst du davon, wäre das nicht wunderbar?«

»Ja, das wäre es.« Traurig blickte Tanya sie an. »Aber ich habe schon seit einiger Zeit keine Nachricht von ihm. Du weißt, Tante Wilhelmine hat ihn zu Weihnachten eingeladen. Aber bis jetzt hat er noch nicht geantwortet.« Ihre Augen füllten sich mit Tränen. »Ach Aglaia, ich freue mich so für dich. Eberhard ist ein wunderbarer Mann. Du wirst bestimmt sehr glücklich mit ihm.« Sie schluckte. »Aber der Gedanke, hier allein zurückzubleiben ... das ist einfach unerträglich für mich.«

»Was redest du denn da?« Aglaia sah ihre Cousine entsetzt an. »So etwas darfst du nicht einmal denken. Komm, lass uns eine Partie Bezique spielen, das bringt dich auf andere Gedanken.«

Eine Woche vor Weihnachten traf sich die Familie seit langer Zeit einmal wieder gemeinsam im Frühstückszimmer. Zu Tanyas Freude war ihr Onkel Horst gestern aus Berlin zurückgekommen. Blass und mit dunklen Augenringen saß sie in einen großen Schal eingewickelt vor ihrem Rührei, das langsam kalt wurde. An der heißen Tasse Tee versuchte sie ihre klammen Hände zu wärmen.

»Was ist mit dir, mein Kind?«, fragte ihr Onkel besorgt. »Du siehst mir gar nicht gut aus.«

»Ich sage ja auch immer, dass sie mehr essen muss«, mischte sich Aglaia ein, »aber sie hört einfach nicht auf mich. Gegen sie esse ich wie ein Scheunendrescher.«

Ihr Vater musste lachen. »Na, so siehst du mir aber auch nicht aus.«

»Du weißt doch, Aglaia, mir ist manchmal nicht gut«, sagte

Tanya schüchtern und zu ihrem Onkel: »Mach dir keine Sorgen, ich freue mich wirklich ganz doll auf die Weihnachtsgans.«

Horst tätschelte ihr liebevoll die Wange. »Na, dann ist es ja gut«, sagte er freundlich und griff zu seiner Zeitung.

»Ach Papachen«, rief Aglaia aufgeregt, »ich habe – natürlich mit Mamas Erlaubnis – Onkel Jesko und Eberhard für Weihnachten eingeladen. Und Tante Elvira kommt auch.« Sie war ganz außer Atem. »Ich hoffe, es ist dir recht.«

»Natürlich ist es mir recht, mein Liebling.« Er blickte sie schmunzelnd über den Rand seiner Brille an. »Ist da vielleicht noch etwas, das ich wissen sollte?«

Aglaia errötete. »Nein, nein, Papachen …«

»Und was ist mit dem Herrn von Schlieren?«, wandte sich Wilhelmine jetzt an Tanya. »Du hast ihm doch sicher meine Einladung für Weihnachten übermittelt?«

Da war sie, die Frage, die Tanya seit Tagen fürchtete. Ihr Gesichtchen wurde noch eine Spur blasser. »Es tut mir leid, Tante Wilhelmine. Ich habe es ihm geschrieben, aber bis jetzt noch keine Antwort bekommen.« Sie sprang auf. »Entschuldigt mich bitte, mir ist gar nicht gut«, rief sie und rannte aus dem Zimmer. Einen Moment herrschte betretene Stille.

»Was hat sie denn?«, fragte Horst. »Ist was mit dem Schlieren?«

»Ach Papachen, ich mache mir auch Sorgen um Tanya. Sie hat seit einiger Zeit nichts von Egbert gehört. Das nimmt sie schrecklich mit.«

»Wahrscheinlich hat er sich anderweitig orientiert«, entfuhr es Wilhelmine spitz.

»Aber Mama!« Aglaia sah ihre Mutter vorwurfsvoll an. »Wie kannst du nur so etwas sagen?«

»Nun, und warum hören wir nichts von ihm?«

Aglaia zögerte. Sollte sie etwas von der heimlichen Verlobung sagen? Aber sie hatte Tanya fest versprochen, zu schweigen. »Ich weiß, er liebt sie!«, entschloss sie sich zu sagen. »Aber es scheint irgendwelche familiären Schwierigkeiten zu geben ... Egbert hat da etwas angedeutet ...«, sie begann zu stottern. »Sein Vater hat wohl hohe Spielschulden.« Sie sah schrecklich unglücklich aus. »Die arme Tanya tut mir so leid.«

»Ach«, stieß jetzt Wilhelmine hervor »nun ist mir alles klar. Der Herr von Schlieren braucht nun eine Frau mit einer hohen Mitgift.« Sie lächelte böse. »Aber damit kann Tanya wohl nicht dienen.«

Bis jetzt hatte Horst von Wallerstein schweigend zugehört. Nun schlug er wütend mit der Zeitung auf den Tisch. Auf seiner Stirn schwoll die berüchtigte Ader an. »Ich verbitte mir solche Reden, Wilhelmine«, sagte er. Erregt ging er auf und ab. Sein Blick fiel auf den Diener, der versuchte, sich am Buffet unsichtbar zu machen. »Bitte, Kurt, lass uns einen Moment allein, und schließ die Tür hinter dir.« Dann fuhr er fort. »Tanya bekommt die gleiche Mitgift wie Aglaia, ob es dir passt, Wilhelmine, oder nicht. Ich hätte ihr das längst sagen sollen. Ich dachte nur, das sei selbstverständlich, darum habe ich es nie erwähnt.«

»Oh Papachen, wie lieb von dir!« Aglaia fiel ihrem Vater um den Hals. »Darf ich es Tanya sagen?«

»Natürlich, mein Kind.« Er lächelte sie liebevoll an, und ohne seine Frau eines Blickes zu würdigen, schlug er die Tür hinter sich zu. Kurt konnte gerade noch zur Seite springen. Fast hatte der Graf ihn umgerannt. Mein Güte, was hatte er Helma nun alles zu berichten!

Kurt saß bei Helma in der Küche. »Mir durstet nach 'nem

Schlubberchen Weißen«, sagte er. »Mir is man janz schubbrig.« Er hielt seine Hände über den warmen Herd. »Wo ich doch eine Ewijkäit auf'm eiskalten Flur hab stehen müssen!«

»Äi nich doch!« Helma sah ihn erstaunt an. Das war ja schon lange nicht mehr vorgekommen. »Hat man dir etwa rausgjeschickt?« Sie goss zwei große Gläser voll mit Kornschnaps. »Na denn man prosit.« Beide tranken ihr Glas mit einem Schluck leer. »Nu erzähl mal ... was war denn los?« Sie war sich sicher, dass Kurts Ohr am Schlüsselloch gehangen hatte und ihm nichts entgangen war.

»Das Baronesschen war mal wieder mächtig bedripst. Schon wieder nuscht nix bei der Post für sie.« Alle wussten, wie sehr Tanya auf einen Brief wartete. »Na ja, und dann hat die Gjnädigste sie jefragt, ob der Gjraf Schlieren nu Weihnachten kommen tut, du weißt ja, die beiden scharmutzieren ja schon lange ... Und da is ihr schlecht gjeworden, und raus is se gjerannt.«

»Erbarrmung!«, rief Helma, ihr Lieblingswort wenn sie etwas erschütterte, egal ob jemand gestorben oder ihr eine Soße misslungen war – ›Erbarmung‹ passte immer. Sie goss erneut die Gläser voll.

»Ja, ja, das Marjellchen kann einem schon leidtun«, fuhr Kurt fort, »immer wenn ich die Post bringe und wieder is nuscht nix für ihr dabei, sieht sie noch bedripster aus als sonst.«

»Ach ja«, Helma nickte mitleidig. »Und was die Gjnädigste bloßig gjegen dat arme Kindchen hat? Seit se auf'm Schloss is, und dat sind man ja nu schon fast siebzehn Jahre, tut se ihr schikanieren.« Es wurmte sie gewaltig, dass in all den Jahren das Geheimnis um Tanyas Herkunft nicht gelüftet worden war. Denn dass es da ein Geheimnis gab, war allen im Schloss klar. »Ja und weiter«, drängte Helma, »wat war dann?«

»Na, dann hat die Gjnädige was von Mitgift jesagt, also das dat Baronesschen deshalb wohl sitzengjelassen würde, weil se keene Mitgift nich kriegt.« Helma goss die Gläser wieder voll.

»Ja und da hat der Gjraf ... ach Jottchen war der boossig, da hat er mir rausgjeschickt.« Kurt machte ein beleidigtes Gesicht. »Bitte, Kurt, lass uns einen Moment allein, und schließ die Tür hinter dir.« Immer wenn er seine Herrschaft nachmachte, sprach Kurt ein einwandfreies Hochdeutsch.

Helma war fassungslos. »Und, haste wat hören können?« Sie wusste, Kurts Gehör hatte in den letzten Jahren stark nachgelassen.

»Eigjentlich is es ja nu ma nich meine Art zu lauschen.« Kurt zierte sich. »Aber der Gjraf hat sich man doch ziemlich vernehmlich ausgjedrückt ...«

Helma rollte die Augen. »Erbarmerche, wat hat er gjesagt?«

Kurt senkte seine Stimme zu einem Flüstern. »Er hat gjesagt: ›Tanya bekommt die gleiche Mitgift wie Aglaia. Ob dir das passt oder nicht, Wilhelmine.‹«

»Dat is man eine gjute Nachricht«, sagte Helma erfreut. »Darauf müssen wir noch en Schlubberchen trinken.«

Auch in den folgenden Tagen kam kein Brief von Egbert. Jeden Morgen, wenn Kurt die Post auf dem Silbertablett hereintrug, blickte Tanya ihn erwartungsvoll an. Aber sein merkliches Kopfschütteln ließ alle ihre Hoffnung schwinden. ›Vielleicht morgen, ja morgen ganz bestimmt‹, versuchte sie sich Mut zu machen. Aber von Tag zu Tag wurde sie verzagter. Zum Frühstück nahm sie außer einer Tasse Tee nichts zu sich, und meistens entschuldigte sie sich dann mit Unwohlsein.

Es war der Tag vor Heiligabend. Wieder war kein Brief von

Egbert dabei. »Nun, Tanya, mit dem Besuch des Herrn von Schlieren können wir wohl nicht mehr rechnen.« Wilhelmine blickte ihre Nichte durch ihr Lorgnon an.

Tanya war kurz davor, in Tränen auszubrechen. Aber sie nahm alle ihre Energie zusammen. »Nein, Tante Wilhelmine, das glaube ich auch. Er wird wohl unabkömmlich sein.« Sie lächelte ihre Tante an. »Aber das wird dir hoffentlich das Fest nicht vergällen.« Mit erhobenem Haupt und unter Aufbringung ihrer letzten Kräfte verließ sie den grünen Salon. Erst auf ihrem Zimmer brach sie in verzweifeltes Schluchzen aus.

Der Heilige Abend war harmonisch. Man hatte Geschenke ausgetauscht, und nach dem üppigen Essen – Helmas Gans war mal wieder vorzüglich gewesen – erhob sich Horst und klopfte an sein Glas. »Liebe Wilhelmine, Aglaia, Tanya … liebe Freunde. Dieses Jahr ist Weihnachten wohl für uns alle ein ganz besonderes Fest. Einerseits bin ich sehr glücklich, andererseits auch ein wenig wehmütig. Ich verliere mein geliebtes Kind. Aber …«, er wandte sich an Eberhard, »bekomme auch einen mir sehr willkommenen Schwiegersohn.« Nun sprach er wieder alle Anwesenden an. »Eberhard hat heute um die Hand von Aglaia angehalten, und da er mir versichert hat, dass beide sich von Herzen lieben, habe ich mich sehr damit einverstanden erklärt. Ich erhebe hiermit mein Glas auf das Brautpaar.« Alle prosteten sich zu, und es erklang ein vielstimmiges »Das Brautpaar lebe hoch! Hoch! Hoch!«.

Nun klopfte Jesko von Kaulitz an sein Glas. Die aufgeregte Unterhaltung erstarb. »Als Erstes möchte ich euch, meinen lieben Kindern, meinen herzlichsten Glückwunsch aussprechen. Niemand, liebe Aglaia, könnte mir als Schwiegertochter willkommener sein als du.« Er machte eine kleine Pause.

»Aber auch ich habe eine Neuigkeit, die euch sicher überraschen wird.« Alle blickten ihn gespannt an. »Elvira und ich haben geheiratet.« Plötzlich redeten alle durcheinander.

»Nein, so was ...«

»Donnerwetter, alter Lorbass!«

»Das ist ja wirklich eine Überraschung!«

»Aber warum denn so heimlich?«

Als sich die erste Aufregung gelegt hatte, sagte er lachend: »Wir fanden, zwei so alte Leute sollten nicht so ein Heckmeck darum machen.« Er sah seine Frau strahlend an. »Ich hätte nie geglaubt, noch einmal so glücklich zu sein. Elvira, du bist ein Geschenk für mich.«

»Das muss aber nun wirklich ordentlich begossen werden«, rief Horst. »Kurt, bring noch eine Flasche Champagner!«

Unter all den aufgeregten Menschen saß Tanya still in sich gekehrt. Warum waren bloß alle so glücklich, und nur sie war allein? Was war nur mit Egbert, warum hatte er nichts von sich hören lassen, nicht einmal zu Weihnachten? Irgendetwas musste passiert sein, aber was?

Nach einem heiteren Weihnachtsfest im Kreise vieler Freunde saß die Familie am nächsten Morgen am großen Frühstückstisch. Kurt brachte gerade eine neue Kanne Kaffee und flüsterte Horst etwas ins Ohr. »Es ist eine Depesche gekommen. Wollen der Herr Gjraf sie jetzt ...«

»Ja, gib sie her, es werden Glückwünsche sein.« Er riss das Couvert auf, dann rief er laut: »Mein Gott, das ist ja schrecklich!« Das Entsetzen war ihm ins Gesicht geschrieben. Am Tisch herrschte Totenstille.

»Was ist denn passiert«, rief Wilhelmine, »nun sag schon!«

Mit gepresster Stimme las er laut vor:

In tiefster Trauer muss ich Ihnen mitteilen, dass mein Sohn Egbert heute Morgen seinem Leben ein Ende bereitet hat. Wir sind untröstlich.

Ernst Graf von Schlieren

Alle waren wie erstarrt.

»Nein, oh nein!« Ein gellender Ruf und ein umfallender Stuhl unterbrachen jäh die gespenstische Stille. Die Hände vor das wachsweiße Gesicht gepresst, war Tanya aufgesprungen. Dann sank sie in sich zusammen. Sie hatte das Bewusstsein verloren.

Seit zwei Tagen hatte Tanya ihr Zimmer nicht verlassen. Außer Aglaia wollte sie niemanden sehen, nicht einmal ihren geliebten Onkel Horst. Sie verbrachte die meiste Zeit schlaflos in ihrem Bett und starrte an die Decke. Aglaia versuchte sie zu trösten. »Du bist nicht allein, meine liebe Tanya«, sagte sie immer wieder.

Aber Tanya schüttelte nur den Kopf. »Gib dir keine Mühe, Aglaia. Mein Leben ist zu Ende. Für mich gibt es keinen Trost.« Das Essen, das Aglaia ihr brachte, ging unberührt in die Küche zurück, was Helma dazu veranlasste, die Hände über dem Kopf zusammenzuschlagen und ihr lautes »Erbarrmung!« auszustoßen.

Im ganzen Schloss gab es kein anderes Thema als Tanyas Unglück. Selbst Wilhelmine zeigte zum ersten Mal Mitleid mit ihrer Nichte. »O Gott, o Gott«, rief sie immer wieder »wie schrecklich für die Arme.« Aglaia hatte sich nun doch entschlossen, ihren Eltern von Tanyas heimlicher Verlobung zu erzählen. Alle waren ratlos.

»Wie konnte er nur?« Horst von Wallerstein war außer sich. »Wie konnte er dem armen Kind das nur antun? Was kann ihn bloß dazu veranlasst haben? Es muss doch einen Grund dafür geben!«

Die Erklärung kam am dritten Tag. Als Kurt die Post in das Frühstückszimmer brachte, zitterte seine Hand. Er sah aus, als hätte er ein Gespenst gesehen. »Was ist Kurt, ist dir nicht gut?«, fragte der Graf.

»Ein Brief für die Baroness ...«, er räusperte sich, »von dem Verblichenen ... dem Gjrafen von Schlieren. Soll ich ihn dem Baronesschen ...?«

»Nein, Kurt«, Aglaia sprang auf, »ich werde ihn ihr bringen.« Drei Stufen auf einmal nehmend, raste sie die Treppe hinauf. »Tanyachen, bist du wach?« Sie näherte sich leise dem Bett. Es war dunkel, nur eine kleine Petroleumlampe flackerte auf dem Nachttisch und warf ein fahles Licht auf das bleiche Gesicht des jungen Mädchens. Ihre Augen waren geschlossen. Die roten, sonst lockigen Haare klebten an ihrem kleinen Kopf.

»Natürlich bin ich wach«, sagte Tanya kraftlos. »Wie soll ich denn schlafen können?« Und ohne die Augen zu öffnen: »Bringst du mir schon wieder etwas zu essen? Du weißt doch, ich mag nichts.« Sie drehte den Kopf zur Seite. »Du bist so lieb, Aglaia. Aber ich habe wirklich keinen Appetit.«

Aglaia setzte sich auf die Bettkante. »Tanyachen, mach die Augen auf. Sieh mal, was ich hier habe. Einen Brief für dich, von Egbert.«

»Was ... wie ... lebt er?« Ein Hoffnungsschimmer glitt über ihr Gesichtchen.

»Ich weiß es nicht, Tanya. Willst du ihn nicht lesen?«

»Lies ihn mir vor, meine Augen brennen, und ich bin schrecklich erschöpft.«

Aglaia zog die Vorhänge auf und ließ die blasse Wintersonne hinein. Dann öffnete sie das Couvert:

Tanya, meine Geliebte,

wenn Du diesen Brief bekommst, bin ich nicht mehr auf dieser Welt. Sie ist für mich nicht mehr lebenswert. Bitte verzeih mir, meine Geliebte.

Aus Tanyas geschlossenen Augen quollen jetzt dicke Tränen. Es war das erste Mal seit der Nachricht von Egberts Tod, dass sie weinte.

Ich habe bis zum Schluss gehofft, meinen Vater davon überzeugen zu können, dass ich nur Dich heiraten werde und nicht eine Frau, die ich kaum kenne, nur um meine Familie vor dem Ruin zu retten, in den er, mein Vater, uns getrieben hat. Zu meinem großen Bedauern sind wir im Streit auseinandergegangen. Ich will und kann Dich, meine Geliebte und heimliche Verlobte, nicht unehrenhaft verlassen, deshalb ziehe ich es vor, aus dem Leben zu scheiden. Du bist so schön und so jung, und sicher wirst Du irgendwann mit einem anderen Mann glücklich werden.

Ich umarme Dich in Gedanken ein letztes Mal. Bitte vergib mir.

Ewig mein, ewig Dein, ewig vereint,

Dein Egbert

Tanya schluchzte laut auf. »Was habe ich nur getan, dass ich so bestraft werde!« Sie umklammerte die Hände ihrer Cousine. »Sag es mir, Aglaia, bitte sag es mir doch!«

Auch Aglaia begann nun zu weinen. »Du hast gar nichts getan, meine geliebte kleine Tanya. Du bist der liebste Mensch auf der Welt.« Sie wischte sich mit ihrem Spitzentaschentuch die Tränen ab. »Ach, warum hast du Egbert bloß nicht sofort geschrieben, dass du eine Mitgift zu erwarten hast. Vielleicht wäre das Unglück noch zu verhindern gewesen.«

»Das ist mir überhaupt nicht in den Sinn gekommen, Aglaia. Egbert hat immer betont, dass eine Mitgift ihn nicht interessiert. Er heiratet mich, weil er mich liebt.«

Aglaia saß noch eine Weile neben dem hemmungslos weinenden Mädchen, dann erhob sie sich. »Wenn es dir recht ist, Tanya, werde ich Mama und Papa den Brief von Egbert zeigen. Sie sollten erfahren, warum er dir das angetan hat.« Leise ging sie aus dem Zimmer.

Sie fand ihren Vater in der Bibliothek. »Hier lies, Papa«, sagte sie traurig. »Das ist die Erklärung für Egberts Freitod und Tanyas Unglück.« Sie schluchzte auf. »Ach Papachen, sie tut mir so leid. Ausgerechnet an dem glücklichsten Tag in meinem Leben bricht Tanyas Welt zusammen.«

Wilhelmine war hereingekommen. »Nun, was schreibt er denn, der feine Herr von Schlieren?«, fragte sie, »was hat ihn denn dazu bewegt, sich so aus dem Staub zu machen?«

»Wilhelmine … bitte!« Der Graf sah sie wütend an, dann las er den Brief laut vor. Danach war es für eine Weile totenstill. Sogar Wilhelmine sah betreten aus. »Was soll man dazu bloß sagen …«, meinte sie.

»Am besten gar nichts«, fuhr ihr Mann sie an. Erregt ging er auf und ab. »Hätte ich dem armen Kind doch nur längst gesagt, dass es selbstverständlich eine Mitgift zu erwarten hat, wäre das Ganze vielleicht gar nicht passiert.« Er schwieg eine Weile. »Ich mache mir die größten Vorwürfe.«

»Ehen werden nun mal nicht im Himmel geschlossen.« Wilhelmine fand wieder zu ihrer alten Form zurück. »Mit der zu erwartenden Mitgift werden wir schon einen passenden Mann für Tanya finden.«

»Wie kannst du nur, Mama!«, rief Aglaia empört, und der Graf meinte kalt: »Vielleicht erinnerst du dich, wir dachten seinerzeit ja sehr wohl, dass unsere Ehe im Himmel geschlossen wurde.«

Wilhelmine lächelte maliziös. »Wie gut, dass du mich daran erinnerst. Es wäre mir beinahe entfallen.« Aglaia traute ihren Ohren nicht. So hatte sie ihre Eltern noch nie miteinander reden hören. Niemand bemerkte Kurt, der sich in der hintersten Ecke des Raumes erfolgreich verdrückte. Ja, es war was los auf Wallerstein! Um das zu verdauen, würden wohl ein paar Schlubberchen Korn dran glauben müssen.

Ein paar Tage später nahm Tanya wieder am häuslichen Leben teil. Sie aß kaum etwas und glich immer mehr einer marmornen Madonna. Ihr war häufig übel, wahrscheinlich wegen des Kummers, der sie quälte.

Mitte Februar reiste der Graf wieder nach Berlin. Vorher bat er Tanya in die Bibliothek, um sich von ihr zu verabschieden. »Du siehst elend aus, mein Kind«, sagte er besorgt. »Ich werde Dr. Grüben herbitten lassen, um nach dir zu sehen.«

»Das ist sehr lieb von dir, Onkel Horst«, wehrte Tanya ab, »aber ich bin nicht krank. Ich bin nur so schrecklich unglücklich.« Sie lächelte traurig. »Mach dir keine Sorgen, wenn du zurück bist, geht es mir bestimmt besser.«

Er nahm sie in den Arm. »Das hoffe ich von Herzen, meine Kleine. Und leb wohl. In ein paar Wochen bin ich wieder hier.« Bevor er abreiste, gab er Kurt Anweisung, in den nächsten Tagen nach Dr. Grüben zu schicken. »Ich mache mir Sorgen um meine Nichte. Ich verlasse mich auf dich.« Er traute Wilhelmine zu, das zu verhindern.

Die beiden Mädchen saßen in Aglaias Boudoir. Aglaias Hochzeit war für Anfang Mai festgelegt. Sie sprachen über das bevorstehende Ereignis. Vielmehr redete Aglaia, und Tanya hörte zu. Seit dem tragischen Ereignis schien sie immer etwas abwesend. »Du wirst doch meine Brautjungfer sein, Tanya?«, fragte Aglaia aufgeregt. »Das kannst du mir nicht abschlagen!«

»Aber natürlich nicht, das würde ich niemals tun!«, lächelte Tanya. »Das wird doch der schönste Tag in deinem Leben.«

»Du weißt, übermorgen fahre ich für ein paar Tage nach Königsberg«, sagte Aglaia. »Willst du nicht mitkommen? Ein bisschen Abwechslung würde dir guttun.«

»Ich fühle mich nicht gut, Aglaia. Ich möchte lieber hierbleiben. Vielleicht das nächste Mal.«

»Schade.« Man sah Aglaia die Enttäuschung an. »Ich treffe mich mit Eberhard, und Mama wird auf einem Anstandswauwau bestehen.« Sie überlegte kurz. »Dann werde ich Hannchen bitten mitzukommen. Sie wird ja meine zweite Brautjungfer sein.« Hanna Severin war eine gemeinsame Freundin der beiden Mädchen und hatte mit ihnen das Institut der Leonie von Quasten besucht. Aglaia versuchte ein letztes Mal, Tanya umzustimmen. »Willst du es dir nicht doch noch einmal überlegen? Es sind Zimmer im Rheinischen Hof für uns reserviert. Papa hat das veranlasst, und Eberhard hat Opern- und Theaterkarten für uns. Na, was meinst du?«

»Ach, Aglaia, du bist so lieb! Aber ich möchte wirklich nicht. Sei mir bitte nicht böse.« Der Gedanke, in Königsberg auf Schritt und Tritt an Egbert erinnert zu werden, war ihr unerträglich.

Aglaia seufzte. »Na gut. Hannchen wird sich sicher freuen.«

Am Tag von Aglaias Abreise kam Elvira überraschend zu Besuch. Sie fand Wilhelmine im grünen Salon mit ihrer Stickerei beschäftigt.

»Was für eine Freude, dich zu sehen«, sagte Wilhelmine erstaunt.

»Jesko hat sich entschlossen, nun doch mit Eberhard nach Königsberg zu fahren«, sagte Elvira, »und da dachte ich, wo Horst und die Mädchen nicht da sind, schaue ich mal vorbei. Schließlich haben wir uns ja seit Weihnachten nicht mehr gesehen.« Sie sah sich um. »Und wie ich sehe, fehlt sogar die unvermeidliche Kommerzienrätin Heller.«

»Nun sei man nicht so, Elvira!« Wilhelmine war leicht pikiert. »Die Gute war mir in diesen schweren Tagen eine wirkliche Stütze. Du hast dich ja schließlich ziemlich rar gemacht.«

»Und wo ist sie heute?« Elvira ließ sich in der Nähe des Kamins in einen Sessel sinken.

»Sie musste nach Gumbinnen. Ihrer Schwester ist nicht wohl.«

Kurt enthob Elvira eines weiteren Kommentars. »Was darf ich Frau Gjräfin bringen?«, fragte er. »Vielleicht einen heißen Grog?« Man sah Elvira an, dass sie ganz verfroren war.

»Eine wundervolle Idee, Kurt. Mir ist man immer noch bastig kalt.« Sie schüttelte sich. »Diese eisigen und vor allem nicht enden wollenden Winter in Ostpreußen sind wirklich schwer zu ertragen.«

»Ein wahrlich schweres Los, vor allem, wenn man so frisch verliebt ist«, bemerkte Wilhelmine süffisant.

Elvira lachte. »Ach Wilhelminchen, nun gönn mir doch mein bisschen Glück.« Sie überlegte kurz. »Erinnerst du dich an meine Hochzeitsreise mit Manfred? Zwei ganze Monate waren wir im Winter in Madeira. Gott, war das schön! Als wir zurückkamen, war hier schon Frühling. Vielleicht sollte ich Jesko fragen …«

Kurts Erscheinen unterbrach sie erneut. »Der Gjrog für die gjnädije Frau Gjräfin … bitte sehr.« Er stellte das dampfende Getränk vor Elvira auf den Tisch. Dann sagte er: »Darf ich den Damen den jungen Dr. Gjrüben aus Insterburg melden? Er ist eben eingetroffen.«

Überrascht sah Wilhelmine den Diener an. »Ich habe nicht nach ihm schicken lassen. Soweit ich weiß, ist hier niemand krank.«

»Mit Verlaub, Frau Gräfin, das war der Herr Graf höchstpersönlich. Er wünscht, dass der Doktor nach dem Baronesschen sieht. Sie kam ihm man doch ein bisschen zu misrig vor.«

»Ich denke, Tanya ist mit Aglaia in Königsberg?«, fragte Elvira erstaunt.

»Nein, sie ist auf ihrem Zimmer. Sie wollte partout nicht mit.« Dann wandte sich Wilhelmine an Kurt, der wartend an der Tür stand. »Also in Gottes Namen, begleite den Doktor hinauf zu meiner Nichte. Anschließend bitte ich ihn dann zu mir.« Wilhelmine sah Elvira fragend an. »Wieso sagt Kurt ›der junge Doktor Grüben‹, was ist mit dem alten? Ist der tot? Nun, das hätte man ja wohl gehört.«

»Nein, tot ist er nicht«, sagte Elvira lachend. »Er hat vor etwa einem Jahr …«, sie überlegte kurz, »… so ganz genau weiß ich es auch nicht mehr … Jedenfalls hat er die Praxis an seinen Sohn übergeben. Man hört im ganzen Landkreis nur Gutes von ihm.«

»Na, da bin ich aber mal gespannt, was er bei Tanya für ein Leiden entdeckt.« Kurze Zeit später betrat ein blendend aussehender junger Mann Mitte zwanzig den Raum. Seine dunkelblonden Locken waren nach hinten gekämmt, und in dem frischen Gesicht blitzten leuchtend blaue Augen. Er begrüßte die beiden Damen mit einem Handkuss.

»Wie ich höre, haben Sie die Praxis Ihres Vaters übernommen«, begann Wilhelmine das Gespräch. »Er hat unsere Familie ja seit Jahren betreut. Bitte nehmen Sie doch Platz, lieber Doktor, kann ich Ihnen etwas zu trinken anbieten?«

»Nein danke, sehr liebenswürdig, Gräfin.«

»Nun, was fehlt denn meiner Nichte, es ist doch hoffentlich nichts Ernstes?«, fragte Wilhelmine.

»Die junge Dame ist etwas blutarm und unterernährt«, sagte er, »aber eine ernsthafte Erkrankung habe ich nicht feststellen können.«

»Siehst du, Elvira?« Wilhelmine schüttelte unwirsch den Kopf. »Ich habe es doch gesagt. Horst hat mal wieder maßlos übertrieben in seiner Sorge um Tanya.«

Der junge Mann räusperte sich. »Nun, da ist noch etwas, das Sie vielleicht wissen sollten.«

»Ja, was gibt es denn?« Wilhelmine war jetzt leicht ungehalten.

»Die junge Dame ist schwanger. Daran besteht kein Zweifel.«

Die beiden Frauen starrten den Arzt fassungslos an. »Nein«, sagte Wilhelmine energisch. »Das ist ganz unmöglich! Das kann nicht sein!« Hektisch fächerte sie sich mit ihrem Stickrahmen Luft zu, als könne sie so einer drohenden Ohnmacht entgehen.

»Wie … wann soll das denn passiert sein?«, presste sie nach Atem ringend hervor. »Nun, das *wie* dürfte Ihnen ja nicht unbekannt sein«, der junge Arzt hob bedauernd die Schultern. »Ja, und über das *wann* kann Ihnen wohl nur die Baroness Auskunft geben.«

Elvira war die Erste, die ihre Fassung wiedererlangte. »Haben Sie eine Ahnung, wie lange schon, ich meine in welchem Monat Tanya ist?«, fragte sie.

»Ich denke, sie ist Ende des dritten Monats. Es sind bereits leichte Herztöne zu hören.«

»Das Kind muss weg!« Wilhelmine keuchte, sie war außer sich. »Wir müssen einen Weg finden ... dieser Skandal! Herr Dr. Grüben, können Sie uns helfen?«

Der Doktor sah sie empört an. »Ich muss doch sehr bitten, Gräfin Wallerstein! Ich bin Arzt und kein Engelmacher.« Er stellte ein Fläschchen auf den Tisch. »Ich lasse Ihnen ein Mittel gegen Blutarmut da. Sorgen Sie bitte dafür, dass die Baroness etwas Gehaltvolles zu sich nimmt.« Er erhob sich. »Meine Damen, ich empfehle mich.« An der Tür drehte er sich noch einmal um. »Zögern Sie nicht, mich zu rufen, wenn es Komplikationen gibt. Guten Tag!«

Wilhemine war außer sich. »Was machen wir denn bloß, Elvira? Eine Schande ist das, ein Skandal!« Sie lachte böse. »Wie reizend, kannst du dir das vorstellen? Eine Brautjungfer mit dickem Bauch, und das auch noch ohne Vater. Willst du mir vielleicht sagen, wie das gehen soll? Das werde ich auf keinen Fall zulassen.« Ihre Stimme wurde immer schriller. »Wieder und wieder habe ich Horst gesagt, so etwas vererbt sich. Die Mutter eine Hure und die Tochter eine Hure!«

Elvira versuchte, ihre Freundin zu beruhigen. »Wilhelmine, mäßige dich! Wie kannst du nur so etwas sagen. Solche Dinge passieren eben. Lass uns in Ruhe überlegen, was wir tun können.«

Plötzlich stand Tanya in der Tür, klein, kreidebleich und tränenüberströmt. »Tante Wilhelmine ...« Weiter kam sie nicht.

Wie eine Furie sprang diese auf. »Geh mir aus den Augen,

du schamloses Weibsbild!«, schrie sie. »Geh auf dein Zimmer und warte, bis ich eine Entscheidung getroffen habe.« In der ganzen Aufregung hatte niemand bemerkt, dass Kurt Zeuge dieser schrecklichen Szene geworden war. Am ganzen Leib zitternd schlüpfte er hinter Tanya durch die offene Tür.

Bis in den Abend hinein beratschlagten die beiden Frauen, wie dieses Problem zu lösen sei. »Tanya muss aus dem Haus«, beschloss Wilhelmine schließlich. »Und zwar, bevor Aglaia und vor allem Horst wieder hier sind.«

»Und wie stellst du dir das vor?«, fragte Elvira. »Du kannst sie schließlich nicht im Wald aussetzen.«

»Nein, natürlich nicht! Ich weiß jetzt, was ich tue.« Sie war plötzlich ganz ruhig. »Eine Verwandte von mir ist Äbtissin in einem Kloster im Pommerschen. Ich werde Tanya dort bis zur Geburt des Kindes unterbringen. Danach sehen wir weiter.« Sie klingelte nach der Hausdame. »Frau Hübner, bitte packen Sie einige Sachen meiner Nichte zusammen. Nur das Nötigste. Ich verreise morgen früh mit ihr. Und bitten Sie den Kutscher, für acht Uhr anspannen zu lassen. Ich möchte zum Bahnhof nach Insterburg.«

»Sehr wohl, Frau Gräfin.« Frau Hübner war in keinster Weise erstaunt. Wie ein Lauffeuer hatte sich die Nachricht über Tanyas erneutes Unglück bereits im ganzen Schloss verbreitet.

Elvira bestand darauf, über Nacht in Wallerstein zu bleiben. »Ich lasse dich in dieser Situation nicht allein, und du wirst mir doch wohl gestatten, dass ich mich von Tanya verabschiede.« Wohlweislich verschwieg sie ihrer Freundin, dass ihr das arme Kind in der Seele leidtat. Lange fand sie keinen Schlaf. Mitten in der Nacht setzte sie sich an den kleinen Sekretär und schrieb einen langen Brief. Es war das Mindeste, was sie für Tanya tun konnte. Das Mädchen hatte das Recht, die Wahrheit über ihre Herkunft zu erfahren. Als der Morgen graute, klopfte sie an Tanyas Tür. Fertig angezogen saß Tanya auf ihrem Bett, neben sich eine kleine Reisetasche. Elvira brach fast das Herz. Sie zwang sich, nicht zu weinen. So unendlich traurig und hilflos sah das arme Kind aus, ein kleines Häufchen Unglück. Elvira nahm sie in den Arm. »Verzage nicht, mein Kind«, sagte sie. »Du musst verstehen, im Moment gibt es keine andere Lösung für dich. Du kannst dein Kindchen einfach nicht hier bekommen.« Sie gab ihr den Brief. »Hier, nimm das, meine Kleine. Verwahr ihn gut und lass vor allem Wilhelmine den Brief nicht sehen.«

Achtlos steckte Tanya ihn in ein hölzernes Kästchen, das in ihrer Tasche obenauf lag. »Danke, Tante Elvira. Du warst immer sehr lieb zu mir.«

Elvira hörte Wilhelmines Stimme, die dem Personal letzte Befehle gab. Sie erhob sich. »Leb wohl, mein armes Kind, und geh mit Gott.« Noch einmal drückte sie das junge Mädchen an sich, dann schlüpfte sie aus dem Zimmer. Jetzt erst ließ sie ihren Tränen freien Lauf.

Die ganze Reise über wechselte Wilhelmine kein Wort mit Tanya. In Posen nächtigten sie in einem Gasthof und setzten am nächsten Morgen die Fahrt in einer Kutsche fort. Das schlecht gefederte Gefährt holperte über Kopfsteinpflaster, vorbei an Häuserfassaden in verblichenem Ocker oder verwaschenem Rosé. Dann ging es endlos lange über Land, und nach einigen Stunden Fahrt durch unwegsames Gelände hielten sie vor einem mit einer hohen Mauer umgebenen, dunklen Gebäude. Auf ihr Läuten hin öffnete sich ein eisernes Tor. »Warten Sie auf mich«, beschied Wilhelmine dem Kutscher. »Ich werde nicht lange bleiben.«

In einer steinernen, feucht riechenden Halle empfing sie eine junge Nonne. »Gräfin Wallerstein, nehme ich an?«, fragte sie leise. »Die Frau Äbtissin hat Ihre Depesche erhalten. Sie erwartet Sie bereits.« Sie führte sie erst eine steinerne Treppe hinauf und dann durch einen langen, dunklen Gang, der von flackernden, in kleinen Nischen aufgestellten Kerzen notdürftig erhellt war. Am Ende öffnete sich eine Tür, und eine Frau von beachtlicher Größe kam ihnen entgegen. Unter der schwarzen Haube blitzten ein paar große dunkle Augen, die Nase war leicht gebogen, und der schmale Mund drückte Energie aus.

»Wilhelmine, was für eine Überraschung, nach so langer Zeit von dir zu hören.« Sie musterte Tanya mit einem strengen Blick. »Du bist also Tanya, unser neuer Gast.« Tanya knickste und hauchte ein kaum vernehmliches »Ja, Frau Äbtissin«.

»Begleite Tanya in ihre Zelle«, sagte die Äbtissin nun zu der jungen Nonne und zu Wilhelmine: »Komm bitte mit in mein Sprechzimmer, liebe Cousine, wir haben sicher einiges zu bereden.« In einer Ecke des karg eingerichteten Raumes waren Tee und ein Teller mit belegten Broten angerichtet. »Ich denke, du wirst gleich wieder zurückreisen wollen und solltest dich vorher ein wenig stärken. Was führt dich und Tanya denn nun hierher?«

»Erst einmal danke ich dir, Christine.« Wilhelmine sprach ihre Cousine jetzt mit ihrem weltlichen Namen an. »Du hilfst mir da aus einer äußerst prekären Lage.« Die Nonne sah sie fragend an. »Meine Nichte … Tanya«, sie holte tief Luft, »ist schwanger! Sie ist bereits im dritten Monat, wie unser Hausarzt vorgestern feststellen musste. Ein Skandal erster Güte, kannst du dir vorstellen.«

»Gibt es keinen Vater?«, fragte die Nonne.

»Der hat sich vor der Hochzeit erschossen. Ein Skandal,

und das drei Monate vor der Hochzeit von Aglaia, meiner Tochter.«

Die Nonne nickte schweigend. Trotz der Kälte in dem Zimmer begann Wilhelmine heftig zu schwitzen. »Also wie gesagt, ich habe es vorgestern erst erfahren und musste sofort handeln.« Sie fächerte sich mit ihrem Taschentuch Luft zu. »Aglaia ist gerade in Königsberg und Horst, mein Mann, in Berlin. Sie wissen noch von nichts, Tanya musste sofort aus dem Haus. Du verstehst mich doch, Christine?«

Die sah Wilhelmine schweigend an. Ihr Blick verriet nicht, was sie dachte. »Nun«, sagte sie nach einer Weile, »das arme Kind hat gesündigt ...«

»Meine Güte, das arme Kind!«, sagte Wilhelmine empört. »Schande hat sie über unsere Familie gebracht.«

»Trotzdem ist sie ein Kind Gottes«, beschwichtigte die Nonne. »Und wie stellst du dir das Weitere vor? Soll sie nach der Geburt hier im Kloster bleiben? Und was soll mit dem Kind geschehen?«

Wilhelmine zuckte die Schultern. »Darüber habe ich mir nun wirklich noch keine Gedanken gemacht. Gib mir Nachricht, wenn es so weit ist. Dann lasse ich es dich wissen.« Sie erhob sich. »Ich fürchte, ich muss gehen. Der Kutscher wartet auf mich.« Sie gab ihrer Cousine die Hand. »Ich danke dir für deine Hilfe, Christine. Selbstverständlich werde ich mich dafür erkenntlich zeigen.« An der Tür drehte sie sich noch einmal um. »Eine Bitte habe ich noch. Ich wünsche nicht, dass Tanya Post erhält oder versendet, und selbstverständlich soll sie keinen Besuch bekommen.«

Die Äbtissin nickte zustimmend, dann fragte sie: »Willst du dich nicht von deiner Nichte verabschieden?«

»Nein, danach steht mir nun wirklich nicht der Sinn.«

Als Aglaia aus Königsberg zurückkam, fand sie im grünen Salon nur Elvira vor. Strahlend begrüßte sie ihre Tante. »Wie schön, dich zu sehen, Tante Elvira. Ach, Königsberg war ja so aufregend! Die vielen Geschäfte, und in der *Zauberflöte* waren wir! Und abends essen im Berliner Hof! Wie schade, dass Tanya nicht dabei war.« Sie stockte plötzlich. »Wo ist sie denn überhaupt, ich habe schon in ihrem Zimmer nach ihr gesucht, und wo ist Mama, hat sie etwas mit der Hausdame zu besprechen?« Sie lachte. »Ich will ja schließlich nicht alles doppelt erzählen.«

»Setz dich erst einmal, mein Kind«, sagte Elvira ernst. »Ich muss dir etwas sagen.«

Aglaia sah sie erschrocken an. »Was ist passiert? Und wieso bist du überhaupt auf Wallerstein, wo doch Onkel Jesko und Eberhard heute nach Hause kommen?«

Elvira nahm Aglaias Hände in die ihren. »Deine Mutter hat Tanya weggebracht.«

»Was? Sie hat sie weggebracht? Aber warum denn bloß, und wohin?«

»Tanya ist im dritten Monat schwanger. Dr. Grüben hat das vor ein paar Tagen festgestellt. Und du kennst ja deine Mutter. So ein Skandal – und das kurz vor deiner Hochzeit. Sie ist natürlich außer sich.«

Entsetzt schlug Aglaia die Hände vors Gesicht. Schlagartig fiel ihr der Morgen nach der Saujagd ein. »Es muss in der Nacht passiert sein, als sie sich heimlich mit Egbert verlobt hat«, sagte sie mit zitternder Stimme. »Mein Gott, Tante Elvira, das ist ja ganz schrecklich. Die arme Tanya!«

»Ja, es ist furchtbar für sie und alle Beteiligten. Aber du musst auch deine Mutter verstehen. Sie konnte Tanya einfach nicht hierbehalten.«

»Aber wo hat Mama sie denn hingebracht und warum so schnell? Wir hätten doch gemeinsam nach einer Lösung suchen können! Und vor allem hätten wir Papa benachrichtigen müssen.« Jetzt hörten sie die Stimme von Wilhelmine.

»Ah, meine Tochter ist bereits zurück und mit der Gräfin Kaulitz im grünen Salon. Dann werde ich direkt zu ihnen gehen.« Sie gab Kurt Anweisung, ihr Tee und etwas zu essen zu bringen, dann betrat sie noch in Reisekleidung den Salon. »Elvira, wie ich gerade höre, bist du noch da. Dann weiß Aglaia wohl bereits Bescheid.« Sie schälte sich aus ihrem Pelz und warf ihn achtlos auf einen Stuhl. Bevor jemand etwas sagen konnte, rief sie. »Was für eine schreckliche Fahrt. Ich bin total durchgefroren und halb verhungert.«

Elvira erhob sich. »Ich wollte nicht, dass Aglaia ein leeres Haus vorfindet und womöglich von den Dienstboten über die Geschehnisse informiert wird. Aber jetzt muss ich wirklich gehen. Jesko wird mich sicher schon sehnlich erwarten.« Sie war froh, der nun folgenden Diskussionen zwischen Mutter und Tochter zu entfliehen.

Aglaia wartete, bis Kurt Tee und eine Platte mit Kuchen serviert und den Salon verlassen hatte. Dann fragte sie aufgebracht: »Wohin hast du Tanya gebracht, Mama?« Sie war außer sich. »Warum hast du nicht auf meine Rückkehr gewartet? Ich will sofort zu ihr.«

»Das ist ganz unmöglich.« Wilhelmine war erstaunlich ruhig. »Sie ist in einem Kloster in Hinterpommern. Eine Cousine von mir ist dort Äbtissin. Sie wünscht weder Besucher, noch dass Tanya Post bekommt.«

»Und das hast du zugelassen?« Aglaia war den Tränen nahe. »Du hättest wenigstens darauf bestehen müssen, dass ich ihr schreiben darf. Mein Gott, die arme Tanya …«

»Die arme Tanya hat selbst Schuld an ihrem Schicksal«, sagte Wilhelmine kalt. »Oder glaubst du etwa an eine unbefleckte Empfängnis?«

»Ach Mama, wie kann man nur so hart sein.« Aglaia wagte nicht, ihre Mutter anzusehen. »Meinst du denn, Tanya ist zu meiner Hochzeit wieder hier? Sie soll doch eine meiner Brautjungfern sein.«

Jetzt brach Wilhelmine in höhnisches Gelächter aus. »Ja bist du denn von allen guten Geistern verlassen? Im Mai ist Tanya laut Dr. Grüben im sechsten Monat, also kugelrund. Der Bastard wird nicht vor August auf die Welt kommen. Und eine Jungfer ist sie ja wohl auch nicht mehr.« Sie schnaufte vor Empörung, und ihr Gesicht war hochrot angelaufen.

»Dann will ich gar nicht heiraten«, schluchzte Aglaia jetzt. »Was ist das denn für ein Fest ohne meine Tanya?«

»Immer Tanya … deine Tanya!« Der Streit zwischen den beiden Frauen wurde immer lauter. »Ist dir überhaupt klar, was für eine Schande sie über uns gebracht hat, deine geliebte Tanya?«, schrie Wilhelmine.

»Ich werde Papa schreiben«, rief jetzt Aglaia aufgebracht. »Er wird dafür sorgen, dass ich Tanya sehen oder ihr wenigstens schreiben kann.«

»Das wirst du schön lassen«, funkelte Wilhelmine sie böse an. Sie war ganz ruhig, nur ihre Augen blitzten. »Dein Vater wird früh genug davon erfahren. Er ist Ostern wieder hier, das ist schon in ein paar Wochen. Und noch etwas. Ich verbiete dir, mit irgendjemandem über Tanyas Schande zu sprechen. Sie ist für ein paar Monate in einem Sanatorium wegen extremer Blutarmut. Hast du mich verstanden?«

Aglaia saß da wie ein Häufchen Elend.

»Hast du mich verstanden?«, wiederholte Wilhelmine.

»Ja, Mama«, flüsterte das unglückliche Mädchen. Sie wagte es nicht, sich gegen ihre Mutter aufzulehnen.

»Gut, dann geh jetzt auf dein Zimmer. Ich habe noch etwas zu erledigen.« Sofort setzte sie sich an den kleinen Sekretär und schrieb einen kurzen Brief an die Äbtissin. Dem Schreiben legte sie einen beträchtlichen Geldbetrag bei. Sie fragte weder nach Tanyas Befinden, noch ließ sie sie grüßen.

Aglaias Versuche, ihre Hochzeit bis nach Tanyas Rückkehr zu verschieben, stießen bei allen Beteiligten auf Unverständnis. Eberhard konnte sie schließlich überzeugen. »Aber Liebes«, sagte er, »ich verstehe dich ja. Tanya ist wie deine Schwester. Aber die Einladungen sind schon seit Wochen verschickt, wie sollen wir denn eine Verschiebung des Termins erklären? Das siehst du doch ein?«

Aglaia fügte sich in das Unvermeidliche, und die Hochzeitsvorbereitungen lenkten sie ein wenig von ihrem Kummer ab. Aber wie immer, wenn Tanya und sie getrennt waren, suchte sie jeden Abend um zehn Uhr am Himmel nach ihren Sternen und dachte voller Liebe und Zuneigung an ihre arme Cousine. Und nur hin und wieder jammerte sie: »Meine arme Tanya, wie es dir wohl ergeht? Du fehlst mir ja so schrecklich.«

Am Tag nach ihrer Ankunft im Kloster ließ die Äbtissin Tanya zu sich kommen. »Du hast gesündigt, mein Kind«, sagte sie. »Bete zu Gott, dass er dir vergeben möge.« Sie reichte ihr einen Rosenkranz. »Der soll dir dabei eine Hilfe sein.« Dann fuhr sie fort. »Hat deine Tante dir gesagt, was nach der Niederkunft mit dir und dem Kind passieren soll?«

Tanya hatte mit gesenktem Kopf zugehört. Jetzt blickte sie die Nonne an. »Nein. Sie hat kein Wort mehr mit mir gesprochen, seit …«, sie schluckte, »seit Dr. Grüben bei mir war.«

»Nun, auch mir ist nichts bekannt. Warten wir also ab, zu welchem Vorgehen sich Gräfin Wallerstein entscheidet.«

»Darf ich Papier und Feder haben?«, fragte Tanya schüchtern. »Ich möchte an Aglaia, meine Cousine, und auch an meinen Onkel Horst schreiben. Sie werden sich Sorgen machen.«

»Deine Tante hat jeglichen Briefverkehr und auch Besuche strengstens untersagt.« In den Augen der Äbtissin blitzte Mitleid auf. »Ich muss mich leider daran halten.« Sie unterdrückte den Impuls, dem unglücklichen Mädchen über den Kopf zu streichen. »Nun werde ich dich mit den Regeln des Klosterlebens vertraut machen«, sagte sie stattdessen. »Es herrscht strengstes Sprechverbot, und ich möchte dich bitten, dich daran zu halten.«

Für Tanya verlief nun ein Tag wie der andere. Morgens um fünf Uhr Wecken durch die Kirchenglocken, dann eine Stunde Andacht in der Kapelle. Danach nahm sie gemeinsam mit den Nonnen ein karges Frühstück ein, um dann allein in ihrer feuchten Zelle zu warten, bis die Glocke zum Mittagessen rief. Nachmittags machte sie einen kurzen Spaziergang im Klostergarten, meist in Begleitung von Schwester Agnes, der jungen Nonne, die sie bei ihrer Ankunft im Kloster empfangen hatte. Um sechs Uhr gab es eine Vesper, und dann schloss sich bis zum nächsten Morgen die Zellentür hinter ihr.

In der ersten Zeit weinte Tanya viel. Sie betete inbrünstig zu Gott, dass er ihr vergeben möge. »Hab doch ein Einsehen mit mir«, flüsterte sie, wenn sie allein war. »Lass Aglaia oder Onkel Horst einen Weg finden, zu mir zu kommen und mir zu helfen.« Aber nichts geschah. Niemand kam, und auch sonst erreichte sie kein Lebenszeichen aus Wallerstein.

Irgendwann gab sie auf. Man hatte sie offenbar vergessen.

Sie hörte auf zu weinen, und auch ihre Gespräche mit Gott stellte sie ein. Der Rosenkranz lag unberührt auf ihrem Nachtkästchen, dem einzigen Möbelstück in ihrer Zelle außer ihrer Schlafpritsche. Bei ihrer Ankunft hatte man ihr bis auf ihre Kleidung alle ihre wenigen Habseligkeiten weggenommen, selbst das Holzkästchen mit Erinnerungsstücken, ihrer kleinen Taschenuhr und Egberts Briefen, ihrem größten Schatz.

»Du bekommst es zurück, wenn du uns verlässt«, hatte ihr die Äbtissin gesagt. Tanya hatte das teilnahmslos hingenommen. Sie schlief nie ein, bevor die Kirchturmuhr zehn geschlagen hatte. Dann suchte sie durch ihr kleines Fenster den Himmel nach ihren Sternen ab und sprach in Gedanken mit ihrer Mutter und Aglaia. Das gab ihr ein wenig Trost.

Nach ein paar Wochen begann Tanya sich zu verändern. In ihr wuchs ein Menschlein, sie begann es zu spüren, und wenn es sich bewegte, durchströmte sie ein ungeheures Glücksgefühl. Es war die Frucht ihrer Liebe, es war von Egbert! Wie konnte sie da unglücklich sein. Eines Nachts erschien ihr Egbert im Traum. Von dem Tag an bekam ihr Gesicht ein überirdisches Leuchten. Wenn das Kind sich bewegte, strahlte sie und strich sich über den runden Leib, als wollte sie sagen: »Ich bin da, ich liebe dich, und alles wird gut.« Wie das aussehen sollte, darüber machte sie sich keine Gedanken. Egbert und die Sterne wachten ja über sie.

Schwester Agnes war eine Nichte der Äbtissin und aus enttäuschter Liebe in das Kloster eingetreten. Wenn die beiden Frauen allein waren, brachen sie hin und wieder das Schweigegelübde. »Tante Christine«, sagte eines Tages die junge Nonne, »hast du auch die Veränderung in der kleinen Tanya bemerkt? Sie sieht aus wie eine Madonna. Beinah überirdisch.«

Die Äbtissin lächelte. Längst hatte sie gemerkt, wie sehr ihre Nichte mit Tanya litt. Ihr Gesicht bekam einen weichen Ausdruck. »Ja, mir ist das natürlich aufgefallen. Auch ich habe großes Mitleid mit dem armen Kind.«

»Und warum erlaubst du ihr dann nicht zu schreiben?«, fragte Agnes.

»Ihre Tante hat es mir untersagt, und ich muss mich wohl oder übel daran halten.« Sie seufzte. »Du weißt, wir sind auf Spenden angewiesen, und sie schickt uns monatlich einen sehr hohen Betrag.« Sie nickte ergeben mit dem Kopf. »Ja, ja, meine Cousine ist eine sehr harte Frau. Und nun geh, mein Kind. Man wird gleich zur Vesper läuten.«

April 1849

Über Nacht war es Frühling geworden in Ostpreußen. Wilde Winde jagten über das Land und ließen den Schnee schmelzen. Die Störche und Zugvögel kamen bereits in Scharen zurück, und das Land roch nach feuchter Erde. Die Wege waren aufgeweicht, und die Überlandfahrten mit den Kutschen wurden zu einem Abenteuer. Aber das war man gewohnt, und niemand wäre auf die Idee gekommen, wegen solcher Unbill eine Einladung auf einem der Güter oder Schlösser zu verpassen.

Wilhelmine hatte zu einer Ostergesellschaft geladen, und schon in der Woche vor Ostern trafen die ersten Gäste auf Wallerstein ein. Gleichzeitig mit dem Legationsrat Hartmann kam die unvermeidliche Kommerzienrätin Heller mit ihrem pensionierten Ehegespons, einem kleinen dicken Mann, dessen glänzende Halbglatze von einem Kranz grauer Haare gesäumt war. Über seiner rotgeäderten Burgundernase blitzten kleine, in Fett eingebettete Schweinsäuglein, denen so leicht nichts entging. Kurz darauf erschienen Baron und Baronin von Eyersfeld, deren Gut Angerup in direkter Nachbarschaft zu Wallersteins lag, und Graf Dühnkern mit seiner Frau Philine, einer großen, schlanken Person, die obwohl bereits Mitte vierzig, eine jugendliche Ausstrahlung hatte. Trotz ihres herben Aussehens aber war sie eine lustige und sehr unterhaltsame Person. Die gräfliche Familie Kaulitz vervollständigte die österliche Gästeliste. Wilhelmine hatte strengste Anweisung gegeben, bei Fragen nach Tanyas Abwesenheit deren Aufenthalt in einem Sanatorium anzugeben.

»Ach Gott, das arme Kind«, sagte sie einmal mit trauriger Miene. »Sie war ja nur noch Haut und Knochen. Der Tod von Egbert hat sie furchtbar mitgenommen.« Und ein andermal: »Dr. Grüben hat eine starke Anämie diagnostiziert. Sie musste unbedingt in ärztliche Pflege, deshalb habe ich sie sofort in ein Sanatorium gebracht.« Dann tupfte sie sich die Augen mit ihrem Spitzentaschentuch, als wäre sie aus Sorge um Tanya den Tränen nah.

Elvira schüttelte bei diesen Reden nur den Kopf, und einmal konnte sie sich nicht verkneifen, ihrer Freundin ins Ohr zu zischen: »Hör auf mit dem Theater, Wilhelmine. Jeder hier weiß doch, wie du zu Tanya stehst.«

Auch Aglaia konnte kaum glauben, was sie da hörte. Hatte ihre Mutter den Verstand verloren? Warum redete sie so? Sie begann plötzlich, ihre Mutter in einem anderen Licht zu sehen. Und was sie da sah, tat ihr weh. Sehnlichst wartete sie auf die Rückkehr ihres Vaters. Der liebte Tanya wirklich, das wusste sie. Er würde mit Sicherheit wissen, was man für sie tun könnte. Wann kam er denn bloß? Er sollte eigentlich schon längst da sein.

Es war Karfreitag. Die Gesellschaft saß beim zweiten Frühstück. Der Tisch bog sich unter Platten mit Schinken, Leberwürsten, Pasteten und Geselchtem und natürlich Schüsseln voll mit weich gekochten Eiern. Es roch nach frisch gebackenem Brot, und der Geruch von Kaffee und auch ein Hauch von Korn wehten durch die Luft. Wie immer herrschte eine heitere Stimmung. Die Damen hatten gerade beschlossen, nach dem Kirchgang einen Spaziergang im Park zu machen, wogegen die Herren erst ein Stündchen ruhen wollten, um dann eine Partie Whist zu spielen, als Kurt meldete: »Graf von Wallerstein ist soeben eingetroffen.«

Mit lauten Rufen: »Na, da bist du ja endlich, alter Lorbass« – »Was hat dich denn so lange in Berlin gehalten?« – »Wie war deine Reise?« wurde Horst empfangen.

»Nun lasst mich zuerst mal die Damen begrüßen«, lachte er, »und dann etwas essen. Ich habe einen Mordshunger.« Plötzlich sagte er: »Ich vermisse Tanya. Ist sie krank?«

Die angeregte Unterhaltung erstarb. »Ich habe sie in ein Sanatorium gebracht«, sagte Wilhelmine in die Stille. »Du wirst dich erinnern, dass du Dr. Grüben hergebeten hast, um sie zu untersuchen, und er hat eine schwere Anämie festgestellt.«

»Nun, hätte man die nicht auch hier auskurieren können, und warum hast du mich davon nicht unterrichtet?« Auf seiner Stirn schwoll wieder eine Ader an. Er holte tief Luft. Dann sagte er: »Wir reden später darüber. Jetzt muss ich etwas essen. Seit Tagen träume ich von Helmas Osterpastete und unseren frischen Eiern.« Die Unterhaltung kam zunächst nur zögerlich wieder in Gang, doch nach ein paar Minuten war die angespannte Stimmung verflogen wie ein böser Spuk.

Als Wilhelmine die Tafel aufhob, sagte Horst: »Wilhelmine, auf ein Wort. Ich erwarte dich in der Bibliothek.«

Elvira sagte zur Ursula von Eyersfeld: »In ihrer Haut möchte ich jetzt nicht stecken. Horst kocht ja regelrecht vor Wut.«

Die schüttelte den Kopf. »Ich begreife Wilhelmine aber auch wirklich nicht. Wegen einer Anämie muss man doch nicht gleich in ein Sanatorium.«

»Ach, was geht uns das an«, lenkte Elvira schnell wieder

von dem heiklen Thema ab, »komm, ich brauche dringend etwas frische Luft.«

»Also, was soll die Geschichte mit dem Sanatorium?« Mit einem vollen Cognacglas in der Hand ging Horst erregt in der Bibliothek auf und ab. »Was ist nun wirklich passiert?«

Wilhelmine ließ sich schwer atmend in einen Sessel fallen. »Ich habe eine reizende Überraschung für dich. Deine geliebte Tanya ist schwanger. Inzwischen muss sie im sechsten Monat sein, wie Dr. Grüben mir glaubwürdig versichert hat.«

Entsetzt starrte ihr Mann sie an. »Wie ist das denn möglich? Ich meine, wann kann das denn passiert sein? Mein Gott, das ist ja schrecklich!« Er wandte seiner Frau den Rücken zu und blickte aus dem Fenster. Für einen Moment schien er wie gelähmt.

»Ich habe dir immer gesagt, dass sich so etwas vererbt«, lachte Wilhelmine böse. »Aber du wolltest mir ja nicht glauben.«

»Rede nicht so einen hanebüchenen Unsinn!«, schrie er. »Vielleicht erinnerst du dich daran, dass Aglaia auch etwas zu früh auf die Welt gekommen ist!« Wilhelmine schoss das Blut ins Gesicht. Ohne darauf zu achten, fuhr er fort: »Tanya war heimlich verlobt – ach, es ist müßig, darüber zu reden.« Er hatte sich wieder in der Gewalt. »Wo hast du sie hingebracht? Sag mir die Wahrheit!«

»Sie ist bis nach der Geburt in einem Kloster in Hinterpommern. Du weißt, meine Cousine Christine von Lerchenfeld ist dort Äbtissin. Gott sei Dank hat sie sie sofort aufgenommen.«

»Ich werde gleich nach Ostern zu ihr fahren und sie besuchen.« Seine Hand zitterte, als er sich einen Cognac nachschenkte.

»Man wird dich nicht vorlassen.« Wilhelmine begann wieder heftig zu schwitzen. »Außer Priestern haben Männer keinen Zutritt zum Kloster, und Christine wünscht ohnehin weder Besucher noch Post.«

»Das hast du ja fein eingefädelt«, sagte er kalt. »Endlich hast du deine Rache, nach der du seit siebzehn Jahren dürstest.«

Wilhelmine erhob sich. »Ich habe sie nicht geschwängert, vergiss das bitte nicht. Und nun entschuldige mich. Die Damen erwarten mich in der Halle zu unserem Spaziergang.« Kurz darauf gab der Graf Kurt die Anweisung, ihm ein Schlafzimmer im Seitenflügel des Schlosses einzurichten.

Am nächsten Morgen, im Schloss herrschte noch völlige Ruhe, saßen Kurt, die Zofe Gerda und die Mamsell gemeinsam beim Frühstück. In der Gesindestube nebenan hörte man die Stimmen der Lakaien, Stuben- und Küchenmädchen. Niemals hätten die drei sich mit dem restlichen Personal an einen Tisch gesetzt. Auch bei den Bediensteten herrschte eine strenge Hierarchie. Kurt war noch in Hemdsärmeln, die gestreifte Weste seiner Tagesuniform hing über der Stuhllehne. »Noch nie nich hab ich unsern Gjnädijen so boossig erlebt«, sagte er. »Wo ich doch man fast dreißig Jahre hier im Schloss gjedient hab. Ich war dabei, wie er Hochzeit gjehalten hat mit der Gjnädijen … Ach, und wat is nu daraus gjeworden?« Betrübt schüttelte er den Kopf. »Schlafen tut er nu alleinich im Seitenflüjel. ›Für immer, Kurt‹ hat er mir angjetragen.«

»Jaja, wenn ich mir man so recht erinnern tu, hat dat gjanze Elend schon angjefangen, als dat Baronesschen ins Schloss kam«, sagte die Mamsell.

»Und nu isse weg«, meinte Gerda versonnen, »und allet is man noch viel schlimmer. Ich sag man bloßig, seit die Gjnädije im Wechsel und das Baronesschen immer hübscher gjeworden is, hat se ihr schon so verändert, immer boossiger und gnosiger wurde se.«

»Na und wie se sich ehrpusselig hat verlautbaren lassen bei den Gjästen, von wegen wie dat arme Baronesschen ihr am Herzen liegen tut …« Kurt schüttelte ungläubig den Kopf, »im Sanatorium wär sie wejen 'ner Anomie …«

»Was is dat denn nu eijentlich?«, fragte Gerda. »Soll dat schwanger auf gjebildet heißen?« Das Wort hatte sie noch nie gehört. Aber dass Tanya schwanger war, wusste natürlich jeder im Schloss.

»So wat wie Blutarmut is dat«, erklärte Kurt und knöpfte sorgfältig seine Weste zu. »Jedenfalls hat der Dr. Gjrüben dat so verlautbaren lassen.« Er nahm noch einen Schluck von seiner Milch, dann erhob er sich. »Na ja, von uns kann sich ja nu keiner nich beschweren. Wir alle wissen, wat wir an Wallerstein haben. Im Gjrunde jeht et uns nu man nüscht nix an, wat die Herrschaften so mit sich zu tun habn.« Er öffnete die Tür zum Gesinderaum. »Nu man los, Leute«, rief er, »an die Arbeit, los los!« Das Schloss erwachte langsam zum Leben.

Die folgenden Wochen vergingen wie im Flug. Aglaia kam kaum zum Denken. Das Brautkleid verlangte mehrere Anproben bei der Schneiderin in Königsberg, die Frisur mit dem Myrtenkranz und dem daran befestigten Schleier musste probiert, das Placement für das Hochzeitsessen besprochen werden und und und …

Das Menü hatte Wilhelmine schon mit Helma festgelegt. Als Aglaia Einwände machte, fühlte sich die Mamsell veranlasst, ihr Missfallen mit mehreren lauten »Erbarrmerche!« auszudrücken. Seit Wochen arbeitete sie schließlich schon in der Küche mit einer Schar von Helfern, damit alles im Überfluss vorhanden war. Lieferungen mit den teuersten Weinen und Champagner trafen aus Königsberg ein, und Kurt hatte Anweisung bekommen, den besten Portwein aus dem Keller zu holen.

Der Graf reiste gleich nach Ostern wieder ab nach Berlin. Der Abschied von seiner Frau war äußerst kühl ausgefallen, während er Aglaia fest in seine Arme genommen hatte. »Ich bin rechtzeitig zu deiner Hochzeit zurück, mein Herz«, versicherte er ihr. »Ich will doch mein geliebtes Kind zum Altar führen. Und sorge dich nicht zu sehr um Tanya. Ich kenne Christine von Lerchenfeld, sie ist eine gute Frau und wird sich um sie kümmern. Wenn das Kind da ist, werden wir einen Weg finden, für beide zu sorgen. Ich verspreche es dir.«

Jeden Abend schloss Aglaia Tanya in ihr Nachtgebet ein, in der Hoffnung, sie bald wiederzusehen. Aber in Gegenwart ihrer Mutter erwähnte sie ihren Namen nicht mehr. Die Einzige, mit der sie wagte, offen über ihre geliebte Cousine zu reden, war Elvira. »Was denkst du, Tante Elvira, könnten wir Tanya und ihr Kindlein nicht zu uns nach Birkenau holen?«, fragte sie einmal ihre Tante. »Wo soll sie denn sonst hin, Mama will sie mit Sicherheit hier nicht haben. Kannst du nicht mal mit Eberhard darüber sprechen?«

Elvira wusste nicht so recht, was sie darauf antworten sollte. »Kommt Zeit, kommt Rat«, meinte sie. »Wenn es so weit ist, wird sich bestimmt ein Weg finden. Ich bin sicher, dein Vater wird sich darum kümmern.« Aglaia blieb nichts anderes übrig, als sich damit zufriedenzugeben.

»Ich fahre heute mal rüber nach Wallerstein, Jesko«, verkündete Elvira an einem Frühlingsmorgen beim Frühstück. »Es ist so herrliches Wetter, und ich will mal sehen, wie die Hochzeitsvorbereitungen vorangehen. Es ist dir doch recht, mein Lieber?«

»Aber natürlich, mein Schatz. Ich könnte mal wieder mit Eberhard nach Linderwies reiten. Er sagt mir schon seit Tagen, dass ich mir endlich die Fohlen anschauen soll. Es muss da ein paar Prachtexemplare geben.«

Elvira lächelte ihren Mann an. »Na, dann bin ich aber froh, so wirst du mich ja nicht allzu sehr vermissen.« Eberhard war hereingekommen. Er sah frisch und gesund aus und war schon seit Stunden auf den Beinen.

»Na, wie geht's, mein Junge«, begrüßte ihn Jesko. »Ist alles in Ordnung?«

»Blendend geht es mir, Papachen, und so weit ist auch alles in Ordnung. Ich bin mit Basedow die Zäune der Koppeln abgeritten. Einige Stellen müssen ausgebessert werden, aber das ist ein Klacks.«

»Was meinst du, Jungchen, ist der Basedow ein guter Mann?«, fragte Jesko.

»Er hat als Verwalter beste Referenzen und macht mir einen hervorragenden Eindruck«, meinte Eberhard. »Ich glaube, wir haben mit ihm einen guten Fang gemacht.«

»Das hoffe ich. Du hast mit der Verwaltung von Birkenau und Linderwies schließlich genug am Hals.« Unaufgefordert schenkte der Diener ihm frischen Kaffee ein. Genießerisch schloss Eberhard die Augen. »Was für ein Duft«, sagte er, »und einen Mordshunger habe ich.« Während er sich mehrere weiche Eier in ein Glas schlug und das frisch gebackene Brot dick mit Butter bestrich, fragte er: »Wann kommst du nun endlich mit nach Linderwies, Papa? Wenn du noch lange zögerst, sind die Fohlen ausgewachsen.«

»Heute, mein Junge.« Jesko lachte. »Meine Frau verlässt mich nämlich und fährt rüber zu deiner Braut.«

»Dann küsse sie von mir!«, rief Eberhard, und mit theatralisch vor der Brust gekreuzten Händen seufzte er: »Ich verzehre mich voller Ungeduld nach ihr.« Nachdem er noch mehrere belegte Brote verschlungen hatte, stand Eberhard auf. »Na, dann woll'n wir mal. Komm, Papa, bevor du es dir wieder anders überlegst.«

»Ich lasse dir den Einspänner anspannen«, rief Jesko Elvira beim Hinausgehen zu. »Und komm mir heil wieder nach Hause.«

Sie warf ihm eine Kusshand zu. »Mich wirst du so schnell nicht wieder los.«

Linderwies war ein großes Gut, dessen Ländereien direkt an die des Schlosses angrenzten. Birkenau mit seinen 10 000 Morgen Acker- und Weideland und ca. 800 Morgen Wald war schon ein recht großer Besitz, aber Linderwies war ungleich größer. Es umfasste 20 000 Morgen Land, davon 13 000 Morgen fruchtbaren Ackerboden, 5000 Morgen ertragreiche Flusswiesen und 2000 Morgen Wald. Eberhard verwaltete das Gut mit großem Einsatz und erzielte erkleckliche Gewinne. Er war mit Leib und Seele Landwirt.

Als Elvira den Einspänner bestieg, sah sie die beiden Männer auf ihren Pferden in der Lindenallee verschwinden. Sie genoss die Fahrt durch die herrliche Landschaft. Die Sonne war angenehm warm, so dass sie schon nach einigen Minuten den Schal, den sie vorsichtshalber um ihre Schultern gelegt hatte, abstreifen konnte. Der Fahrtwind zerrte an ihrem Sommerhut, und so legte sie ihn neben sich, und ihr Haar flatterte im Wind. Etwas zerzaust und mit geröteten Wangen kam sie auf Wallerstein an. »Die Frau Gjräfin befindet sich im grünen Salon«, begrüßte sie der Diener. »Frau Rittmeister von Galze sind bei der gnädigen Frau und Frau Kommerzienrat …«

»… Heller«, ergänzte Elvira den Satz. Wie konnte es auch anders sein! Louise von Galze, Wilhelmines jüngere Schwester, war vor einigen Jahren Witwe geworden und nach Königsberg gezogen, wo sie ein großes Haus führte. Sie war wohlproportioniert, aber neigte ebenfalls etwas zur Fülle, was sie mit aller Macht zu bekämpfen versuchte. Ihre noch vollen dunklen Haare waren mit weißen Strähnen durchzogen und zu einer kunstvollen Frisur aufgesteckt. Ihr feines Gesicht war immer noch schön, obwohl kleine Fältchen um die Augen und den schön geschwungenen Mund ihr Alter ahnen ließen. Die großen braunen Augen blickten meist spöttisch, und ihre spitze Zunge war gefürchtet. Vor allem von Wilhelmine.

»Wie schön, dich mal wiederzusehen, Louise«, sagte Elvira erfreut. »Wie geht es dir in Königsberg, hast du dich gut eingelebt?«

»Na ja, geht man so«, sagte sie sichtlich untertreibend, »aber dir scheint es ja blendend zu gehen. Du siehst fabelhaft aus.«

»Sie ist ja auch verliebt«, warf Wilhelmine ein. »Stell dir das mal vor, in ihrem Alter!«

»Nur kein Neid, meine Liebe.« Louise musterte ihre Schwester amüsiert. »Aber du hast mächtig zugelegt.« Sie deutete auf das dritte Stück Kuchen, das Wilhelmine gerade auf ihren Teller lud. »Das solltest du besser bleiben lassen.«

Wilhelmine verschluckte sich, und ihr Gesicht lief rot an. »Jetzt erinnerst du mich an einen Hummer«, setzte Louise noch eins drauf. »Du solltest mal deinen Blutdruck kontrollieren lassen.«

»Ich bin im Wechsel, liebste Schwester.« Wilhelmine kochte. »Aber soweit ich weiß, hast du das ja erstaunlicherweise schon hinter dir.«

»Gott sei Dank«, lachte Louise, »aber im Ernst, vielleicht

ist es ja auch nicht der Blutdruck, es könnte auch Verkalkung sein, du weißt, unser Vater, er war schließlich in deinem Alter, als er …«, sie machte eine nachdenkliche Pause. »So was soll ja vererbbar sein …«

»Jetzt mach aber mal einen Punkt!« Wilhelmine schnappte empört nach Luft.

»Ich meine ja nur, in deinem Alter kann das ganz schnell gehen«, legte Louise nach. Elvira lauschte amüsiert dem Gezanke der beiden so ungleichen Schwestern, während sich die Kommerzienrätin insgeheim empörte, wie diese Frau Rittmeister mit der von ihr so verehrten Gräfin umsprang.

»Du weißt ja gar nicht, was ich alles am Hals habe«, versuchte Wilhelmine das Gespräch in eine andere Bahn zu lenken. »Horst ist ständig in Berlin, wir bekommen ihn kaum noch zu Gesicht, und das bei diesen ganzen Hochzeitsvorbereitungen. Ich bin schon völlig erledigt.«

»Na, dann wirst du ja bald vom Fleisch fallen!« Louise konnte es einfach nicht lassen. »Schaden könnte es dir wirklich nicht.« Es war ihr unbegreiflich, wie ihre früher so schöne Schwester, die sie als Kind so bewundert hatte, sich dermaßen gehen lassen konnte.

›Hoffentlich fragt sie jetzt nicht nach Tanya‹, dachte Elvira, ›dann läuft das Ganze noch völlig aus dem Ruder. Aber wahrscheinlich weiß Louise längst Bescheid. Klatsch verbreitete sich im Landkreis ja immer in Windeseile.‹ Vorsichtshalter sagte sie: »Was hältst du davon, Wilhelmine, wenn ich euch bei den Vorbreitungen ein wenig zur Hand gehe? Es würde mir Freude machen.«

»Glaubst du allen Ernstes, meine Schwester überarbeitet sich?« Louise schüttelte ungläubig den Kopf.

Ohne darauf einzugehen, sagte Wilhelmine begeistert: »Das

wäre wunderbar, Elvira. Aglaia würde sich sicher darüber freuen.«

»Wo ist sie eigentlich? Ich soll sie von Jesko und natürlich besonders von Eberhard grüßen«, sagte nun Elvira.

»Sie bespricht mal wieder was ganz schrecklich Wichtiges mit der Hübner.« Wilhelmine rollte die Augen. »Aber ich denke, sie wird gleich hier sein.«

Kurz darauf stürmte Aglaia ins Zimmer. »Tante Louise und Tante Elvira, wie schön, euch zu sehen.« Sie umarmte ihre beiden Tanten, dann begrüßte sie die Kommerzienrätin mit einem Handkuss. Sie ließ sich in einen Sessel plumpsen. »Ach, es ist ja alles so aufregend!«, strahlte sie. »Du kommst doch zu meiner Hochzeit, Tante Louise?«

»Nein, mein Kind. Deshalb bin ich hier. Ich reise nächste Woche für ein paar Monate nach Malta.«

»Nach Malta?«, unterbrach Wilhelmine. »Wo ist das überhaupt, und was willst du denn da?«

Louise schlug die Augen gen Himmel. »Ach Schwesterherz, mein Horizont hört nicht in Ostpreußen auf. Das solltest du eigentlich wissen. Seit dem Tod von Hannes bereise ich die Welt.«

»Du warst ja schon immer ein bisschen verrückt«, gab Wilhelmine zurück, »aber nun bist du wohl völlig von Sinnen.«

»Wie du meinst.« Louise war unbeeindruckt und wandte sich an ihre Nichte, die sie enttäuscht ansah.

»Wie schade, Tante Louise«, sagte Aglaia traurig. »Kannst du diese Reise denn nicht verschieben?«

»Das geht leider nicht, mein Herz. Alles ist schon seit Monaten gebucht. Ich kann das unmöglich absagen.« Sie reichte Aglaia ein in goldenes Papier verpacktes Etui. »Ich bin heute hier, um dir persönlich dein Hochzeitsgeschenk zu bringen.« Sie nahm ihre Nichte in den Arm. »Ich wünsche dir alles Glück dieser Welt, mein liebes Kind. Und wenn ich zurück bin, besuche ich dich auf Birkenau.«

»Versprochen, Tante Louise?«

»Ganz fest! Und nun lebt wohl, alle miteinander. Ich möchte meinen Zug nach Königsberg nicht verpassen … Bemüh dich nicht, Wilhelmine.« Sie drückte ihre Schwester in ihren Sessel zurück, aus dem sie sich gerade hochwuchten wollte, winkte noch einmal fröhlich und wirbelte aus dem Zimmer. Bevor Wilhelmine dazu kam, ihrem Ärger Luft zu machen, sagte Aglaia: »Ich finde sie einfach wunderbar, meine Tante Louise. Was sagst du, Tante Elvira?«

»Ich habe sie schon immer gemocht. Sie ist wirklich eine außergewöhnliche Person. Vielleicht wirklich ein bisschen verrückt, aber gerade das gefällt mir.«

»Du hast doch auch einen Knall, Elvira«, sagte Wilhelmine jetzt aufgebracht. »Frau Heller, wollen wir nicht ein paar Schritte gehen? Ich brauche dringend frische Luft.« Ohne ein weiteres Wort verließen die beiden den Salon.

Elvira kam jetzt immer öfter von Birkenau herüber, um bei den Hochzeitsvorbereitungen behilflich zu sein, und wurde mehr und mehr zu Aglaias Vertrauter. »Ach, ich kann es mir gar nicht vorstellen, verheiratet zu sein und Wallerstein zu verlassen«, sagte Aglaia einmal.

»Nun«, meinte Elvira lächelnd, »so weit entfernt ist es ja nicht von Birkenau. Nicht einmal eine halbe Stunde mit der Kutsche, und so wild wie du reitest, bist du in der Hälfte der Zeit hier.«

»Na ja, ich hab auch ein bisschen Angst, ob ich all den Anforderungen gewachsen bin, die da auf mich zukommen. Das riesige Schloss … es ist ja alles noch viel größer als hier auf

Wallerstein Und der Haushalt! Ich habe darin doch überhaupt keine Erfahrung. Hoffentlich enttäusche ich Eberhard nicht.« Sie lächelte unsicher. »Mir ist ganz bange.«

Elvira konnte ein Lachen nicht unterdrücken. »Da mach dir man wirklich keinen Kopf. Der Haushalt dort läuft quasi wie von selbst. Seit dem Tod von Jeskos erster Frau haben die Hausdame, Frau Keller, und der Haushofmeister Jabusch die Zügel in der Hand.« Sie schmunzelte. »Anstandshalber fragen sie mich hin und wieder etwas, und dann machen sie doch wieder ihren Stiefel. Und solange alles wie am Schnürchen läuft, werde ich mich hüten, mich einzumischen.«

Angesteckt von Elviras Fröhlichkeit sagte Aglaia: »Danke, Tante Elvira, du hast mir eine große Last von der Seele genommen. Jetzt bin ich wieder ganz heiter.«

Der 10. Mai, Aglaias Hochzeitstag, war ein herrlich warmer Frühsommertag. Die Sonne strahlte aus einem wolkenlosen blauen Himmel, und die Vögel zwitscherten aus voller Kehle. Die Hochzeit sollte auf Wallerstein stattfinden, in der Kapelle am See. Der Park war von einem Heer von Gärtnern in wochenlanger Arbeit aufs Schönste gestaltet worden. Beete von blühenden Tulpen und Narzissen säumten die weißen Kieswege, der Rasen glich einem samtenen grünen Teppich, und der weiß und lila blühende Flieder verströmte seinen süßen Duft. Einige der Hochzeitsgäste flanierten dort mit aufgespannten Sonnenschirmen umher oder ließen sich auf einer der Bänke im Schatten eines der frühlingsgrünen Bäume nieder. Man wartete auf den Beginn der Feierlichkeiten. Elvira und Ursula von Eyersfeld hatten sich mittlerweile sehr angefreundet und saßen nun beieinander im Pavillon am See.

»Wie geht es Aglaia?«, fragte Ursula. »Wie trägt sie die Abwesenheit von Tanya?« Sie wusste natürlich längst, was der Grund für deren ›Sanatoriumsaufenthalt‹ war. »Wer ist denn jetzt ihre zweite Brautjungfer?«

»Sie hat sich zu Wilhelmines Ärgernis nicht dazu durchringen können, Tanya durch eine andere Person zu ersetzen«, antwortete Elvira. »Hannchen Severin ist die Einzige, und Eberhard hat also auch nur einen ›Best man‹.« Sie nahm seit einiger Zeit Englischunterricht, da sie eine Reise mit Jesko nach London plante, und ließ ab und an ein Wort in dieser für sie so faszinierenden Sprache einfließen. Sie lachte. »Du weißt, die Goelder-Zwillinge sind seine besten Freunde. Er konnte oder wollte sich nicht entscheiden, welcher von beiden es werden sollte.«

»Und wer ist es nun?«, fragte Ursula. »Leopold von Troyenfeld. Gustav und Mathias Goelder haben es mit Humor genommen, soweit ich weiß.«

»Zwei fesche Kerle sind das, diese beiden«, sagte Ursula träumerisch. »Sie haben ja einen Ruf wie Donnerhall.«

»Das kann man wohl sagen.« Elvira puffte ihre Freundin mit dem Schirm leicht in die Seite. »Du wirst doch wohl keine frivolen Gedanken haben?«

»Ach weißt du, mein Fritz ist ja nun man nicht mehr der Jüngste …«, sie seufzte. Dann lachte sie laut auf. »Man wird doch hoffentlich noch ein wenig träumen dürfen.«

»Natürlich, meine liebe Freundin. Aber nun komm, lass uns zurückgehen. Sieh nur, man versammelt sich schon vor dem Schloss.« Sie kamen gerade rechtzeitig, als die Glocken der hauseigenen Kapelle zu läuten begannen. Von allen Seiten strömten die festlich gekleideten Gäste herbei und schritten durch die Lindenallee zu der nahe gelegenen kleinen Kirche. Der Zug bewegte sich durch ein Spalier von Schaulustigen.

Aus dem Dorf, das zur Grafschaft Wallerstein gehörte, waren die Menschen herbeigeströmt, um das große Ereignis zu bestaunen. Auch das Gesinde des Schlosses, alle im Sonntagsstaat, war vollzählig versammelt. Nicht nur die Herrschaft feierte heute, auch für das Gesinde gab es Bier, Schnaps und einen Ochsen am Spieß. Die mit Frühlingsblumen geschmückte Kapelle füllte sich langsam. Dort wartete Eberhard sichtlich aufgeregt auf die Ankunft seiner Braut. In seinem neuen Cut sah er blendend aus. Schon mehrere Male hatte er auf seine Taschenuhr geschaut. »Wo bleiben sie denn bloß?«, fragte er leise Leopold. »Sie sollten doch schon längst da sein.« Der klopfte ihm beruhigend auf die Schulter.

»Nu man mit der Ruhe, alter Lorbass. Deine Braut wird schon nicht verloren gehen auf dem kurzen Weg. Du wirst noch lange genug etwas von ihr haben.« In dem Moment begann die Orgel den Hochzeitsmarsch zu spielen, und Aglaia betrat am Arm ihres Vaters die Kapelle. Vor ihnen streute der fünfjährige Karl, Sohn von Mathias und Amalie Lackner aus Lindicken, Blumen. Er sah mürrisch aus, hatte man ihn doch in ein weißes Hemd und schwarze Escapins gesteckt und ihm die verhassten Lackschuhe angezogen. Es hatte Tränen gegeben, aber das Versprechen, nachher so viel Torte mit Schlagsahne zu bekommen, wie in ihn reinpasste, hatte ihn besänftigt.

Aglaia sah hinreißend aus in ihrem weißen, hochgeschlossenen Taftkleid mit der eng geschnürten Taille. Den langen Spitzenschleier trugen Ingrid und Karin, gerade mal vier und sechs Jahre alt, Töchter von Martha von Zerwitz, einer Freundin von Aglaia. Ihre kleinen Händchen zitterten, und die süßen Gesichtchen waren rot vor Aufregung. Tagelang hatte man ihnen eingeschärft, den Schleier so zu halten, dass er der Braut nicht vom Kopf fiel. Sie trugen rosa Tüllkleidchen mit bunten Kränzen aus frischen Blumen auf den blonden Locken und fühlten sich furchtbar erwachsen. Die Gäste erhoben sich, und vor dem Altar übergab Horst seine Tochter dem Bräutigam. Er hatte Tränen in den Augen. Sein geliebtes kleines Mädchen war nun erwachsen geworden. Die letzten Orgeltöne verklangen, und Pfarrer Küster begann mit der Trauung. Seine tiefe warme Stimme füllte nun die kleine Kirche. Er kannte Aglaia von Kindesbeinen an, hatte sie getauft und konfirmiert. Er sprach von Aglaias behüteter Jugend und dem neuen Lebensabschnitt, in den sie nun eintrat. »Du hast Eberhard gewählt, einen Mann, den du liebst. Das ist ein großes Glück. Aber seid euch gewiss, meine lieben Kinder, es gibt gute und schlechte Tage, die ihr miteinander teilen werdet. Der Herr wird euch begleiten, euch Trost geben in den Stunden des Unglücks und euch wieder ins Licht führen. Der Herr segne und behüte euch. Amen.«

Die Gemeinde hatte andächtig seinen Worten gelauscht, nur das leise Schluchzen Wilhelmines unterbrach ab und an die Stille, was Elvira veranlasste, Ursula von Eyersfeld zuzuflüstern: »Mein Gott, sie übertreibt ja man wieder mächtig.« Nun wurden die Ringe getauscht, und dann sangen alle gemeinsam:

So nimm denn meine Hände
und führe mich
bis an mein selig Ende
und ewiglich!
Ich mag allein nicht gehen,
nicht einen Schritt,
wo du wirst geh'n und stehen,
da nimm mich mit.

Begleitet von lauter Orgelmusik und dem Geläut der Glocken, trat das frischvermählte Paar aus der Kapelle. Die Menschen jubelten, riefen ihnen Glückwünsche zu und warfen Blumen vor ihnen auf den Weg. Aglaia und Eberhard winkten den Leuten zu und riefen immer wieder: »Danke, von ganzem Herzen, danke!«

Eberhard drückte Aglaias Arm. »Was denkst du, Liebste?«, flüsterte er. »Ach, Eberhard, ich bin so schrecklich glücklich! Und doch … aber du weißt es sicher.«

»Ich weiß, mein Liebes«, war alles, was er dazu sagen musste. Vor dem Eingang des Schlosses hatte sich die gesamte Dienerschaft versammelt. Kurt, als Erster Diener, hatte die Ehre, dem Brautpaar im Namen aller Glückwünsche auszusprechen. In seinem Knopfloch steckte eine rote Nelke, und sein freundliches Gesicht war vor Aufregung hochrot. Tagelang hatte er zusammen mit Gerda und der Mamsell an einer Rede gebastelt, sie immer wieder geübt, aber als er nun vor dem Brautpaar stand, waren mit einem Mal all die wohlgesetzten Worte vergessen. Der riesige Blumenstrauß in seiner Hand zitterte. Nach mehrmaligem Räuspern begann er: »Es is ja nu man nich gjanz einfach, die richt'gen Worte zu finden. Unser Komtesschen, was ich ja man schon kenne, seit se jeboren is, will uns nu verlassen. Daran müssen wir uns ja nu alle erst gjewöhnen. Aber das is ja man auch nich zu ändern.« Er holte tief Luft. »Wenn man nur die Hälfte von dem, wat wir ihr alle wünschen tun, in Erfüllung jeht, kann in der Ehe nuscht nix fehlen.«

Obwohl es bereits später Nachmittag war und die Hitze nachgelassen hatte, begann er heftig zu schwitzen. Mit einem riesigen, rotkarierten Taschentuch wischte er sich den Schweiß von der Stirn. Bevor er weitersprechen konnte, trat

Aglaia auf ihn zu, nahm ihm sehr zu seiner Erleichterung den Blumenstrauß ab und sagte: »Ich danke dir von Herzen für deine lieben Worte, Kurt«, und drückte seine Hand. »Aber so ganz weit weg bin ich ja nicht. Wallerstein ist ja wirklich nicht aus der Welt.« Sie lachte. »Ihr werdet also nicht die Möglichkeit haben, mich zu vergessen.«

Dann gingen sie und Eberhard an der aufgereihten Dienerschaft entlang, gaben jedem die Hand und bedankten sich für die guten Wünsche. Danach betraten sie, gefolgt von der Hochzeitsgesellschaft, die Halle des Schlosses, die mit Girlanden und riesigen Blumenarrangements geschmückt war. Die Lakaien standen schon bereit und trugen Silbertabletts mit funkelnden Kristallgläsern, gefüllt mit perlendem Champagner. Platten mit Kaviar- und Lachshäppchen wurden gereicht, waren in Windeseile leer und wurden durch neue ersetzt. Man war hungrig. Es ging ja schließlich auf den Abend zu. Endlich öffneten sich die Flügeltüren zum großen Speisesaal, und Kurt rief mit lauter Stimme: »Es ist angerichtet.«

Die lange Tafel war prachtvoll gedeckt. Die blütenweißen, mit kostbarer Klöppelspitze besetzten Damasttischtücher reichten bis zum Boden. Kostbares Meißner Porzellan, blank geputztes Silber und schweres Kristall funkelten um die Wette. Pinkfarbene Pfingstrosen in flachen Schalen, über die ganze Tafel verteilt, verströmten einen betörenden Duft. Auf jedem Gedeck stand in einem silbernen Menühalter ein mit goldener Schrift beschriebenes Platzkärtchen aus Büttenpapier, auf dem auch das Menü mit der Speisefolge gedruckt war. Noch war der lange Saal durchflutet von den Strahlen der tief stehenden Sonne. Aber bald würden die Lakaien die Kerzen an den achtarmigen hohen Kandelabern anzünden, die an den Wänden aufgereiht waren. Nachdem alle ihre Plätze gefunden hatten, kam die Unterhaltung schnell in Fluss. Man kannte sich, an Themen fehlte es nie, und wer das Pech hatte, eine Tischdame wie die Kommerzienrätin Heller erwischt zu haben, amüsierte sich mit der Dame zur Rechten oder tröstete sich mit dem hervorragenden Essen und erstklassigen Weinen. Man lachte, kicherte, und es wurde auch heftig geflirtet. Elvira saß zwischen dem Brautvater und Mathias Lackner, dem Besitzer des Gutes Lindicken, unweit von Wallerstein. Lackner und sie beobachteten beide amüsiert, wie Ursula von Eyersfeld mit ihrem Tischherrn, Mathias Goelder, einem der schönen Zwillinge, kokettierte.

»Mein Namensvetter ist wohl wieder auf der Jagd nach einer Trophäe«, lachte Lackner gutmütig. »Ihm scheint es egal zu sein, wie alt die Dame ist! Er ist mir man schon ein Luntrus.«

»Das ist ja kaum zu übersehen«, kicherte Elvira, »und Ursula ist doch wirklich noch ganz ansehnlich. Aber sieh dir bloß Wilhelmine an, ihr Lorgnon zittert schon vor Empörung.«

»Solange es den alten Eyersfeld nicht stört, soll sich die Gute doch amüsieren. Ihr Mann ist ja nun auch schon reichlich betagt, findest du nicht?« Lackner deutete hinüber zu dem alten Baron. »Er ist kurz davor, einzuschlafen. Sein Monokel, von dem ich als Kind immer gedacht habe, es sei eingewachsen, fällt ihm schon dauernd aus dem Auge.«

»Werd du erst mal so alt, du frecher Kerl«, sagte Elvira lachend. Aber bei sich dachte sie das Gleiche. Sollte Ursula doch ruhig ein wenig Spaß haben. Denn mehr als ein Spaß konnte es ja nicht sein. Mathias könnte ja schließlich ihr Sohn sein!

Gerade wurde das Dessert, Himbeerparfait mit Vanilleeis, abgetragen, da klopfte Horst von Wallerstein gegen sein Glas und erhob sich. »Ich bitte euch, meine lieben Gäste, eure Gläser zu erheben ...« Es begann ein heftiges Stühlerücken. Die Damen machten ergriffene Gesichter, und Wilhelmine zückte vorsichtshalber ihr Spitzentaschentuch, während die Herren eine feierliche Miene aufsetzten. »Ich möchte mit euch auf das Wohl unseres Brautpaares trinken. Das Brautpaar lebe hoch!«, rief er, und ein vielstimmiges »Hoch! Hoch! Hoch!« erklang. Dann nahmen alle außer Horst wieder Platz.

»Liebe Kinder, liebe Gäste. Es ist nicht nur meine Pflicht, sondern mir auch ein großes Bedürfnis, heute Abend zu euch zu sprechen. Für alle Eltern kommt einmal der Tag, an dem die Kinder aus dem Haus gehen. Der Tag, vor dem man sich fürchtet. Und nun ist er da, dieser Moment, wo unser Kind uns verlässt. Aber unsere leise Trauer wird gemildert durch das Glück, das Aglaia mit Eberhard gefunden hat. Sie hat ihn selbst gewählt, und ihre Wahl hätte meiner Meinung nicht besser ausfallen können. Und was unser Glück noch verstärkt, ist, dass Birkenau nicht aus der Welt ist und wir euch, meine lieben Kinder, hin und wieder sehen werden.« Er hielt inne und küsste Aglaia auf beide Wangen. Wieder heftiges Stühlerücken, alle erhoben ihre Gläser, und es erklang noch einmal ein lautes: »Das Brautpaar lebe hoch! Hoch! Hoch!«.

Mit keinem Wort hatte Horst Tanya erwähnt, wusste er doch, wie sehr seine Tochter unter ihrer Abwesenheit litt. »Ich danke dir für deine lieben Worte, Papachen«, sagte Aglaia leise. »Es ist alles so wunderschön heute, und ich bin sehr, sehr glücklich. Und doch muss ich dauernd an Tanya denken, wie mag es ihr wohl ergehen?«

»Ich weiß, mein Liebling.« Horst drückte seine Tochter fest an sich. »Ich verstehe dich wahrscheinlich besser, als du denkst. Aber lass uns den heutigen Tag genießen. Es soll doch der schönste in deinem Leben sein.« Wilhelmine stand auf, ein Zeichen, dass die Tafel aufgehoben war. Die Türen zum großen Saal wurden geöffnet, und das Orchester begann den Hochzeitswalzer zu spielen. Umringt von den Gästen, eröffnete die Braut mit ihrem Vater den Tanz, und nach ein paar Minuten war die Tanzfläche voll mit walzernden Paaren.

Eberhard drängte sich durch die Menge. »Darf ich dich ablösen, Schwiegerpapa?«, fragte er.

»Gern, mein Junge«, lächelte Horst. »Ich bin ja schon ganz außer Atem.« Baron Eyersfeld bemühte sich, mit Ursula seinen Pflichttanz zu absolvieren und war heilfroh, als er nach ein paar Minuten von Mathias Goelder abgelöst wurde. Erleichtert strebte er hinter Horst der Bibliothek zu. Noch waren die beiden allein. Horst schenkte zwei Gläser Port ein. »Prosit, mein Lieber«, sagte er und stieß mit seinem alten Freund an.

»Wohlsein, mein guter Wallerstein«, näselte der. »Hat ja eine fabelhafte Partie gemacht, deine schöne Tochter.«

»Nun, darauf war sie wirklich nicht angewiesen«, lächelte Horst. »Es ist etwas viel Besseres. Es scheint dir entgangen zu sein, dass das eine Liebesheirat ist. Du weißt, so etwas hat Seltenheitswert heutzutage.«

Von den beiden unbemerkt hatte Jesko von Kaulitz die Bibliothek betreten. »Also ich muss dir meinerseits recht geben, Fritz, vom züchterischen Standpunkt haben beide eine fabelhafte Partie gemacht. Die zukünftigen Kinder von zwei so schönen Menschen, reinrassig gräflich, da wird nix verwässert …« Es bereitete ihm ein ungeheures Vergnügen, seinen alten Freund Eyersfeld wegen seines Dünkels auf den Arm zu nehmen.

»Äh, du bist mir aber schon einer …«, murrte der Baron

leicht vergrätzt. Umständlich putzte er sein Monokel mit einem riesigen weißen Taschentuch, in dem unübersehbar sein Monogramm mit einer siebenzackigen Krone eingestickt war, um es sofort wieder einzusetzen. Immer mehr der älteren Herren betraten, zum Teil völlig außer Atem und leicht schwitzend, die Bibliothek. Hofrat von Saalfeld, ein kleiner, untersetzter Mann Ende fünfzig, mit einem eisgrauen Spitzbart und lustigen Augen unter buschigen Augenbrauen, ließ sich schnaufend in einem der bequemen Sessel nieder. Er wischte sich die schweißnasse Stirn mit dem Taschentuch. »Mein Soll an Bewegung habe ich für heute erfüllt, alle Pflichttänze sind absolviert«, sagte er nach Luft ringend. »Jetzt brauche ich dringend einen großen Cognac.«

Kurt eilte sofort mit Likören, Portwein, Schnäpsen und Cognac herbei. Legationsrat Hartmann winkte ihn kurz zu sich heran und fragte leise: »Gibt es wohl etwas Bullrichsalz? Sie verstehen, mein Magen … mir ist ganz blümerant.«

Es dauerte eine Weile, bis sich alle ihre Zigarren angezündet hatten, man prostete sich zu und beglückwünschte die beiden Väter noch einmal zu der so glücklichen Verbindung. Aber es dauerte nicht lange, da war man wieder bei der Politik. Die Revolution war noch immer nicht vorbei, und das war das Thema, das die Gemüter am meisten erregte.

»Der junge Bismarck hat sich ja inzwischen ganz der Politik verschrieben«, sagte Graf Dühnkern. »Wie ich höre, ist er mit seiner Familie nach Berlin gezogen.«

»Was will er denn da?«, fragte Baron Eyersfeld. »Minister ist er letztes Jahr nicht geworden, soweit ich weiß, und in die Nationalversammlung hat man ihn auch nicht gewählt. Man munkelte, dass er dem König zu extrem war in seinen Ansichten. Vielleicht wäre er doch besser auf seinem Gut geblieben.«

»Nun, mein lieber Eyersfeld, dann dürfte Ihnen wohl entgangen sein, dass der König seine Meinung inzwischen geändert hat. Bismarck wurde kürzlich in die zweite Kammer des preußischen Parlaments gewählt.« Dühnkern war leicht verärgert. »Glauben Sie mir, von dem jungen Mann werden wir noch viel hören.«

»Ich war neulich zum Abendbrot bei unserem Finanzminister.« Hofrat von Saalfeld wechselte nun das Thema. »David Hansemann ist ein alter Freund von mir.«

»Und wie war es?«, fragte Kommerzienrat Heller.

»Meine Güte, wie soll es gewesen sein. Die Frau Minister tief, aber vergeblich ausgeschnitten.« Er gluckste vor Lachen. »Der Anblick erinnert mich immer an ihren Mann. Der hat auch ständig ein ungedecktes Defizit.« Nun brachen alle in brüllendes Gelächter aus.

Unbemerkt von der laut lachenden Gesellschaft war Elvira in die Bibliothek getreten. »Na, meine Herren, ihr habt es ja anscheinend sehr lustig hier«, sagte sie. »Aber es werden dringend Tänzer gebraucht.« Sie nahm ihren Mann am Arm. »Vor allem du darfst dich jetzt wirklich nicht länger drücken.« Im Hinausgehen sah sie mit Erleichterung, dass Baron Eyersfeld in einem Sessel Platz genommen hatte und ihm langsam die Augen zufielen. Nach kurzer Zeit herrschte in der Bibliothek eine himmlische Ruhe bis auf das leise Schnarchen des alten Barons.

Wilhelmine hatte mehrere Pflichttänze absolviert und saß nun schwer atmend am Rand der Tanzfläche neben der unvermeidlichen Kommerzienrätin Heller. Sie fächelte sich unablässig Luft zu. »Mein Gott, für diese Polkas bin ich wirklich zu alt«, sagte sie schnaufend. »Schrecklich, diese Pflichttänze, hoffentlich werde ich von weiteren verschont.« Sie nahm einem vorbeigehenden Lakaien ein Glas Champagner ab und trank es in einem Zug leer.

»Ein wunderbares Fest«, sagte die Heller jetzt pflichtschuldig. »Ganz hervorragend haben Sie das alles arrangiert. Sie sind wirklich ein großes gesellschaftliches Talent.«

»Danke, meine Liebe«, antwortete Wilhelmine geschmeichelt. »Ich bin auch ganz erschöpft von der vielen Arbeit. Es hing ja alles an mir.«

»Was hing alles an dir?«, fragte Elvira, die nur die letzten Worte gehört hatte. »Na, die ganze Vorbereitung der Hochzeit ... du weißt schon.« Elvira lächelte milde. Natürlich wusste sie, dass Wilhelmine sich um so gut wie gar nichts gekümmert hatte. Die wichtigsten Sachen hatte Aglaia mit ihr, Elvira, besprochen, und die meiste Arbeit hatten die Gärtner, die Hausdame Frau Hübner, Kurt und die Mamsell gehabt.

Inzwischen hatte sich Amalie Lackner zu ihnen gesellt. »Darf ich mich zu Ihnen setzen? Ich bin ja ganz außer Puste. Kein Wunder in meinem Zustand.«

»In welchem Monat bist du denn?«, fragte Wilhelmine. »Doktor Grüben ... ah, da tanzt er ja!« Amalie winkte dem jungen Arzt fröhlich zu, »also der Doktor sagt, ich müsste im sechsten Monat sein.«

›Mein Gott‹, dachte Elvira, ›genau wie Tanya.‹ Sie suchte nach einer Regung in Wilhelmines Gesicht, aber es war undurchdringlich, als hätte sie das gar nicht gehört. ›Sie ist eiskalt‹, dachte Elvira. Die Musik machte jetzt eine Pause, und die lachenden und plaudernden Menschen ließen sich von den Lakaien Erfrischungen servieren.

»Lass uns einen Moment nach draußen gehen«, schlug Aglaia Eberhard vor. »Ich brauche etwas frische Luft.« Es war ein milder Abend. An dem wolkenlosen Himmel strahlten die

Sterne, und die Sichel des halbvollen Mondes tauchte den Park in ein sanftes, fahles Licht. Arm in Arm stand das junge Paar auf der menschenleeren Terrasse. Gerade schlug die Kirchturmuhr des unweit gelegenen Dorfes zehn. »Was für ein wundervoller Zufall, dass wir in diesem Moment allein hier draußen sind!«, sagte Aglaia aufgeregt. »Gerade jetzt denkt Tanya an mich und ich an sie.«

Eberhard sah sie fragend an. »Wieso bist du dir da so sicher?«

»Ich werde dir etwas erzählen, das niemand sonst weiß.« Und sie berichtete ihm von ihrem Abenteuer, als Tanya und sie noch klein waren und den Himmel über Ostpreußen durch das Teleskop ihres Großonkels entdeckt hatten. »Wir haben uns Sterne ausgesucht und uns gegenseitig versprochen, wenn wir getrennt sind, immer um zehn Uhr abends in den Himmel zu schauen und aneinander zu denken.« Sie drückte sich noch fester an ihn. »Ich finde, es gibt nichts Schöneres als den Himmel über Ostpreußen.« Sie schwiegen eine Weile. »Ach Eberhard, ich bin so schrecklich glücklich, und ich liebe dich so sehr, aber Tanyas Schicksal betrübt mich arg. Das verstehst du doch sicher?«

»Natürlich, Liebes. Aber lass uns jetzt nicht traurig werden. Wir wollen wieder hineingehen und tanzen.« Aglaia zögerte. »Hast du das auch gehört, Eberhard? Ich meine, da waren merkwürdige Geräusche in der Hecke.«

»Ach, das wird eine streunende Katze gewesen sein. Komm, lass uns hineingehen.«

Wilhelmine betrachtete durch ihr Lorgnon aufmerksam die vorbeitanzenden Menschen. »Wo ist eigentlich Ursula?«, fragte sie. »Ich habe sie schon seit einer ganzen Weile nicht mehr gesehen.«

»Keine Ahnung«, meinte Elvira, »irgendwo wird sie schon sein. Das Schloss ist schließlich groß genug.«

»Merkwürdig«, ließ sich die Kommerzienrätin vernehmen. »Den Rotschopf Goelder vermisse ich auch schon eine Weile.«

»Also Frau Heller!« Elvira war ehrlich empört. »Und den Baron von Eyersfeld, vermissen Sie den nicht auch? Jedenfalls kann ich ihn nirgends entdecken. Was wollen Sie meiner Freundin denn da eigentlich unterstellen?«

»Nun, man macht nur seine Beobachtungen. Auffällig genug scharmutziert haben sie ja schließlich, die beiden.«

In dem Moment tauchte Ursula am Ende des Saales auf. Ihr Gesicht war gerötet und die Frisur etwas derangiert. Elvira ging ihr ein paar Schritte entgegen und zischte ihr zu: »Du hast ewig nach Fritz gesucht und ihn endlich schlafend in der Bibliothek gefunden, hörst du?«

»Wie siehst du denn aus?« Wilhelmines erbarmungsloser Lorgnettenblick traf Ursula, die sich erschöpft in einen Sessel sinken los.

»Nun lass mich erst mal Luft holen«, sagte sie. »Ich war überall auf der Suche nach Fritz. Und wisst ihr, wo er war? Er saß, also das heißt, er sitzt immer noch selig schlafend in der Bibliothek.« Ein dankbarer Blick traf ihre Freundin. »Elvira weiß, was ich mir immer für Sorgen um ihn mache. Schließlich ist er ja nicht mehr der Jüngste.«

»Und Mathias Goelder, wo hast du den gelassen?«, konnte sich Wilhelmine nicht verkneifen.

»Sag mal, jetzt ist es aber genug!« Elvira fragte sich ernsthaft, ob ihre Freundin verrückt geworden war? »Was unterstehst du dich? Du solltest dich bei Ursula entschuldigen.«

Mit großen Augen hatte die junge Amalie Lackner dem Streit der älteren Frauen gelauscht. Was wollten Gräfin Wallerstein und diese schreckliche Kommerzienrätin der reizenden Ursula von Eyersfeld eigentlich unterstellen? Dass sie mit Mathias Goelder …? Geradezu lächerlich war das. Mathias war so alt wie sie, also mindestens zwanzig Jahre jünger als die Baronin. Während das Gezänk weiterging, erhob sie sich. »Ich suche jetzt mal *meinen* Mathias, wer weiß, wo der sich herumtreibt.« Sie fand ihn in der Halle, zusammen mit Mathias Goelder, Champagner trinkend und über irgendetwas lauthals lachend. »Na ihr beiden, was ist denn so lustig? Erzählt mal, ich möchte auch mitlachen.«

»Das ist nichts für schwangere junge Mädchen«, sagte ihr Mann. »Komm, die Musik spielt einen langsamen Walzer, den werden wir zwei … nein, wir sind ja zweieinhalb … wohl noch schaffen.«

Der Morgen graute bereits, als die Musiker ihre Instrumente einpackten und die letzten Gäste sich zu Bett begaben.

Tanya hatte in Agnes eine Vertraute, ja eine Freundin gefunden. In den ersten Wochen ihrer täglichen Spaziergänge im Klostergarten waren sie schweigend nebeneinander gegangen. Aber eines Tages, das Kloster war außer Sichtweite, fragte Agnes leise: »Was ist passiert, Tanya, warum bist du hier? Gab es denn niemanden, bei dem du unterkommen konntest?«

»Nein, ich habe niemanden, und meine Tante hasst mich. Seit meiner Geburt bin ich bei ihr, aber sie verabscheut mich.« Tränen liefen ihre Wangen hinab, trotz ihrer Erleichterung endlich mit jemandem sprechen zu können. »Ich weiß nicht warum, ich habe ihr nie etwas getan.« Die beiden setzten sich auf eine Bank im Schatten einer Kastanie. »Ich durfte mich nicht einmal von meiner Cousine Aglaia verabschieden. Sie ist für mich wie eine Schwester. Ich kann gar nicht verstehen, dass sie mir nicht ein einziges Mal geschrieben hat. Niemand schreibt mir, auch nicht mein Onkel Horst, Aglaias Vater. Ich verstehe das nicht! Er hat mich lieb, das weiß ich.«

Agnes zögerte, dann sagte sie: »Deine Tante erlaubt es nicht. Du sollst auch keinen Besuch bekommen. Ich war dabei, als sie es der Äbtissin ausdrücklich verboten hat.«

Tanya sah sie entsetzt an. »Das hat sie wirklich getan? Mein Gott, wie sehr muss sie mich hassen. Glaube mir, niemals habe ich ihr dazu Anlass gegeben.«

Nach und nach erfuhr Agnes die traurige Geschichte Tanyas. Ihr Herz quoll über vor Mitleid. Beide konnten es jetzt kaum erwarten, zusammen in den Garten zu gehen und ihre heimlichen Gespräche zu führen. Täglich wurde es wärmer, die Natur erblühte, und die Vögel zwitscherten. »Du musst mehr essen, Tanya«, sagte Agnes häufig, wenn sie ihre Freundin einmal umarmte und nur Haut und Knochen spürte. »Du und vor allem dein Kindlein, ihr braucht Kraft. Wie willst du denn die Geburt überstehen?«

Eines Tages fasste Tanya sich ein Herz: »Am zehnten Mai heiratet Aglaia.« Über ihr zartes Gesichtchen huschte ein trauriger Schatten. »Sie wollte so sehr, dass ich ihre Brautjungfer bin. Ich möchte ihr wenigstens schreiben. Auch wenn diese Zeilen niemals die Klostermauern verlassen, so könnte ich doch meine Gedanken zu Papier bringen. Könntest du nicht …?«

Agnes sah sie entsetzt an. »Was du da von mir verlangst, ist unmöglich. Es ist schon eine große Sünde, dass ich mit dir spreche.« Sie senkte ihre Stimme zu einem verschwörerischen Flüstern. »Ich habe es nicht einmal Pfarrer Körner gebeichtet!« Es klang fast, als sei das eine noch größere Sünde.

Tanya nickte traurig. »Verzeih mir, Agnes, es war dumm

von mir. Du bist so lieb, und wenn ich dich nicht hätte ...« Sie schwieg einen Moment. »Ich glaube, ich wäre schon vor Kummer gestorben.« Plötzlich begann sie zu strahlen. »Es strampelt wieder, willst du es mal fühlen?« Beide legten ihre Hände auf Tanyas prallen Bauch und fühlten sich innig miteinander verbunden.

Ein paar Tage später fand Tanya Papier, Tinte und eine Feder in ihrer Zelle. »Versteck es gut und verrate mich nicht«, flüsterte Agnes ihr am nächsten Morgen bei der Andacht zu. An einem warmen Frühsommertag sagte Agnes während ihres Spaziergangs: »Heute ist der zehnte Mai. Ich dachte, du solltest das wissen.«

Tanya fasste beide Hände der jungen Nonne. Ihr Gesicht war verklärt. »Ich danke dir, Agnes, du bist ein Engel.« Schweigend gingen sie zum Kloster zurück. In ihrer Zelle fiel Tanya auf die Knie und betete inbrünstig zu Gott. Dann holte sie ihre Schreibutensilien hinter dem Bett hervor und schrieb einen Brief an Aglaia.

Heimlich steckte Agnes den Brief am nächsten Tag in das kleine Holzkästchen mit Tanyas wenigen Habseligkeiten.

Aglaia lebte sich schnell ein in ihrem neuen Zuhause. Die Begeisterung Eberhards für sein fruchtbares Land, die Tiere und alles, was damit zusammenhing, rührten sie, und es fiel ihr nicht schwer, seine Freude zu teilen. Das Schloss war erst vor kurzem renoviert worden. Die hohen, hellen Räume waren prachtvoll ausgestattet. An den Wänden hingen kostbare Gemälde, in den Salons standen gemütliche Sitzgruppen, mit Tischchen voll kostbarer Silberdosen, Nippes und Kristallschalen mit frischem Obst und Gebäck. Die Böden waren bedeckt mit edlen Teppichen, und die Wände der eleganten Salons bespannt mit farbigen, zu den Vorhängen passenden Stoffen. Täglich füllte die Hausdame, Frau Keller, die hohen Vasen mit frischen Blumen. In dem kleinen Salon, der an das Frühstückszimmer grenzte, stand ein Klavier, auf dem Aglaia und Eberhard oft vierhändig musizierten.

Neben dem geräumigen Schlafzimmer des jungen Paares hatte Elvira während der Hochzeitsvorbereitungen für Aglaia ein Boudoir einrichten lassen. Sie bestand darauf, Aglaia gleich nach ihrer Ankunft auf Birkenau selbst ihr neues Reich zu zeigen. »Das ist mein ganz persönliches Hochzeitsgeschenk für dich«, sagte Elvira strahlend. »Gefällt es dir?«

Aglaia brachte vor Überraschung zuerst kein Wort heraus. Mit bunten Blumen bedruckte Chintzvorhänge umrahmten die hohen Fenster. Zierliche Möbel aus Kirschholz, die mit dem gleichen Stoff bezogen waren, standen um einen ovalen Tisch gruppiert, auf dem eine große Schale mit Pfingstrosen prangte. Über einer reich verzierten Konsole hing ein runder Spiegel mit einem prunkvollen Goldrahmen, und die hellgrünen Wände schmückten Miniaturen mit rassigen Pferden. Vor dem Fenster zum Park stand ein zierlicher Sekretär, auf dem Aglaia eine Porzellanminiatur von Tanya fand.

»Ich habe sie nach dem Gemälde, das in Wallerstein hängt, anfertigen lassen. Nun sag, gefällt es dir?«, fragte Elvira noch einmal.

»Es ist umwerfend, Tante Elvira!«, rief Aglaia ehrlich begeistert. »Einfach alles! Ich danke dir von ganzem Herzen.« Sie öffnete weit die Fenster und blickte hinaus in den prachtvollen Park. »Birkenau ist wirklich wunderschön. Gegen diesen Park ist der von Wallerstein ja nur ein etwas größerer Garten«, lachte sie. »Erst von hier oben sieht man, wie riesig er ist.« Sternförmig angelegte und von akkurat geschnittenen Buchsbäumchen gesäumte Wege führten zu einem großen See, auf dem weiße Schwäne ruhig ihre Bahnen zogen. Hohe, Schatten spendende Buchen, Eichen und Kastanienbäume, wohin das Auge blickte, mit eisernen Bänken darunter, um sich nach einem Spaziergang darauf auszuruhen. Auf der anderen Seite des Sees ein rauschender Birkenwald, nach dem das Schloss vor langer Zeit einmal seinen Namen bekommen hatte. Den frisch geschnittenen Rasen, auf den kleine weiße Tore für das Kricketspiel gesteckt waren, umsäumten dicke Büsche von blühenden Pfingstrosen, deren Duft bis zu ihnen nach oben wehte.

»Siehst du dort«, Elvira deutete nach rechts, »da ist der Rosengarten. Noch sind die Knospen nicht aufgegangen. Aber wenn das Wetter hält, werden sie bald ihre ganze Pracht entfalten und uns den ganzen Sommer über erfreuen.«

Aglaia legte den Arm um ihre Tante. »Ich glaube, liebste Tante Elvira, ich werde hier bei euch sehr glücklich sein.«

Gleich am Tag nach ihrer Ankunft auf Birkenau hatte Eberhard vorgeschlagen, mit Aglaia nach Linderwies zu reiten. »Du musst doch meinen Wirkungskreis kennenlernen«, sagte er, »und wissen, wo ich mich herumtreibe, wenn ich stundenlang unterwegs bin.«

Das Wetter war herrlich. Aglaia ritt ihre Hortensie, ihre Lieblingsstute, die sie niemals auf Wallerstein zurückgelassen hätte, und Eberhard seinen Schimmel Zeus, einen heißblütigen Hengst von außergewöhnlicher Schönheit. In leichtem Trab ging es durch die breite Ulmenallee, und nach ein paar Minuten erreichten sie den Birkenwald. Das durch die hellen Blätter gefilterte Licht warf zarte Schatten auf Aglaias schönes Gesicht. Eberhard zügelte sein Pferd und beugte sich zu ihr hinüber. »Du bist wunderschön, meine Liebste«, sagte er und küsste sie zärtlich auf den Mund.

»Ach, du Schmeichler«, lachte Aglaia glücklich und fiel in einen leichten Galopp. Doch als sie aus dem Wäldchen herausritten, hielt Aglaia an. Sie war überwältigt von dem Anblick, der sich ihr bot. Über dem weiten ostpreußischen Land lag ein Zauber, der ihr jedes Mal wieder den Atem nahm. »Ich habe immer geglaubt, Wallerstein sei der schönste Fleck auf der Welt. Aber hier ist es ja genauso schön.« Vor ihr lag ein Tal mit sanften Hügeln voller wogender Kornfelder, saftiger Wiesen, auf denen Kühe grasten, und weiß eingezäunte Pferdekoppeln. Größere Baumgruppen, fast könnte man sie kleine Wälder nennen, ließen die Landschaft wie einen riesigen Park erscheinen, und in der Ferne schlängelte sich ein Fluss, der im Sonnenlicht wie ein Silberstreifen glänzte. Linkerhand, vielleicht zwei Kilometer entfernt, lag ein großes Gehöft mit einem Haupthaus, zahlreichen Nebengebäuden und Stallungen.

»Das ist Linderwies«, sagte Eberhard stolz. »Mein Reich. Unser Reich. Und alles, was du siehst, gehört dazu. Aber nun komm. Oberinspektor Basedow und seine Frau Minchen erwarten uns zum zweiten Frühstück. Alle sind ja schon so gespannt auf dich.«

»Na denn man los«, rief Aglaia und gab ihrem Pferd die Sporen.

Auf dem Hof lief ihnen ein rotbackiger Knecht entgegen und nahm die dampfenden Pferde in Empfang.

»Reib sie gut trocken, Michel«, sagte Eberhard freundlich, »und führ sie an die Tränke.«

»Is man klar, Herr Gjraf«, sagte der Junge und zu Aglaia: »Herzlich willkommen och, Frau Gjräfin.« Auf dem Weg zum Haupthaus, wo der Oberinspektor mit seiner Familie wohnte, begegneten ihnen zahlreiche Knechte und Mägde. Die Burschen zogen ihre Mützen, und die Mädchen knicksten. Alle hießen Aglaia herzlich willkommen. Einige Gesichter kamen Aglaia bekannt vor. Dann fiel es ihr ein. Sie hatten an ihrem Hochzeitstag am Wegesrand gestanden und gewunken.

»Ah, da ist ja Basedow«, rief Eberhard. Ein großer kräftiger Mann Anfang dreißig kam ihnen entgegen. Seine Erscheinung drückte Energie und Selbstbewusstsein aus. ›Ein gut aussehender Mann‹, dachte Aglaia. Sein männliches Gesicht war eingerahmt von einem dunklen Vollbart, und blaue Augen leuchteten ihr freundlich entgegen. Sein offenes Lachen gefiel Aglaia sofort, und sie streckte ihm die Hand entgegen.

»Willkommen auf Linderwies, Frau Gräfin«, sagte er und umfasste ihre Hand mit festem Druck.

»Danke, Herr Basedow. Ich freue mich, Sie kennenzulernen. Mein Mann hält große Stücke auf Sie.«

»Das freut einen ja denn man auch.« Er schüttelte nun Eberhard die Hand. »Woll'n wir gleich reingehen, meine Frau hat Kleinmittag vorbereitet. Oder soll ich erst mit Ihnen einen Rundgang machen?«, fragte er.

In der Tür des Haupthauses erschien jetzt Minchen Basedow, an der einen Hand einen etwa zweijährigen pausbackigen Jungen mit blonden Locken und den blauen Augen seines Vaters und auf dem Arm ein Kleinkind von ein paar Monaten. »Ich denke, Ihre Frau erwartet uns«, sagte Aglaia. »Der Rundgang läuft uns ja nicht weg.« Minchen Basedow war eine sehr kleine, etwas dralle Person mit etwas zu kurzen Beinen, aber einem bildhübschen Gesicht, bernsteinfarbenen Augen unter fein gestrichelten Brauen und einem vollen, schön geschwungenen Mund. Unter ihrer blütenweißen Schürze wölbte sich ein Bäuchlein. Offensichtlich war sie wieder schwanger.

»Das ist Minchen, meine Frau«, stellte Basedow sie Aglaia vor. »Und das ...«, er deutete auf den Knirps, der sich dicht an seine Mutter drückte, »... das ist Mäxchen, unser Großer.« Er strich dem Kleinen auf dem Arm seiner Frau liebevoll über den Kopf »Und das ist unser Lenchen.« Er sah seine Frau zärtlich an. »Na ja, und in fünf Monaten ist es dann wieder so weit.«

›Sie ist ja selbst fast noch ein Kind‹, dachte Aglaia. ›Wie alt sie wohl sein mag?‹

Minchen lächelte etwas verlegen und begrüßte Aglaia mit einem Knicks: »Tachchen, Frau Gjräfin, und herzlich willkommen auch, wenn Sie denn man reinkommen möchten.« Sie ging ihnen voran in die gute Stube. Es roch ein klein wenig muffig, trotz der weit geöffneten Fenster, an denen blütenweiße Spitzengardinen hingen. Offensichtlich wurde das Zimmer nur zu besonders feierlichen Gelegenheiten benutzt, denn es wirkte auf Aglaia irgendwie unbewohnt. Um einen großen, blank polierten Holztisch stand eine mit grünem Plüsch bezogene Sitzgruppe, und auf den Armlehnen von Sesseln und Sofa lagen gehäkelte weiße Schondeckchen. An der Decke prangte ein fünfarmiger Kronleuchter mit dicken Kerzen, über die nach oben offene Gläser gestülpt waren. Ein großer Kachelofen in der hinteren Ecke des Raumes versprach eine gemütliche Wärme für den Winter. Auf einer mit Schnitzereien verzierten Kommode stand ein großer Feldblumenstrauß und daneben einige kleine Nippesfiguren sowie ein etwas größerer Hund aus Porzellan. Ein einziges Gemälde, eine Landschaft in pompösem Goldrahmen, zierte die Wand über dem Sofa.

Der Tisch bog sich unter Pasteten, Blut- und Leberwürsten, einem warmen Schinken mit Kruste, daneben eine Schüssel voll Salat mit Schmantsoße. Es roch nach frisch gebackenem Brot und gerade gebrühtem Kaffee. ›Mein Gott, wer soll das bloß alles essen‹, dachte Aglaia, aber sie verwarf diese stille Frage gleich wieder. Sie wusste ja, in Ostpreußen musste immer alles im Überfluss da sein.

»Bitte nehmen Sie doch Platz«, forderte Basedow sie auf, »und greifen Sie kräftig zu. Es ist reichlich da.« Aglaia nahm sich eine dicke Scheibe Schinken und einige Löffel von dem Schmantsalat. Nachdem Minchen das Kleinkind in einen Laufstall gesetzt hatte, war sie in ständiger Bewegung, immer in Sorge, dass ihre Gäste womöglich nicht satt werden könnten. »Nehmen Sie doch noch etwas hiervon. Darf ich Ihnen noch einen Kaffee einschenken, oder möchten Sie lieber Saft?« Wenn sie ihre Gäste nicht bedrängte, noch etwas nachzunehmen, war sie damit beschäftigt, das Baby zu beruhigen oder Mäxchen davon abzuhalten, die Nippesfiguren zu zerstören oder die Schondeckchen von den Lehnen zu ziehen. Ein paar ihrer nach hinten gebundenen blonden Locken fielen ihr in das erhitzte Gesicht, und sie sah wirklich entzückend aus. Die Männer hatten versucht, eine Unterhaltung anzufangen, wurden aber immer wieder von dem aufgeregten Minchen unterbrochen, die doch nur versuchte, alles richtig zu machen.

»So, Minchen«, sagte Basedow nach einer Weile, »jetzt bring man die Kinderchen zu Gertrud in die Küche und setz dich zu uns. Wir haben ja nu man rein gar nuscht von dir.«

Die junge Frau lief rot an.

»Soll ich Ihnen helfen, Frau Basedow?« Aglaia sah sie fragend an.

»Ja nu ne nich!«, sagte Minchen entsetzt. Das fehlte noch, dass die Frau Gjräfin …! Fluchtartig verließ sie mit den inzwischen laut brüllenden Kindern das Zimmer.

Basedow musste lachen. »Ich bitte Sie, meine Frau zu entschuldigen«, sagte er. »Es ist das erste Mal, dass wir so hohen Besuch haben. Sie ist seit Tagen schrecklich aufgeregt, hat gekocht und gebacken … na ja, wie das man eben so ist. Sie wollte natürlich alles so gut wie möglich machen.«

»Nun lassen Sie es man gut sein«, beruhigte Eberhard seinen Oberinspektor. »Ihre Frau hat sich so viel Mühe gegeben.«

»Ja, und alles hat wunderbar geschmeckt«, fiel ihm Aglaia ins Wort. Ihr Mieder fing bereits an, unangenehm zu zwicken. Basedow bot Eberhard nun eine Zigarre an, dann goss er zwei Schnapsgläser voll. Nachdem sie sich zugeprostet hatten, sagte Eberhard: »Verzeihst du mir, Aglaia, wenn Basedow und ich ein wenig zusammen fachsimpeln?«

»Wenn ich auch einen Schnaps bekomme, verzeihe ich euch alles«, lachte Aglaia. »Ich habe wirklich zu viel gegessen.« Die Männer begannen nun ein Gespräch über ihre Schweinezucht, während Aglaia sich entspannt zurücklehnte und nur mit halbem Ohr zuhörte. Nach kurzer Zeit betrat Minchen wieder die Stube. Ihre aufgelösten Haare hatte sie unter einer kleinen weißen Haube versteckt und die Schürze abgelegt. Sie sah proper und strahlend hübsch aus. Sie setzte sich mit niedergeschlagenen Augen auf die Kante ihres Stuhles und wartete, was nun kommen würde.

»Na, Marjellchen, nu unterhalt dich mal ein bisschen mit der Frau Gräfin«, forderte ihr Mann sie auf. »Wir Männer haben noch ein paar wichtige Dinge zu besprechen.«

Aglaia hatte gleich bemerkt, wie nervös das junge Mädchen war, und begann deshalb zu fragen: »Frau Basedow, mein Mann hat mir erzählt, Sie sind noch gar nicht so lange auf Linderwies. Woher kommen Sie denn?«

»Aus Kalitken.« Sie rutschte unruhig auf ihrem Stuhl hin und her. »Und wenn die Frau Gjräfin mich doch bittschön möcht Minchen nennen«, sagte sie leise. »So nennen mich hier man alle und in Kalitken och.«

»Gern, Minchen.« Aglaia lächelte. »Wie alt bist du denn?«

»Siebzehn, Frau Gjräfin, im Winter werd ich achtzehn.«

»Und wie habt ihr euch kennengelernt, du und dein Mann?«

»Aufm Erntefest in Kalitken, bei Baron von Selch, wo mein Muttchen Mamsell is.«

»Soso, und da hat es gleich gefunkt?«

»Ja, das kann man wohl so sagen.« Minchen errötete bis an die Haarwurzeln. Minchen war so schüchtern, dass das Gespräch nur mühsam in Gang kam, und Aglaia sah hilfesuchend zu Eberhard hinüber. Aber der schien nichts zu bemerken. Also fragte sie weiter. »Donnerwetter, und dann habt ihr auch gleich geheiratet?«

Minchens Gesicht glich jetzt einem Feuerball. »Na ja, so schnell nu och wieder nich.«

›Oje‹, dachte Aglaia, ›ich mache es ihr noch schwerer.‹ Sollte sie einfach Eberhard bitten, zu gehen? Sie machte noch einen letzten Versuch. »Also, dann erzähl doch mal, wie war das denn so in Kalitken, und wo hast du so fabelhaft kochen gelernt?«

»Na nu nich doch!«, sagte Minchen, was wohl so viel heißen sollte, ›bei wem denn schon?‹ »Bei meinem Muttchen natürlich!«, und mit einem Mal schienen bei ihr alle Schleusen geöffnet. Sie redete plötzlich wie ein Wasserfall. »Sie is Mamsell beim Baron von Selch. Und wenn ich den Herbert nich hätt kennengelernt, wär ich später auch Mamsell jeworden. Muttchen hat immer gjesagt, Kindchen, das Zeug dazu haste.« Sie nickte bekräftigend mit ihrem Kopf. Aglaia lehnte sich erleichtert zurück. Das Eis war gebrochen. Nun erzählte Minchen von ihrem Vater, der einen kleinen Bauerhof hatte, und ihrem Bruder Paulchen, der als Kind rotzfrech war. »Und mein Omche, die war ja so lieb. Die hat die beste Sülze in Ostpreußen gjemacht, und 'nen Dittchen hat se mir och ab und an gjeschenkt.« Ihr liebes Gesicht wurde plötzlich ganz traurig. »Eines Tages hat se so 'n Zwicken im Gjedärm gjekriegt. Das is och nich besser gjeworden von den Pülverchens vom Doktor. Und gjanz plötzlich war se nich mehr.« Je aufgeregter sie wurde, umso stärker sprach sie ostpreußisch. Sie war nun nicht mehr zu bremsen. »Woll'n Se ma hörn, was Paulchen mal mit Omche gjemacht hat?« Die Erinnerung daran ließ sie kichern. Aglaia konnte gerade noch nicken, da legte das junge Mädchen schon los. »Also Paulchen war man gjerade fünf oder so, da hat der Lorbass dem Omche einen Gjrasbüschel hingjehalten und gjesagt:

›Beiß doch mal rein, Omche.‹

›Wieso Jungche, bist meschugge, ich bin doch keine Kuh.‹

›Nur einmal, Omche‹, hat Paulchen gjebettelt.

›Erbarmerche! Zu was denn bloß?‹, hat Omche nochmal gjefragt.

Woll'n Se wissen, was der Lorbass dann gjesagt hat?«, fragte Minchen. Aglaia nickte amüsiert, und Minchen fuhr fort. »Da sagt das Paulchen doch: Das Vatche hat gjesagt, wenn Oma ins Gjras beißt, kriegen wir 'nen neuen Wagen.«

Nun brach Aglaia in schallendes Gelächter aus. Die beiden Männer wandten sich ihnen zu. »Na, Minchen, hast du da wieder eine von deinen lustigen Geschichten erzählt?«, fragte Basedow amüsiert und zu Aglaia und Eberhard: »Ich kann Ihnen sagen, wenn mein Minchen in Fahrt kommt, wackeln hier die Wände.«

Eberhard erhob sich nun. »Wir sollten jetzt unseren Rundgang machen«, sagte er. »Man erwartet uns zum Tee zurück auf dem Schloss.« Sie verabschiedeten sich freundlich von Minchen, die wieder rot anlief bei den Komplimenten über ihre Kochkünste.

»Bis bald, Minchen«, sagte Aglaia und mit einem verschwörerischen Blick auf das Bäuchlein. »Ich bin sehr gespannt, was es diesmal wird.«

Als sie über den Hof gingen, kam ihnen langsam ein großer Hund entgegen, ein dunkler Labrador mit einem dicken Bauch. Er begrüßte sein Herrchen schwanzwedelnd. »Da bist du ja, mein Mädchen«, sagte Basedow und tätschelte ihm liebevoll den Kopf. »Wie man sieht, ist sie trächtig«, sagte er. »Die Zitzen sind schon geschwollen. Es wird wohl nicht mehr lange dauern.«

»Oh«, unterbrach ihn Aglaia »kann ich einen von dem Wurf haben? Mein Peterchen ist vor ein paar Monaten gestorben. Ich hatte ihn dreizehn Jahre und hab sehr um ihn getrauert.« Sie strich dem Tier über den Kopf. »Aber jetzt bin ich bereit für eine neue Liebe.« Sie sah ihren Mann fragend an. »Es ist dir doch recht, Eberhard?«

»Was sollte ich denn dagegen haben, solange du den Hund nicht mehr liebst als mich!« Er legte liebevoll den Arm um sie.

Über zwei Stunden begingen sie nun den Hof und besichtigten die Remise, die Ställe, den Hühnerhof, die Schweineställe und den großen Gemüsegarten. Sie erfuhr alles über die Größe des Viehbestandes, wie viel Fohlen dieses Jahr geboren worden waren und dass der Ertrag der diesjährigen Ernte fulminant sein würde. Alles war in einem fabelhaften Zustand, das sah sogar Aglaia, die nun wirklich nichts von Landwirtschaft verstand. Aber bald konnte sie nichts mehr aufnehmen. Als Eberhard dann auch noch auf die Koppeln reiten wollte, um ihr die Fohlen zu zeigen, rief sie: »Eberhard, mir schwirrt der Kopf! Ich kann nicht mehr. Bitte lass uns nach Hause reiten. Ich bin einfach todmüde.« Als sie sein enttäuschtes Gesicht sah, ergänzte sie schnell: »Wir können doch morgen wiederkommen.«

»Natürlich, mein Liebes. Verzeih, wenn wir dich ein wenig überfordert haben. Wir brechen sofort auf.« Er rief dem Knecht zu, ihnen die Pferde zu bringen.

»Nun, wie hat dir Linderwies gefallen?«, fragte Jesko sie, als sie am Nachmittag beim Tee saßen.

»Es ist einfach wunderbar«, sagte Aglaia begeistert. »Du weißt, ich verstehe wirklich kaum etwas von der Landwirtschaft, aber heute habe ich mächtig viel gelernt.«

»Soso«, sagte Jesko lächelnd. »Was denn, mein Kind?« Aglaia sah ihn hilflos an. »Es war so schrecklich viel. Ehrlich gesagt, das Meiste habe ich schon wieder vergessen.«

»Na, das kann ja heiter werden«, unterbrach Eberhard mit gespielter Entrüstung das allgemeine Gelächter, »so sehr interessiert sich meine Frau für meine Arbeit!«

»Wie war denn euer Kleinmittag bei dem Oberinspektor? Ich hab gehört, seine Frau soll noch ein halbes Kind sein«, wechselte Elvira das Thema.

»Das kann man wohl sagen«, warf Eberhard ein. »Sie ist gerade man siebzehn und bekommt schon ihr drittes Kind.«

»Aber ich finde sie richtig niedlich«, sagte Aglaia. »Zuerst war es ja schrecklich zäh. Die Arme war furchtbar aufgeregt über unseren Besuch, so schüchtern und gehemmt.«

»Aber später habt ihr gekichert, und du hast ja sogar laut gelacht.« Eberhard schmunzelte bei der Erinnerung daran.

»Ja, irgendwann hat sie ihre Scheu verloren und hat sehr komische Geschichten aus Kalitken erzählt. Ich kann nur sagen, ich mag sie.« Sie berichtete jetzt ausführlich von ihrem Besuch auf Linderwies, und Elvira dachte bei sich ›Wie schön, dass sie nicht den Dünkel ihrer Mutter hat. So eine Tochter habe ich mir immer gewünscht.‹

»Komm, mein Kind«, sagte sie nach einer Weile. »Ich würde gern ein paar Schritte gehen. Ich möchte noch mehr von der jungen Frau Basedow hören. Jesko fiebert nämlich schon nach den neuesten Nachrichten aus Linderwies.«

In den ersten Wochen besuchte Aglaia ihre Mutter einmal in der Woche auf Wallerstein. Meistens ritt sie allein hinüber, aber manchmal fuhr sie auch zusammen mit Elvira im Einspänner. Jedes Mal hoffte Aglaia, ihren Vater anzutreffen, und war enttäuscht, wenn sie von Kurt hören musste: »Der Herr Graf weilen noch immer in Berlin.« Einige Male fragte sie ihre Mutter nach Tanya, bekam aber immer die gleiche Antwort zu hören: »Wenn es etwas Neues gibt, lasse ich es dich schon wissen.« Meist war Wilhelmine in Gesellschaft einiger Damen, die mit Sticken oder Stricken beschäftigt waren und wenig anderes im Sinn hatten, als sich mit Kuchen und warmen Waffeln vollzustopfen und den neuesten Klatsch auszutauschen.

Heute saßen die Damen auf der Terrasse unter der Pergola. Neben der Kommerzienrätin Heller – Elvira zählte sie bereits zum Inventar des Schlosses – war da noch Frau Professor Koch, deren Mann am Insterburger Gymnasium Altgriechisch lehrte und die der Frau Kommerzienrat an Langeweile in nichts nachstand. Dann die alte Gräfin Von der Hals, die so schwerhörig war, dass man alles mehrmals wiederholen musste, und Hannelore Klühspieß, *die* Hausschneiderin des Landkreises, die beschlossen hatte, sich in Zukunft »Couturière« zu nennen. Als Letztes kam die Frau Landrat Kurbjeweit, die sich für was Besseres hielt, nachdem sie vor Jahren einmal im Zug nach Königsberg ein Abteil mit einer russischen Großfürstin geteilt hatte.

Frau Klühspieß bestritt den Großteil der Unterhaltung. Seitdem sie auf Wallerstein verkehrte, hatte man sie stillschweigend für gesellschaftsfähig erklärt, und ihr Ansehen im ganzen Landkreis war enorm gestiegen. Sie kam viel herum und war bestens informiert über Geheimnisse und Neuigkeiten, die die Damen brennend interessierten, auch wenn sie das nie zugeben würden.

»Kürzlich habe ich die Frau Baronin Eyersfeld in Gumbinnen gesehen«, begann die Klühspieß mit vielsagendem Gesichtsausdruck.

»Na, was ist daran so verwunderlich?«, fragte die Frau Landrat. »Ich könnte Ihnen dort auch begegnen. Schließlich wohne ich da und die Baronin doch nun man auch dort in der Nähe.«

»Na ja, sie war nicht allein.« Die Spannung stieg.

»Wer kam wo herein?«, schrie die alte Gräfin Von der Hals.

»Niemand kam herein, Else«, sagte Wilhelmine und bot der alten Dame hastig einen Kaffee an.

»Nu salbadern Sie man nicht rum«, drängte die Frau Professor Koch, »so geheimnisvoll wie Sie das sagen, war es wohl nicht der alte Baron.«

»Natürlich nicht.« Die Klühspieß war leicht beleidigt. Als ob sie salbadern würde ... das hatte ihr schon lange keiner mehr gesagt. Und das in diesem Ton! Sie entschloss sich, die Bemerkung zu ignorieren, und fuhr fort. »Es war der junge Goelder, der rothaarige aus Ashruten. In der Konditorei am Marktplatz ... herumscharmutziert haben sie ... man soll sie da schon öfter gesehen haben.«

»Also wenn sie sich nur auf den Tag beschränken«, kommentierte Frau Professor Koch überraschend humorig, »dann geht es ja noch.«

»Das möchte ich aber doch stark bezweifeln«, warf Wilhelmine ein und zog die Augenbrauen hoch.

»Also mir wird das jetzt aber wirklich ein bisschen zu schlüpfrig.« Frau Kommerzienrat Heller rümpfte indigniert die Nase. Das musste sie nun unbedingt mal sagen. Sie beteiligte sich ja sonst nie an derartigem Klatsch, obwohl er sie brennend interessierte …

»Unter uns gesagt, meine Damen«, meldete sich Frau Professor Koch, »was geht uns das an? Und solange der alte Baron – er ist ja nu man wirklich schon ganz schön klapprig – nichts dagegen hat, sollten wir den Mantel der Liebe darüber decken.«

»Hach!«, lachte Wilhelmine höhnisch, »den Mantel der Liebe! Wie passend! Und was heißt denn ›nichts dagegen hat‹ – er wird es gar nicht wissen.« In diesem Moment meldete Kurt die Ankunft von Aglaia und Elvira.

»Wer wird von was nichts wissen? Guten Tag, die Damen!« Elvira hatte beim Betreten des Zimmers den letzten Satz noch gehört.

»Ach, das ist gar nicht wichtig«, winkte Wilhelmine ab. Sie wollte auf keinen Fall mit Elvira über Ursula streiten. »Wie schön, dass ihr hier seid!«

»Guten Tag, Mamachen. Hast du eine Ahnung, wann Papa wiederkommt?«, fragte Aglaia.

»Seit seiner Abreise nach Berlin habe ich nichts von ihm gehört«, antwortete Wilhelmine, wandte sich aber sofort der Kommerzienrätin zu, die mit begehrlichem Blick auf die duftenden Waffeln schielte. »Nehmen Sie nur, meine Liebe. Wenn's schmeckt, soll man essen.«

»Meine Güte … wo soll das bloß alles hin. Ich kann ja gar nicht mehr«, wehrte sich die Kommerzienrätin halbherzig.

»Nun greifen Sie schon zu.« Wilhelmine reichte ihr einen frischen Teller. Die Unterhaltung plätscherte dahin, Aglaia und Elvira langweilten sich mit Anstand, hatten die wenigen Themen, um die das Gespräch kreiste, bald satt. Ab und an beteiligten sie sich an dem Gespräch, aber es dauerte nicht lange, und sie brachen auf.

»Wir wollen rechtzeitig zum Abendbrot zuhause sein«, entschuldigte sich Elvira. »Eberhard kommt heute spät von Linderwies, und Jesko isst nicht gern allein.« Auf der Heimfahrt beschlossen die beiden einhellig, die Besuche auf Wallerstein in Zukunft etwas einzuschränken.

Jeden Abend betrachtete Aglaia den Himmel und sprach zu Tanyas Stern. Es war für sie, als würde sie ihrer geliebten Cousine schreiben. »Es wird alles gut, Tanyachen«, sagte sie immer wieder. »Papa hat es versprochen, und du weißt, was er verspricht, das hält er auch.« Sie erzählte von ihrem neuen Leben, ihrer Liebe zu Eberhard und dem harmonischen Zusammenleben mit Jesko und Elvira. »Tante Elvira ist so anders als Mama. Ich weiß, Tanya, es ist nicht recht, aber ich habe sie langsam viel lieber als meine Mutter. Ist das nicht traurig?« Und sie erzählte von der Hochzeitsreise, die Eberhard und sie, wenn die Ernte eingebracht war, planten. »Wir wissen noch nicht genau wohin. Aber bis dahin bist du ja wieder bei uns.«

Wenn sie zurück zu Eberhard ins Bett schlüpfte, fragte er schlaftrunken: »Na, hast du wieder mit deinen Sternen gesprochen?« Dann legte sie ihm sanft ihre Finger auf den Mund und flüsterte: »Schlaf weiter, Liebling. Ich habe Tanya nur Gute Nacht gesagt.«

Eines Morgens, Aglaia war mit Eberhard nach Linderwies

geritten, um beim Zureiten der Jungpferde zuzusehen, wurde ihr übel. »Ich fühle mich nicht gut, Eberhard, geh du nur schon vor. Ich werde Minchen Basedow um ein Glas Wasser bitten und mich kurz bei ihr ausruhen.«

»Es wird die Hitze sein, Liebes. Und du bist auch wieder geritten wie der Teufel.« Er gab ihr einen Kuss. »Also bis später.«

Als sie die Treppe zum Haupthaus hinaufging, kam Minchen ihr schon entgegen. »Sie sehen ja janz koddrich aus, Frau von Kaulitz.« Sie hatten sich bei Aglaias letztem Besuch auf diese Anrede geeinigt. »Is Ihnen nich jut?«

»Nein, Minchen, mir ist speiübel. Kann ich mich einen Moment hinlegen? Es wird sicher gleich wieder.«

»Ja, natürlich.« Minchen war einen Moment lang ratlos. Wohin bloß mit der feinen Gräfin? Dann hakte sie Aglaia resolut unter und sagte: »Na, dann kommen Se man mit in die Schlafstube.« Sie verschwand für ein paar Minuten und kam mit einem Glas Wasser und einem Eimer wieder, den sie neben das Bett stellte. »Wenn Se sich überjeben müssen …«, sagte sie und dann: »Habn Se dat öfter, ich meine morjens?«

»Nun ja, erst in der letzten Zeit. Ich weiß auch nicht, vielleicht bekommt mir der Kaffee nicht mehr.«

Minchen lachte laut auf. »Ach Quatsch … dat is nich der Kaffee. Sie sind schwanger! Dat sieht doch en Blinder mit ’nem Krückstock!«

Aglaia blickte das lachende Minchen fassungslos an. »Wie willst du das denn wissen?«

»Weil dat bei mir gjenauso war. Bei allen drei Kinderchens. Aber immer nur in der ersten Zeit. Nach zwei bis drei Monaten is es vorbei.« Sie legte ihre Hände auf ihren runden Bauch. »Jetzt fühl ich mir pudelwohl.«

Eberhard war außer sich vor Glück. Ganz traute er allerdings Minchens Diagnose nicht. Deshalb wurde sein Freund, der junge Doktor Grüben, gerufen, der die freudige Nachricht bestätigte. »Übelkeit am Morgen ist in den ersten Wochen der Schwangerschaft ganz normal«, erklärte er den besorgten Eltern in spe. »Aber das vergeht bald. Nur Aglaia, du solltest dich mit der wilden Reiterei ein wenig zurückhalten. Und es vorsichtshalber in ein paar Wochen lieber ganz lassen.« Davon war Aglaia nun weniger begeistert, aber die Freude tröstete sie schnell darüber hinweg.

August 1849

Ausgerechnet an diesem Tag setzten bei Tanya die Wehen ein. Schon bei ihrem nachmittäglichen Spaziergang im Garten sagte sie: »Mir ist nicht wohl, Agnes. Ich habe so ein merkwürdiges Ziehen im Bauch. Ich glaube, mein Kindlein wird bald kommen.« Nach der abendlichen Vesper wurden die Wehen stärker, und die Äbtissin schickte Schwester Agnes ins nächste Dorf, um die Hebamme zu holen. Dann gab sie Anweisung, Wasser heiß zu machen und saubere Tücher bereitzulegen, und ging in die Kapelle, wo sie in stillem Gebet verharrte. »Himmlischer Vater, halte deine schützende Hand über das arme Kind«, murmelte sie. »Lass sie und ihr Kind einen Platz finden, wo sie in Frieden miteinander leben können.«

Agnes riss sie aus ihrer Andacht. »Frau Äbtissin«, flüsterte sie, »die Hebamme ist jetzt da. Ich hab sie schon zu Tanya gebracht.« Zusammen eilten sie zu Tanyas Zelle. Schon von weitem hörten sie lautes Stöhnen. Das Gesicht der Äbtissin war bleich, aber sonst verriet nichts, was in ihr vorging. Nur der Rosenkranz, der unablässig durch ihre Finger glitt, zeigte den Grad ihrer Erregung. Leise betraten sie die Zelle. Das zarte, blutleere Gesichtchen von Tanya war schweißnass, und ihre roten Locken lagen wie ein feuchter Fächer auf dem weißen Kissen. Ihre Lider flatterten über den halb geschlossenen Augen, und die kleinen Hände wanderten unruhig über die Bettkanten. Agnes kniete sich neben das Kopfende und wischte ihr mit einem feuchten Tuch den Schweiß aus dem Gesicht. Tanya öffnete die Augen, und ein Lächeln erhellte ihre schmerzverzerrten Züge.

»Wie schön, dass du da bist, Agnes«, flüsterte sie. »Geh nicht wieder weg. Bitte bleib bei mir.« Fragend sah Agnes die Äbtissin an. Die nickte schweigend.

Dann wandte sie sich an die Hebamme. »Wie sieht es aus, wird es noch lange dauern?«, fragte sie leise.

»Ich fürchte, noch 'ne ganze Weile. Die Wehen sind noch sehr schwach, und das junge Ding is man nich sehr kräftig.« Mit bedenklicher Miene fügte sie hinzu. »Dann wolln wer man hoffen, dass alles gut geht.«

Die Äbtissin fand in dieser Nacht keinen Schlaf. Immer wieder schreckte sie hoch von den lauten Schreien der Gebärenden. Dann sandte sie Gebete zu Gott, er möge das arme Kind beschützen, so sehr war ihr Tanya ans Herz gewachsen. Der Morgen graute bereits, als sie kurz einnickte. Das Schreien hatte aufgehört. Aber ein anderes Geräusch ließ sie plötzlich aufhorchen – das leise Weinen eines Kindes. Nur notdürftig bekleidet stürzte sie in Tanyas Zelle. Da lag sie, ein fast überirdisches Lächeln im Gesicht und ein rosiges kleines Wesen im Arm. Neben ihr saß Agnes, völlig übernächtigt und leise weinend. Es waren Tränen der Erleichterung und des Glücks.

Die Hebamme zog die Äbtissin leise aus dem Raum. »Das Kind is zwar en bisschen mickrig, aber, soweit ich es feststellen konnte, kerngesund. Aber das Marjellchen …«, sie wiegte den Kopf. »Die Geburt war sehr anstrengend für sie. Und sie hat Unmengen von Blut verloren. Ich weiß nicht, ob sie überleben wird. Ich jedenfalls kann nuscht nix mehr für sie tun.«

Es war am Tag danach. Wilhelmine hatte wieder die ganze Nacht ›im eigenen Saft‹ gelegen, wie sie sich auszudrücken pflegte, wenn sie die Begleiterscheinungen der Wechseljahre mit Hitzewellen plagten. Sie saß im Frühstückszimmer, als sie fremde Stimmen hörte. Erstaunt sah sie zur Wanduhr. Sollte das etwa schon die Klühspieß sein? Wilhelmine hatte einige Kleider zur Anprobe bestellt. Aber doch nicht um diese Uhrzeit!

Kurt erschien mit einem Brief auf dem Silbertablett. »Ein Bote für die Frau Gräfin. Er erwartet eine sofortige Antwort.«

Der Blick auf den Absender zeigte Wilhelmine, dass es dringend war. »Gib dem Mann in der Küche etwas zu trinken«, sagte sie. »Ich werde sofort eine Antwort schreiben.« Bei der Lektüre des Briefes verlor ihr Gesicht alle Farbe. Die Äbtissin schrieb:

Liebe Wilhelmine,

ich muss Dir leider mitteilen, dass Gott Deine Nichte Tanya heute bei der Geburt ihres Kindes zu sich gerufen hat. Das Neugeborene ist ein Mädchen, zwar sehr zart, aber wie mir die Hebamme versichert, bei bester Gesundheit. Bitte teil mir unverzüglich mit, was mit dem Leichnam und dem armen Waisenkind geschehen soll. Ich bin sicher, dass es Dir Deine Christenpflicht empfiehlt, es zu Dir zu nehmen. Wir können es hier nicht behalten und müssten es bis zu einer späteren Adoption in ein Waisenhaus geben. Dafür brauche ich allerdings Deine schriftliche Einwilligung. Für Deinen inneren Frieden, überleg Dir Deine Entscheidung gut.

Gott sei mit Dir.

Äbtissin Christine von Lerchenfeld

P.S. Tanya war sehr tapfer. Ich hatte sie sehr in mein Herz geschlossen.

»Ist Ihnen nicht gut, Frau Gräfin?«, fragte Kurt, als Wilhelmine sich heftig atmend an die Brust fasste. »Ist etwas mit dem Herrn Grafen?«

»Nein, nein«, wehrte Wilhelmine unwirsch ab. »Ich werde in mein Boudoir gehen und für den Boten eine Note schreiben.« Ihre Nachricht war kurz:

Liebe Christine,

Deine Nachricht hat mich tief erschüttert. Ich hoffe, Tanya kann bei Euch ihre letzte Ruhe finden. Was das Kind angeht, gibt es bei uns für es keinen Platz. Ich überlasse Dir zu tun, was Du für richtig hältst. Mein Einverständnis für eine Adoption hast Du hiermit.

Ich danke Dir für Deine Hilfe.

Wilhelmine von Wallerstein

Bevor sie den Umschlag versiegelte, legte sie noch eine größere Summe bei. Dann verbrannte sie den Brief der Äbtissin und streute die Asche aus dem Fenster. Sie zitterte am ganzen Körper und war sehr aufgewühlt. War es Genugtuung, Erleichterung oder auch ein wenig schlechtes Gewissen? Nachdem sie halbwegs ihre Fassung wiedererlangt hatte, klingelte sie nach dem Diener. »Gib das dem Boten«, sagte sie. »Ich erwarte keine Antwort.« Dann legte sie sich auf die Recamière, um sich etwas zu beruhigen. ›Wie bringe ich es bloß Aglaia bei … und wie wird Horst es aufnehmen?‹ Er wurde am Wochenende zurückerwartet. Es blieben ihr noch drei Tage! Ihr war gar nicht wohl dabei.

Kurz darauf meldete Kurt: »Frau Klühspieß wäre jetzt da. Soll ich sie heraufbitten?«

»Ja, ja, natürlich … und Gerda soll auch kommen, sie muss mir beim Umkleiden behilflich sein.« Ein Blick in den Spiegel sagte ihr, dass sie schrecklich derangiert aussah. Hastig brachte sie ihre Frisur in Ordnung und bestäubte sich das schweißnasse Gesicht mit Puder. Aber es half nichts. Die Klühspieß sah sofort, dass etwas nicht in Ordnung war.

»Liebste Gräfin, ist Ihnen nicht wohl … soll ich ein andermal wiederkommen?«

»Nein, bleiben Sie nur.« Wilhelmine fächelte sich hektisch Luft zu. »Ich habe soeben eine sehr traurige Nachricht erhalten.« Sie tupfte sich mit ihrem Taschentuch die Augen. »Meine geliebte Nichte Tanya … Sie wissen, sie war wegen ihrer angeschlagenen Gesundheit seit Monaten in einem Sanatorium.« Sie bemühte sich, erschüttert auszusehen. »Sie ist gestern verstorben …« Wilhelmine wusste, diese Nachricht würde von der Schneiderin in Windeseile unter die Leute gebracht werden. »Ich bin in tiefster Trauer.« Aus den Augenwinkeln sah sie, dass Gerda sich entsetzt die Hände vor das Gesicht schlug. Damit war also auch das Schloss informiert.

»Ach Gottchen, Gräfin, was für eine Tragödie. Das ist ja ganz schrecklich. Mein herzliches Beileid!«, rief die Schneiderin.

In diesem Moment kam Aglaia gefolgt von Elvira ins Zimmer. Sie hatten beschlossen, auf der Heimfahrt von Insterburg kurz bei Wilhelmine vorbeizuschauen, um zu fragen, ob es Neuigkeiten von Tanya gäbe. Als Aglaia sah, wie verwirrt ihre Mutter wirkte, verschwand das strahlende Lächeln von ihrem Gesicht. »Mama, was ist passiert, ist etwas mit Papa?« Entgeistert sah Wilhelmine ihre Tochter an. Was wollte sie denn heute schon wieder hier? Sie war doch kürzlich erst da gewesen. Für einen Moment war sie unfähig zu sprechen. In die

Stille hinein sagte Frau Klühspieß: »Nein, es ist nichts mit Ihrem Vater. Es ist man bloß Ihre Cousine.«

Elvira legte den Arm um die leichenblasse und schwankende Aglaia. Man sah, dass sie einer Ohnmacht nahe war. Ihre Stimme zitterte »Was ist mit Tanya, Mama? Nun sag schon! Und was ist mit ihrem Kind?«

Frau Klühspieß traute ihren Ohren nicht. Was war denn das für eine Neuigkeit? Sie versuchte sich unsichtbar zu machen. Das war ja wirklich zu spannend. Wilhelmine war auf die Recamière gesunken und schnappte nach Luft. Das Einzige, woran sie denken konnte, war, dass die Klühspieß nun Zeugin dieser entsetzlichen Szene wurde und keinen Moment zögern würde, das im ganzen Landkreis zu verbreiten. Was für ein Skandal!

Elvira war die Einzige, die die Nerven behielt. »Würden Sie uns bitte allein lassen«, wandte sie sich an Gerda und die Schneiderin, die wie versteinert in dem Raum standen. Dann fragte sie in scharfem Ton: »Was höre ich da, Wilhelmine? Was ist passiert? Nun red schon! Und was ist mit ihrem Kind?«

Wilhelmine richtete sich jetzt langsam auf. Ihre Stimme war nur noch ein Krächzen. »Die Äbtissin hat mir heute per Boten mitgeteilt, dass Tanya und ihr …« – fast hätte sie Bastard gesagt – »… ihr Kind die Geburt nicht überlebt haben.« Sie schwieg einen Moment, dann sagte sie: »Wahrscheinlich ist das für alle Beteiligten das Beste.«

Aglaia starrte ihre Mutter entsetzt an. Einen Augenblick lang herrschte Totenstille. Dann stand Aglaia auf. »Mir ist nicht gut, Tante Elvira«, sagte sie mit tonloser Stimme. »Würdest du mich bitte nach Hause bringen?« Ohne ihre Mutter eines Blickes zu würdigen, verließ sie das Zimmer.

Einen Tag danach, ein heftiges Sommergewitter fegte über das Land, hielt eine Kutsche vor dem Kloster. Eine ältere hagere Frau in einer schwarzen Pelerine und mit breitkrempiger Schute auf dem Kopf betrat die Halle. Schwester Agnes empfing sie blass und mit verweinten Augen. »Die Frau Äbtissin erwartet sie«, sagte sie leise. »Ich bringe Sie zu ihr.«

»Vielen Dank, dass Sie so schnell kommen konnten«, begrüßte Christine von Lerchenfeld die Frau. »Wir konnten noch keine Amme finden.«

Die Frau schlug die Krempe der Schute zurück und blickte in den kleinen Korb, im dem das Neugeborene friedlich schlief. »Nun, das sollte kein Problem sein«, sagte sie. »Aber sehr kräftig sieht es mir ja man nicht aus. Wollen Sie benachrichtigt werden, falls es nicht …«

»Nein, nein …«, die Äbtissin sah zu Agnes hinüber, die mit dem Rücken zu ihnen am Fenster stand und deren leises Weinen von dem Geräusch des an die Scheiben trommelnden Regens verschluckt wurde. »… die Verantwortung für das Kind liegt jetzt in den Händen Ihres Hauses.« Sie überreichte ihr ein Couvert. »Das sind die Papiere zur Freigabe der Adoption. Man besteht auf Anonymität.« Sie drückte die Hand der Frau. »Finden Sie jemanden, der gut zu dem Kind ist.«

Sie ahnte nicht, dass Agnes in einem unbeobachteten Moment Tanyas kleines Holzkästchen in den Korb gesteckt hatte. Ungerührt nahm die Frau das Körbchen und wandte sich zum Gehen. »Ich werde sehen, was sich machen lässt. Aber viel Hoffnung habe ich nicht. Die Zeiten sind schlecht.«

Wilhelmine musste das Bett hüten. Der Schock war ihr in die Glieder gefahren. Weniger die Nachricht von Tanyas Tod noch ihre, wie sie fand, elegante Lösung mit dem Kind bedrückten sie, sondern dass dank der Klühspieß der Skandal Gespräch im ganzen Landkreis sein würde. Alle Besucher wurden von Kurt abgewiesen, was zu noch mehr Spekulationen führte.

Horst wurde am nächsten Tag aus Berlin zurückerwartet, also versuchte sie gar nicht, ihn zu informieren. Eine Depesche hätte ihn vermutlich nicht mehr erreicht. Allerdings war ihr äußerst mulmig bei dem Gedanken, ihm persönlich vom Ableben Tanyas berichten zu müssen und ihm ihre Lügengeschichte über das Kind aufzutischen. In der Nacht fand sie kaum Schlaf. Immer wieder schreckte sie schweißgebadet hoch und malte sich in düstersten Farben aus, wie er wohl darauf reagieren würde. Am Morgen machte sie sich sorgfältig zurecht. Sie hatte in den letzten Tagen wenig zu sich genommen und fand sich in ihrem schwarzen Taftkleid mit dem Spitzenschleier auf dem wohlfrisierten Haar ganz passabel aussehend. Als sie den Frühstücksraum betrat, war Horst schon in seine Zeitung vertieft. Er begrüßte sie förmlich mit einem Handkuss. »Du bist in Schwarz. Gibt es einen Anlass?«

»Meinen Tee, Kurt«, sagte Wilhelmine nur, »und dann lass uns bitte allein.«

Horst sah sie fragend an. Ihre Hand zitterte, als sie nach der Tasse griff: »Tanya ist tot.«

Der Graf sprang auf und wandte ihr den Rücken zu, um seine Tränen zu verbergen. »Wie ist es passiert, und was ist mit ihrem Kind?«

»Die Nachricht erreichte mich gestern Abend. Mutter und Kind sind bei der Geburt gestorben.«

»Wie konnte das nur geschehen? Ich habe sie kein einziges Mal mehr gesprochen, sie war ganz allein!« Seine Gefühle übermannten ihn, und er brauchte einen Moment, um sich wieder zu sammeln. »Wer kümmert sich um ihre Beisetzung?« Es fiel ihm sichtlich schwer zu sprechen.

»Christine hat vorgeschlagen, dass beide wohl am besten ihre letzte Ruhe auf dem Klosterfriedhof finden sollten. Auch ich halte das für die beste Lösung für alle Beteiligten.« Wilhelmine atmete erleichtert auf. Das ging ja alles besser, als sie befürchtet hatte.

Bei ihren Worten drehte der Graf sich um. Seine Ader auf der Stirn pochte, als würde sie gleich zerplatzen, und seine Augen loderten vor Zorn. »So«, sagte er drohend, »denkst du das! Besser hätte es für dich ja auch gar nicht kommen können! Keine Tanya mehr, kein ungewünschtes Kind, kein Skandal!« Seine Stimme war schneidend. »Ist es nicht so? Zumindest für dich ist es doch die beste Lösung, wie du das so treffend eben formuliert hast.«

»Ich muss doch sehr bitten, Horst!« Empört fächelte Wilhelmine sich Luft zu.

»Wenn ich Christine von Lerchenfeld nicht kennen würde«, fuhr er fort, »würde ich dir glatt zutrauen, alles so arrangiert zu haben.« Wie Peitschenhiebe trafen sie seine Worte.

»Das ist unerhört.« Wilhelmine erhob sich. »Ich werde mir das nicht länger anhören.«

»Du bleibst!«

Erschrocken sank sie auf ihren Stuhl zurück.

»Ich bin noch nicht fertig!«

Was hatte er bloß vor? Wilhelmine beschlich eine schreckliche Ahnung. »Ich will dich nicht mehr sehen«, sagte er nun ganz ruhig. Er hatte seine Contenance wiedergefunden. »Jetzt, wo auch Aglaia nicht mehr hier ist, zieht es mich nicht mehr allzu oft nach Wallerstein.«

Entsetzt sah Wilhelmine ihn an. »Willst du etwa eine Scheidung?« Aus ihrem Gesicht war alle Farbe gewichen.

»Falls du meine Bedingungen nicht akzeptierst.«

Wilhelmine atmete auf. Zum schlimmsten Skandal würde es also nicht kommen. »Und die wären?«, fragte sie kalt.

»In Zukunft werde ich meinen Lebensmittelpunkt nach Berlin verlegen. Ohne mich gibt es hier keine großen Gesellschaften mehr. Selbstverständlich kannst du deine …«, er zögerte kurz, »… deine Freundinnen weiter empfangen. Aber ich schlage vor, dir in Insterburg oder Königsberg ein Stadthaus zu suchen. Ich komme für die Kosten auf. Wenn ich zu den Jagden nach Wallerstein komme, wirst du dich dorthin zurückziehen.«

»Was, wie bitte?« Wilhelmine war völlig vor den Kopf gestoßen. Damit hatte sie nicht gerechnet. Sie sah ihre gesellschaftliche Stellung schwinden.

Er wandte sich zum Gehen. »Ich nehme an, Aglaia weiß schon über Tanya Bescheid. Ich reite jetzt hinüber nach Birkenau. Wenn ich zurück bin, erwarte ich deine Entscheidung.« Er ließ eine fassungslose Wilhelmine zurück.

Horst fand Elvira allein im Rosengarten. Ein breitkrempiger Strohhut schützte ihr Gesicht vor der Sonne. Mit einer großen Rosenschere schnitt sie langstielige Blüten und legte sie in einen Korb. Sie summte leise vor sich hin. Ihr Anblick war die reine Harmonie. Sie wandte Horst den Rücken zu, aber das Knirschen seiner Schuhe auf dem Kies ließ sie aufhorchen. »Ah, du bist das, Horst! Wie schön, dich zu sehen.« Sie streifte ihre Handschuhe ab und ging ihm mit ausgestreckten Händen entgegen. Sie sah ihm an, dass er Bescheid wusste. Wortlos nahm sie ihn in den Arm. »Ich weiß, wie dir zumute ist«, sagte sie leise. »Es ist erschütternd.«

Für einen Moment verlor Horst die Fassung. Sie strich ihm

zart über den Rücken. Dann strafften sich seine Schultern. »Verzeih, Elvira«, sagte er, »aber ich kann es noch gar nicht fassen. Ich hätte Wilhelmine das nicht allein überlassen dürfen, ich meine das Problem mit Tanya. Das arme Kind muss sich furchtbar verlassen gefühlt haben. Ich mache mir schreckliche Vorwürfe.«

»Das musst du nicht, Horst«, versuchte Elvira ihn zu beruhigen. »Ich weiß, Wilhelmine hat mit Tanya viele Fehler gemacht. Aber für das, was nun passiert ist, kannst du weder ihr noch dir die Schuld geben. Auch du hättest das nicht verhindern können. So etwas nennt man wohl Schicksal.« Arm in Arm gingen sie langsam zum Schloss zurück. »Jesko und Eberhard sind in Linderwies. Ich erwarte sie zum Kleinmittag zurück. Du isst doch mit uns?«

»Ja, sehr gern, auch wenn mir gerade gar nicht nach Essen zumute ist. Und vorher möchte ich unbedingt Aglaia sprechen. Wo finde ich sie?«

»Sie ist auf ihrem Zimmer. Es geht ihr nicht gut. Seit der schrecklichen Nachricht hütet sie das Bett. Aber ich bin mir sicher, dein Besuch wird ihr eine große Freude sein. Ich bringe dich zu ihr.« Sie zögerte einen Moment. »Und Horst, willst du es ihr nicht endlich sagen?«

Er nickte. »Ich hätte es längst tun sollen.«

Elvira öffnete leise die Tür zu Aglaias Schlafzimmer. Die Vorhänge waren zugezogen, die Luft war heiß und stickig. »Aglaia, Liebes, du hast Besuch«, flüsterte Elvira.

»Du weißt doch, Tante Elvira, ich will niemanden sehen.« Aglaias Stimme klang müde. Resolut zog Elvira die Vorhänge auf und öffnete das Fenster.

»Nun sieh doch erst mal, wer da ist.« Mühsam richtete Aglaia sich auf. Geblendet von der Sonne, hielt sie sich die Hand vor die Augen. Dann entspannte sich ihr Gesicht kurz. »O mein Gott, Papachen, du bist es! Endlich, ich habe so sehr auf dich gewartet!« Vater und Tochter fielen sich in die Arme. Beide konnten ihre Tränen nicht zurückhalten, und Elvira verließ leise das Zimmer.

Eine Weile hielten sie sich fest umschlungen, dann sagte Horst: »Aglaia, Liebling, es gibt etwas, das ich dir sagen muss.« Er hatte sich aus ihrer Umarmung gelöst und trat ans Fenster. »Ich hätte es längst tun sollen …« Er zögerte kurz. »Aber leider hatte ich nie den Mut dazu.« Aglaia sah ihn fragend an. Er hatte ihr den Rücken zugewandt und blickte in den Park hinaus. Seine Stimme zitterte, als er weitersprach. »Unsere geliebte Tanya war deine Halbschwester.«

Fassungslos starrte Aglaia auf den Rücken ihres Vaters. »Aber Papachen … wie ist das denn möglich? Tanya war doch jünger als ich …« Nach einer kurzen Pause: »… weiß Mama davon?«

»Ja, sie weiß es, seit Tanya zu uns gekommen ist. Aber das ist eine lange Geschichte.«

»Tanya meine Schwester …« Sie schüttelte ungläubig den Kopf. »Weißt du, Papa, ich wollte sie mit ihrem Kindchen zu uns nehmen …« Sie schluchzte auf. »Unsere Kinder sollten zusammen aufwachsen. Ach Papachen, weißt du es überhaupt schon? Ich erwarte ein Kind.«

»So nah liegen Freud und Leid beieinander«, murmelte er. »Liebes, das freut mich sehr, auch wenn ich es im Moment noch nicht wirklich erfassen kann.« Dann sagte er mit fester Stimme »Komm, lass uns in den Park gehen. Es ist so ein herrlicher Tag, und so blass wie du bist, kann dir ein wenig frische Luft nicht schaden. Ich werde dir alles erzählen, vielleicht kannst du mich ja dann verstehen.« Draußen fanden sie ein ruhiges Plätzchen auf einer Bank unter den schattigen Zweigen einer uralten Eiche, außer Hörweite der Gärtner, die die zahlreichen Buchsbäumchen schnitten.

»Ich habe deine Mutter einmal sehr geliebt«, begann er. »Sie war so schön und elegant, sie hat mich amüsiert, und es war nie langweilig mit ihr. Ich habe sie geheiratet, obwohl meine Eltern andere Pläne mit mir hatten.« Nachdenklich betrachtete er den ruhigen See. »Ich habe sie immer mit einem Schwan verglichen, so schön war sie. Nun ... wir waren eine Zeitlang sehr glücklich. Aber dann wurde sie schwanger. Ich war außer mir vor Freude, aber deine Mutter begann sich zu verändern. Sie war missgelaunt, lamentierte über den Verlust ihrer makellosen Figur ... nun ja, sie wurde plötzlich eine andere. Wie eine Fremde wurde sie für mich.« Er sah seine Tochter zärtlich an. »Und dann kamst du. Dich liebte ich vom ersten Augenblick an. Du warst mein ganzes Glück. Auch deine Mutter liebte dich ... aber mich begann sie von sich zu stoßen. Sie wolle kein zweites Kind, jedenfalls nicht so bald, war ihre Begründung. Eine ›Tortur‹ nannte sie die Zeit der Schwangerschaft. Sie brauche Zeit, sich davon zu erholen. Nicht einmal zu den Jagden wollte sie mich begleiten. Sie fand sich noch nicht wieder ›comme il faut‹, wie sie sich ausdrückte.« Er stockte, offensichtlich wusste er nicht, wie er das, was er sagen wollte, in Worte fassen sollte. »Du musst verstehen, ich war ein junger Mann, ging oft allein zu Gesellschaften und auf die Jagd, man machte mir Avancen. Jedenfalls, du warst ungefähr ein Jahr alt, da begegnete mir Ingewild von Ahlfeld. Sie war eine entfernte Cousine von mir, ich hatte sie seit ihrer Kindheit nicht mehr gesehen.«

»Ingewild, so hieß doch Tanyas Mutter?« Langsam schien Aglaia zu begreifen.

»Ja. Wir verliebten uns ineinander. Sie war so lieb und sah so entzückend aus. Es war wie ein *coup de foudre*.« Wieder schwieg er einen Moment, ihn übermannten die Gefühle. »Wir begannen uns heimlich zu treffen«, fuhr er fort, »sprachen sogar über eine gemeinsame Zukunft, obwohl ich nicht wusste, wie die aussehen sollte. Ich war schließlich verheiratet, eine Scheidung wäre ein Skandal gewesen. Und was würde aus dir werden? Deine Mutter hätte niemals auf dich verzichtet. Wir waren wie voneinander berauscht. Und eines Tages war Ingewild schwanger.«

»O Gott!«, rief Aglaia. »Und Mama wusste immer noch nichts?«

»Nein. Niemand außer uns beiden wusste davon. Ich war einfach feige. Ingewild war Vollwaise. Ich habe sie ins Ausland geschickt, um dort das Kind zur Welt zu bringen, dann wollte ich entscheiden, wie es weitergehen sollte.« Es hielt ihn jetzt nicht mehr auf der Bank. Noch nie hatte er so offen darüber gesprochen. Erregt ging er auf und ab. »Ich muss gestehen, ich habe zeitweise an Scheidung gedacht. Aber ich liebte dich so sehr und konnte mir nicht vorstellen, dich auch zu verlassen. Also schob ich die Entscheidung vor mir her. Und dann kam ein Brief. Ingewild hatte die Geburt nur um einen Tag überlebt und die Hebamme gebeten, an mich zu schreiben mit der Bitte, mich unseres gemeinsamen Kindes anzunehmen.« Er setzte sich wieder, seine Kräfte drohten ihn zu verlassen.

Aglaia drückte seine Hand. »Und dann hast du Tanya zu uns geholt. Was … wie hat Mama es aufgenommen, hast du ihr die Wahrheit gesagt?«

»Ja, was hätte ich denn tun sollen? Ich wollte nicht mehr lügen. Ich hatte gefehlt, habe deine Mutter angefleht, mir zu verzeihen, aber sie war außer sich. Sprach immer nur von dem Bastard … es war schrecklich. Erst als ich ihr mit Scheidung drohte, hat sie zugestimmt. Sie war so außer sich, regelrecht unter Schock, dass ich sie erst einmal zur Kur nach Badenweiler schicken musste, bevor ich Tanya zu uns holte.« Er schwieg erschöpft und wischte sich mit seinem Taschentuch den Schweiß von der nassen Stirn.

Jetzt fiel es Aglaia wie Schuppen von den Augen. »Nun weiß ich auch, warum Mama Tanya so gehasst hat«, sagte Aglaia traurig. »Die Arme hat sich so sehr bemüht, Mama zu gefallen. Sie wollte nur, dass sie sie ein bisschen liebhat. Ach, hättest du uns doch bloß früher die Wahrheit gesagt, Papachen.«

»Ich wollte Tanya adoptieren, es wäre überhaupt kein Problem gewesen. Aber deine Mutter war strikt dagegen. Je ähnlicher Tanya ihrer Mutter wurde, umso größer wurde die Abneigung gegen das arme Kind. ›Der Bastard wird unseren Namen nicht tragen‹, hat sie gesagt. ›Nur über meine Leiche.‹ Ja, mein Kind, sie hat mir meinen ›schändlichen Betrug‹ wie sie es nannte, nie verziehen.« Er sah seine Tochter flehend an. »Verzeihst du mir denn? Ich könnte es nicht ertragen, wenn du mir nicht vergeben würdest.«

»Ach, Papachen. Ich liebe dich, und nichts auf der Welt kann daran etwas ändern.«

Wilhelmine war außer sich. Abwechselnd weinte, keifte und flehte sie. Aber Horst blieb unerbittlich. »Es tut mir leid«, sagte er kalt. »Ich kann deinen Anblick nicht mehr ertragen. Erst jetzt, wo Tanya nicht mehr ist, wird mir richtig klar, was wir, und vor allem du, ihr angetan haben.«

»Ich habe sie aufgenommen und ihr eine anständige Erziehung angedeihen lassen«, sagte Wilhelmine aufgebracht. »Was hast du denn von mir erwartet? Dass ich sie liebe wie mein eigenes Kind? Sie, das Abbild ihrer Mutter!«

»Ein wenig Zuwendung hätte schon gereicht. Der arme Wurm war doch an der ganzen Sache unschuldig.«

»Ich habe getan, was ich konnte, und wie hat sie es mir gedankt! Mit einem Skandal! Willst du das etwa abstreiten?« Vor Aufregung versagte ihr fast die Stimme. Dann fragte sie plötzlich »Hast du es etwa Aglaia erzählt? Ich meine alles …?«

»Ja«, sagte er ruhig. »Aglaia weiß jetzt die ganze Wahrheit.«

Fassungslos sah ihn Wilhelmine an. Damit hatte sie nicht gerechnet. Ein Ruck ging durch ihren Körper. »Ich werde Wallerstein nicht verlassen«, sagte sie. »Und zu einer Scheidung habe ich dir keinerlei Veranlassung gegeben.«

»So, meinst du?« Er lächelte maliziös. »Du scheinst deinen Kuraufenthalt in Badenweiler vergessen zu haben.« Wilhelmine erstarrte. »Nun, erinnerst du dich immer noch nicht, nein? Dann werde ich dir mal auf die Sprünge helfen.« Umständlich zündete er sich eine Zigarre an und fuhr fort. »Kurz nach deinem Aufenthalt in Badenweiler lernte ich den jungen Fürsten Karamow kennen. Als er meinen Namen hörte, fragte er mich, ob ich mit einer Wilhelmine von Wallerstein verwandt wäre.« Er machte eine wirkungsvolle Pause. »Er war sehr redselig, der junge Mann.« Wilhelmine war einer Ohnmacht nahe. Ihr Gesicht bekam rote Flecken, und ihr brach der kalte Schweiß aus. »Ich habe darauf verzichtet, ihn aufzuklären«, fuhr Horst fort. »Ich wollte nichts weiter, als unsere Ehe retten. Aber falls es dich interessiert, inzwischen ist der Fürst Attaché an der russischen Botschaft in Berlin. Wir sehen uns häufig. Es wäre ein Leichtes … «

»Das ist, mein Gott, das ist unerhört. Und vor allem aus

deinem Mund«, stammelte Wilhelmine und rauschte aus dem Zimmer.

Ein paar Tage verließ Wilhelmine nicht ihr Zimmer. Ihre Gedanken kreisten nur um das eine – wie konnte sie Horst nur umstimmen? Sie wollte Wallerstein nicht verlassen, aber noch weniger wollte sie eine Scheidung. Der Diener hatte Anweisung, niemanden vorzulassen, und Horst ließ sie ausrichten, sie sei unpässlich, es ginge ihr wirklich nicht gut, in der Hoffnung, er würde kommen und sich nach ihrem Befinden erkundigen. Aber er kam nicht. Eines Morgens erschien Kurt, um ihr auszurichten, der Graf sei abgereist und würde erst zu Beginn der Jagdsaison wieder zurückkehren. Da wusste sie, sie hatte verloren. Jetzt galt es, das Beste daraus zu machen. Niemand sollte die Wahrheit erfahren.

Frau Klühspieß hatte sich für den nächsten Tag angekündigt, um die fertigen Kleider zu liefern. Das nahm Wilhelmine zum Anlass, einige Damen zum Tee einzuladen. Sie wollte ihren Umzug als ihren eigenen Entschluss verkünden. Auch Elvira und Aglaia schickte sie ein paar Zeilen, mit der Bitte, sie doch mal wieder zu besuchen.

»Ah, liebe Frau Klühspieß«, begrüßte Wilhelmine die Schneiderin, »lassen Sie uns die Kleider schnell probieren. Ich erwarte gleich Besuch zum Tee. Sie machen mir doch die Freude und bleiben?«

»Aber Frau Gräfin, Sie wissen doch, bei Ihnen zu Gast zu sein ist eine Ehre für mich.«

Wilhelmine hob indigniert die Augenbrauen. »Schon gut, schon gut, meine Liebe.« Manchmal ging ihr das ehrpusselige Getue der Frau ganz schön auf die Nerven.

Der Teetisch auf der Terrasse bog sich unter Obsttorten, frisch duftenden warmen Waffeln und feinstem Gebäck. Zusammen mit der alten Gräfin Von der Hals erschienen Frau Professor Koch und Kommerzienrätin Heller. Kurz darauf stieß Ursula von Eyersfeld mit der Gräfin Dühnkern zu der Runde, beide elegant wie immer. Und als Letzte Elvira. »Wo ist Aglaia?«, fragte Wilhelmine erstaunt. »Ist sie nicht mitgekommen?«

»Nein, sie fühlt sich nicht wohl. Die Hitze macht ihr zu schaffen.«

»Das ist ja ganz was Neues.« Wilhelmine war verärgert. »Früher konnte es ihr doch nicht heiß genug sein.«

Elvira sah sie erstaunt an. »Ja weißt du es denn nicht?« Die angeregte Unterhaltung erstarb. Da schien es eine interessante Neuigkeit zu geben. »Aglaia erwartet ein Kind. Hat Horst es dir denn nicht gesagt?«

Wilhelmines gestottertes »Ja … nein …« ging in den allgemeinen Glückwünschen unter.

»Wie wundervoll, du wirst Großmutter!« – »Das ist ja eine wunderbare Nachricht!« Scheinbar bemerkte niemand Wilhelmines Überraschung. Nur Elvira und Ursula tauschten einen verstohlenen Blick. Horst hatte ihr nichts gesagt. Aber warum? Da stimmte doch etwas nicht.

Wilhelmine hatte sich schnell wieder gefasst. »Ich wollte Ihnen gerade die freudige Nachricht verkünden.« Sie warf ihrer Freundin einen wütenden Blick zu. »Aber Elvira ist mir leider zuvorgekommen. Ich freue mich ja so für die beiden!« Bevor sie weitersprach, nahm sie noch einen Schluck Tee. »Aber ich habe noch eine Überraschung für euch.«

Alle sahen sie gespannt an. Das war ja mal wieder ein interessanter Nachmittag. »Ich habe mich entschlossen, mir in Königsberg ein Stadthaus zu nehmen.« Sie kam gerade noch dazu, zu sagen »Horst hat nichts dagegen …«, als alle begannen, durcheinanderzureden. »Was, du willst Wallerstein verlassen?« – »Das kann doch wohl nicht Ihr Ernst sein.« – »Ja, warum denn?«

Als sich die Aufregung gelegt hatte, fuhr sie fort. »Aglaia ist aus dem Haus und gründet ihre eigene Familie, und Horst ist monatelang in Berlin. Mir wird das hier langsam zu einsam.« Elvira und Ursula tauschten erneut einen Blick. Da war doch etwas faul! Freiwillig räumte Wilhelmine das Feld bestimmt nicht.

Begeistert rief jetzt Frau Klühspieß: »Was für eine glückliche Fügung. Ich habe gerade ein Atelier in der Junkerstraße in Königsberg gemietet, mit einem großen Schaufenster. Dort eröffne ich demnächst meinen Couture-Salon. Dann werden wir uns noch öfter sehen als bisher!« Ihr Gesicht war hochrot vor Aufregung. Was für fabelhafte Aussichten für ihren beruflichen Neubeginn!

»Das ist wirklich eine Neuigkeit«, meldete sich Elvira jetzt zu Wort. »Ich dachte immer, das Stadtleben sei dir zuwider.«

»Man kann seine Meinung ja wohl einmal ändern. Ich habe vor, dort ein großes Haus zu führen, will ins Theater und in die Oper gehen …«

»Oh, da darf ich Sie vielleicht einmal begleiten, Frau Gräfin?«, rief die Klühspieß aufgeregt. Ein vernichtender Blick Wilhelmines ließ sie zusammenzucken. Die Frau war wohl verrückt geworden. Jetzt überschritt sie wirklich ihre gesellschaftlichen Grenzen. Das fehlte gerade noch, ihre Schneiderin neben ihr in der Loge!

»Nun, meine liebe Frau Klühspieß«, sagte Wilhelmine von oben herab, »an Begleitung wird es mir sicherlich nicht mangeln.« Für einen Moment herrschte eine angespannte Stimmung, aber bald kam die Unterhaltung wieder in Fluss, man hatte sich eine Weile nicht gesehen, und es gab all diese aufregenden Neuigkeiten zu besprechen. Elvira verabschiedete sich als Erste. »Komm doch gelegentlich rüber nach Birkenau, Wilhelmine«, sagte sie. »Aber schick vorher eine Note, damit ich zuhause bin. Ich habe jetzt viel zu tun. Das Kinderzimmer muss eingerichtet werden, die Dinge für das Kind besorgt und auch sonst einiges erledigt werden.« Von Aglaia sagte sie kein Wort. Es fiel wohl niemandem auf. Man war schon wieder in ein anderes Thema vertieft.

Elvira genoss die Heimfahrt in der offenen Kutsche. Es war bereits Spätnachmittag, die Hitze hatte merklich nachgelassen, und der Anblick der wogenden Felder, durchsetzt mit dem Rot des Mohns und dem Blau der Kornblumen beruhigte ihr aufgewühltes Gemüt. Sie hatte den Strohhut abgenommen, und der Fahrtwind strich sanft durch ihr blondes Haar. Die Lieblosigkeit Wilhelmines hatte sie mal wieder erschüttert. Es war ganz offensichtlich gewesen, dass sie nichts von Aglaias Schwangerschaft gewusst hatte. Und mit was für einer Chuzpe war Wilhelmine darüber hinweggegangen! Hatte das Ganze auch noch auf ihre, Elviras, Kosten ausgespielt. Keine echte Freude hatte sie gezeigt, es lediglich mit ein paar Worten abgetan. Sie verstand, dass Aglaia nach allem, was in der letzten Zeit passiert war, ihre Mutter nicht sehen wollte. Und dann das mit dem Umzug nach Königsberg – geradezu mysteriös war das. Von Wilhelmine würden sie die Wahrheit nicht erfahren, das war sicher. Und Horst erwartete man erst im Herbst zurück. Ihr Weg führte jetzt vorbei an einem kleinen See, wo einige Kormorane, aufgeschreckt vom lauten Wiehern des Pferdes, über das Wasser flogen, um sich am anderen Ufer wieder niederzulassen. In der Ferne, im diffusen Licht der tief stehenden Sonne, tauchte nun Schloss

Birkenau auf. Eine Welle des Glücks durchflutete sie. Gleich würde sie zuhause sein, bei den Menschen, die sie liebte und die auch ihr von Herzen zugetan waren. Plötzlich empfand sie Mitleid mit ihrer alten Freundin, mit der sie früher so viel verbunden hatte. Ihr Hass auf Tanya hatte ihr Leben vergiftet, sie verbittertert und bösartig werden lassen. Und schließlich hatte sie dadurch Horsts Liebe verloren.

»Da bist du ja, mein Marjellchen«, begrüßte sie Jesko, der mit Eberhard auf der Terrasse unter der efeubewachsenen Pergola saß. »Gibt es etwas Interessantes auf Wallerstein?«

»Oh ja«, sagte Elvira. »Ich mache mich nur kurz frisch, dann werde ich euch berichten. Wo ist denn Aglaia?«

»Sie bespricht gerade etwas mit Frau Keller. Sie wird gleich zurück sein.«

Elvira gab ihrem Mann einen Kuss auf die Stirn und verschwand im Haus. »Bin gleich zurück. Ich beeil mich!«

Als sie wenig später zurückkam, fand sie die drei in angeregter Unterhaltung. Aglaias Wangen glühten, offensichtlich war sie ganz aufgeregt. »Tante Elvira, stell dir vor, wer heute Abend kommt. Onkel Ferdinand!«

»Was für eine Freude, Ferdi, das lustige Haus, habe ich ja seit Jahren nicht mehr gesehen!«

Jesko zog ein Papier aus der Tasche. »Heute Mittag, du warst gerade weg, kam eine Depesche.« Er begann, laut vorzulesen. *Habe Heimweh nach Ostpreußen – stop – euch – stop – und Birkenau – stop. Werde eine Weile bleiben – stop – Bitte euch Freude zu heucheln – stop – Ferdi*

Elvira lachte laut auf. »Das ist mal wieder typisch für deinen kleinen Bruder, Jesko. Ich bin gespannt, wie lange er es diesmal aushält. Wo kommt er denn überhaupt her?« Sie sah ihren Mann fragend an.

»Keine Ahnung. Er reist ja seit Jahren durch die Weltgeschichte. Man weiß nie, wo er sich gerade aufhält.«

Ferdinand von Kaulitz war das, was man einen Lebemann nannte. Nach einer kurzen, unglücklichen Ehe hatte er nie wieder geheiratet. Ein paar Jahre war er im diplomatischen Dienst gewesen, war ständig auf Reisen und hinterließ überall gebrochene Herzen. Auf seinem letzten Posten hatte er sich zwei Jahre in einem Kaff in Afrika mit Anstand gelangweilt und gleich danach seinen Abschied genommen. Sein Vermögen bescherte ihm ein sorgenfreies Leben, zu reisen und die Möglichkeit, dort zu bleiben, wo es ihm gefiel. Aber alle paar Jahre packte ihn die Sehnsucht nach Ostpreußen. Meist blieb er nur kurz, was nicht nur die Damen sehr bedauerten. Er war ein charmanter Gesellschafter, tanzte leidenschaftlich gern und soff, wie sein Bruder fand, manchmal wie ein Droschkenkutscher. Ein paarmal konnte er nur knapp einem Duell entgehen, zu intensiv hatte er sich mit einer verheirateten Dame der Gesellschaft beschäftigt. Da half wirklich nur die Flucht!

»Wird er zum Abendbrot hier sein?«, fragte Elvira.

»Ja, Josef holt ihn von der Bahn in Insterburg ab. Die Mamsell kocht bereits Königsberger Klopse. Wenn er die nicht zur Begrüßung bekommt, wird er boossig. Ich denke, er wird in einer Stunde hier sein.«

»Ich war mit Frau Keller in seinem Zimmer«, sagte Aglaia. »Es ist alles in Ordnung. Das Bett ist frisch bezogen, es ist gelüftet und …«, sie sah Elvira fragend an, »… ich habe ihm eine Vase mit deinen Rosen hingestellt. Es ist dir doch recht?« Aglaia wusste, der Rosengarten war allein Elviras Revier.

»Aber natürlich, mein Herz.« Liebevoll strich sie der jungen Frau über die Wange. Dann fragte sie: »Willst du denn gar nicht wissen, wie es auf Wallerstein war?«

Aglaias eben noch strahlendes Gesicht verschloss sich.

»Aber natürlich«, riefen Jesko und Eberhard jetzt wie aus einem Mund. »Du sagtest vorhin doch etwas von irgendwelchen Neuigkeiten.«

Aglaia interessierte sich nur für eines. »Ist Papachen noch da?«

»Nein, er ist noch am selben Tag abgereist, an dem er hier war, und wird erst zur Jagdsaison zurückerwartet.«

»Ja und, was gibt es denn nu Neues?«, drängelte Jesko.

»Wilhelmine will Wallerstein verlassen und nach Königsberg ziehen ...« Für einen Moment waren die drei sprachlos.

»Das soll doch wohl ein Witz sein!« Jesko konnte es kaum glauben.

Und Eberhard fragte: »Warum das denn bloß?«

Aglaia schüttelte den Kopf. »Das glaube ich nicht, das muss ein Irrtum sein. Niemals verlässt Mama freiwillig Wallerstein.«

»Vielleicht ist es ja nicht freiwillig«, entfuhr es Elvira. »Sie behauptet allerdings, allein würde es ihr in Wallerstein zu einsam. Aber ich halte das für eine Ausrede.« Sie waren mitten in einer lebhaften Diskussion, diese Nachricht erregte wahrlich die Gemüter, als Willi, der Diener, meldete: »Seine Excellenz, Graf Ferdinand sind eingetroffen.«

Jesko sprang auf und begrüßte seinen Bruder mit einer herzlichen Umarmung. »Willkommen zuhaus, alter Lorbass. Was für eine Freude, dich zu sehen!«

Auch Eberhard umarmte seinen Onkel. »Schön, dass du mal wieder hier bist. Ich glaube, du weißt es noch gar nicht. Ich habe kürzlich geheiratet. Das ist Aglaia, meine Frau.«

Ein Geruch von Leder und Sandelholz umwehte den schönen, eleganten Mann, der sich nun über Aglaias Hand beugte.

»Du bist doch die entzückende kleine Wallerstein«, sagte er. »Als ich dich das letzte Mal gesehen habe, musst du acht oder neun Jahre alt gewesen sein. Du und deine kleine Cousine, ich erinnere mich, ihr wart immer unzertrennlich.«

Bevor er nach Tanya fragen konnte, sagte Eberhard: »Ja, du erinnerst dich richtig. Sie ist Aglaia Wallerstein …« In diesem Moment erblickte Ferdinand Elvira. »Ja so was, Cousinchen Elvira! Was für eine Freude, dich hier zu sehen. Du siehst fabelhaft aus.« Er stockte. »Bist du nicht kürzlich verwitwet? Mein herzliches Beileid. Aber ich hoffe, du bleibst eine Weile auf Birkenau und beraubst uns nicht zu schnell deiner reizenden Gesellschaft.«

»Da kann ich dich beruhigen. Sie bleibt.« Jesko lächelte verschmitzt. »Und scharmutzier man nich gleich zu doll mit meiner Frau rum …« Es dauerte einen Augenblick, bis diese Botschaft bei Ferdinand angekommen war. Dann lachte er laut auf. »Ihr habt geheiratet! Das ist nun wirklich eine Überraschung. Wie schade, dass ich all diese Feierlichkeiten verpasst habe.«

»Wir hatten ja keine Ahnung, wo du dich rumgetrieben hast«, sagte Jesko trocken, »sonst hätten wir dich selbstverständlich benachrichtigt.«

»Das muss jedenfalls begossen werden«, rief Ferdinand und als hätte er hinter der Tür gewartet, erschien auch schon Willi, in der Hand ein Tablett mit Gläsern und einer verstaubten Flasche.

»Ich habe gleich ein paar von dem alten Port heraufholen lassen«, lachte Jesko, als er das begeisterte Gesicht seines Bruders sah. »Es müssten noch an die hundert Flaschen da sein aus Großvaters Beständen.«

»Mit Verlaub, Herr Graf, es sind genau einhundertachtzehn«, meldete der Diener.

»Umso besser. Hast du meinem Bruder auch eine auf sein Zimmer gestellt?«

»Sehr wohl. Auch die Zigarren liegen bereit.« Man prostete sich vergnügt zu, und Ferdinand rief strahlend: »Wie schön, endlich mal wieder zuhause zu sein, und das auch noch in Gesellschaft zweier so schöner Frauen!« Während die drei Männer sich angeregt unterhielten, das »Weißt du noch?« und »Erinnerst du dich?« wollte gar nicht aufhören, betrachtete Aglaia Jeskos Bruder. Sie konnte sich noch gut an ihn erinnern, obwohl sie ihn nur ein paar wenige Male gesehen hatte. Er war in Begleitung seiner bildschönen Frau gewesen. Horst von Wallerstein hatte sie zu Aglaias Erstaunen mit einem rassigen Rennpferd verglichen, das immer drauf und dran war, durchzugehen. Was sich ja dann auch bestätigt hatte. Als ihr die Eskapaden ihres Mannes zu viel wurden, brannte sie mit einem Offizier der königlichen Garde durch. Das sorgte damals monatelang für Gesprächsstoff. ›Er hat sich nicht sehr verändert‹, dachte Aglaia. ›Er ist immer noch der gleiche Charmeur wie früher.‹ Er war eine durch und durch aristokratische Erscheinung, groß, schlank und ungewöhnlich elegant. Unter seinem engen Gehrock trug er eine geblümte Weste, die farblich passende Krawatte war kunstvoll geknotet, und die engen Hosen hatten eine scharfe Bügelfalte. Die dunklen Haare und die Koteletten in dem sonst glatt rasierten, leicht gebräunten Gesicht waren mit ein paar grauen Strähnen versetzt, was ihn fast noch interessanter machte. Wenn er lachte, und das tat er oft, entblößten seine immer noch vollen Lippen makellose weiße Zähne, und unter den dichten, schön geschwungenen Brauen blitzten fröhliche graublaue Augen. Er sah jetzt auf seine goldene Taschenuhr.

»Ich denke, ich sollte mich mal umziehen. Es gibt sicher bald Abendbrot.«

»Tu das, Ferdi«, sagte Jesko. »Und bitte kommod, kein Smoking. Wenn wir keine Gäste haben, bleiben wir leger. Aber du kennst das ja.«

Eberhard war noch in Reithosen. Auch er erhob sich. »Ich werde euch auch mal vom Stallgeruch befreien«, lachte er. »Bin gleich zurück. Mein Magen knurrt schon gewaltig.«

Das Abendessen war äußerst unterhaltsam. Ferdinand erzählte amüsant von seinen Reisen, während er Unmengen von Königsberger Klopsen verzehrte. »Wisst ihr, wie ich mich auf die gefreut habe?«, fragte er. »Einmal in einem Beduinenzelt erschienen sie mir wie eine Fata Morgana.« Verzückt verdrehte er die Augen. »Keiner macht sie so gut wie Hertha. Ich werde sie morgen früh in der Küche aufsuchen und es ihr persönlich sagen.« Er sah Jesko fragend an. »Wie geht es ihr überhaupt? Sie muss ja steinalt sein.«

»Ihr ›Erbarmung‹ ist immer noch laut und deutlich«, lachte Eberhard.

»Frau Keller meint, sie klage manchmal über schwere Beine«, warf Elvira ein, »aber ansonsten scheuche sie die Küchenmädchen wie eh und je.«

»Na, dann bin ich aber wirklich beruhigt«, freute sich Ferdinand und lud sich noch zwei Klopse auf seinen Teller. Die alte Hertha war schon seit über vierzig Jahren auf Birkenau. Erst als Küchenmädchen, später war sie Mamsell geworden und wollte das auch bis zu ihrem Ableben bleiben. Sie kannte die beiden Jungen schon von klein auf und hatte sie mit ihren Leibspeisen verwöhnt. Wenn sie krank waren, hatte sie sich heimlich in die Kinderstube geschlichen, ihnen eine starke Brühe oder Kakao gebracht, und wenn sie ungehorsam waren und mit Essensentzug bestraft wurden, heimlich Wurstbrote zugesteckt. »Ihr Jungchen müsst doch gjroß und stark werden«, hatte sie geflüstert, »und ohne Essen gjeht dat nu man nich.«

Als der Nachtisch serviert wurde, fragte Elvira: »Wollen wir den Mokka nicht draußen nehmen? Es ist ein so herrlicher lauer Abend.«

Alle stimmten ihr zu, und Willi gab Hannes, dem zweiten Diener, ein Zeichen, die nötigen Getränke und Gläser auf die Terrasse zu bringen. Als die Gesellschaft nach draußen trat, brannten bereits die Windlichter. Noch erhellten die Strahlen der untergehenden Sonne den Park und die Mauern des Schlosses, aber bald würde die Dunkelheit hereinbrechen und der Schein der Kerzen ihr warmes Licht verbreiten.

»Ach, ist es schön, wieder zuhause zu sein«, rief Ferdinand. Voller Wehmut blickte er hinaus in den Park, über den sich jetzt langsam die Dämmerung senkte und Bäume und Sträucher wie geheimnisvolle Wesen erscheinen ließ. »Weißt du noch, Jesko, wie wir nachts im Park versucht haben, Glühwürmchen einzufangen, und uns gegruselt haben, wenn hungrige Wölfe zu nahe ans Schloss kamen und ihr Geheul anstimmten?«

»Ja, ja«, sagte Jesko, »lang, lang ist's her.« Willi reichte jetzt den Ebenholzkasten mit den Zigarren herum, und Hannes servierte den Damen ihren Mokka und den Herren den obligatorischen Verdauungsschnaps.

»Was für eine Idylle ist das hier gegen das hektische Berlin«, sagte Ferdinand schwärmerisch und zog an seiner Zigarre. »Ich glaube, ich werde langsam zu alt für den ständigen gesellschaftlichen Trubel.«

»Wer's glaubt, wird selig«, bemerkte Jesko trocken. »Hab ich das nicht schon mal bei deinem letzten Besuch gehört? Erzähl uns Landeiern lieber mal, was du in dem trubeligen Berlin erlebt hast. Wie lange warst du denn überhaupt dort?«

»Nur drei Tage auf der Rückreise von Ägypten«, er stöhnte, »und davon kaum im Bett.«

»Wahrscheinlich nur nicht in deinem eigenen!«, frotzelte Jesko.

»Ich muss doch sehr bitten, meine Herren«, rief Elvira mit gespielter Entrüstung.

»Also, erzähl schon«, lachte Eberhard. »Lass uns teilhaben an deinen Abenteuern.«

»Aber bitte jungendfrei!«, rief jetzt Jesko, der bereits mehrere Schnäpse intus hatte.

»Ist ein Empfang im Schloss jugendfrei genug?«, fragte Ferdinand ganz ernst.

»Waaas? Du warst bei Königs?« Nun schien sogar Jesko beeindruckt.

»Da staunste, was Brüderchen?«, Ferdinand schmunzelte. »Erinnerst du dich an Josef von Radovitz, Jesko?« Der nickte. »Er ist einer der engsten Vertrauten des Königs. Du weißt, ich bin seit Jahren mit ihm befreundet. An meinem ersten Abend traf ich ihn zufällig unter den Linden. Er war in Begleitung vom Hansemann, unserem Finanzminister. Beide waren auf dem Weg zum Schloss. Dort gab es einen großen Empfang für irgendwelche Diplomaten.« Er zündete sich erneut seine Zigarre an, die während seiner Erzählung erloschen war. »Na ja, und die beiden haben mich gefragt, ob ich nicht Lust hätte mitzukommen. Einer mehr oder weniger würde bei den vielen Menschen nicht auffallen. Also bin ich mitgegangen.«

»Das ist ja wirklich doll!« Jesko zeigte sich beeindruckt. »Wer war denn sonst alles so da?«

»Eine Menge interessanter Leute, unter anderem der junge Bismarck. Man sagt, dass er seit einiger Zeit das Wohlwollen des Königs genießt, wusstet ihr das?«

»Wir sind hier ja schließlich nicht ganz hinter dem Mond«, Jesko war leicht pikiert. »Gelegentlich lesen wir auch Zeitung!«

»Verzeih, Bruderherz, ich habe das nicht böse gemeint. Also diesem Bismarck wird eine große politische Zukunft vorausgesagt. Und ich muss sagen, ein blendend aussehender junger Bursche ist das. Groß wie ein Baum und mit einer hübschen kleinen Frau.«

»Oh, erzähl mal«, rief Aglaia aufgeregt, »was hatte sie denn an, die Frau von Bismarck?«

Ferdinand machte ein ratloses Gesicht. »Keine Ahnung«, sagte er nach kurzem Überlegen, »ich weiß bloß, dass sie nicht nackt war.«

»Du bist und bleibst unmöglich!« Elvira und Jesko gluckssten vor Lachen. »Du weißt doch, mein Liebling, mein Bruder interessiert sich mehr für das Darunter!«, und löste damit allgemeine Heiterkeit aus.

»Und wie sind der König und die Königin?«, fragte jetzt Elvira. »Sprechen sie mit einem, oder grüßen sie nur freundlich?«

»Sie sind wirklich reizend«, fuhr Ferdinand in seinem Bericht fort. »Sie lassen sich jeden Gast persönlich vorstellen, unterhalten sich kurz mit ihm und gehen dann zum nächsten. Übrigens war auch Friedrich Wilhelms Bruder Wilhelm da. Er wird wohl unser nächster König werden, da Friedrich Wilhelm und Elisabeth kinderlos geblieben sind.«

»Wie lange bist du denn im Schloss geblieben?«, fragte Jesko jetzt neugierig.

»Ich weiß nicht genau, aber danach bin ich mit Josef bei einem fürchterlichen Gelage gelandet. Aber wo, das verrate ich nicht. Das ist nichts für die Ohren von jungen Damen.« Während seiner Erzählung hatte Willi fleißig nachgeschenkt, auch die zweite Portweinflasche war schon fast leer. Aglaia fielen bereits die Augen zu.

»Da hast du recht, Onkel Ferdi«, lachte Eberhard. »Außerdem muss meine Frau jetzt ins Bett, und ich selbst bin auch hundemüde. Du weißt, ein Bauer muss morgens immer früh raus.«

Auch Elvira erhob sich. »Ich schließe mich den beiden an. Morgen ist auch noch ein Tag.«

Beim Hinausgehen sagte Eberhard: »Was hältst du davon, Onkel Ferdi, wenn du morgen mit Aglaia nach Linderwies kommst? Du wirst dich wundern, wie es sich verändert hat.«

»Gern mein Junge, wenn ich ausschlafen darf.«

»Natürlich, es hat keine Eile. Ich werde den ganzen Tag dort sein. Schließlich ist das meine Arbeit.«

Elvira gab ihrem Mann einen Gutenachtkuss und strich Ferdinand liebevoll über die Wange. »Schön, dass du da bist. Ich hoffe, du bleibst uns ein Weilchen erhalten.«

»Gute Nacht, Liebes«, rief Jesko ihr nach, und zu dem Diener, der immer noch im Hintergrund auf Anweisungen wartete, sagte er: »Mach uns noch eine Flasche Port auf, Willi, und dann kannst du zu Bett gehen. Wir brauchen dich nicht mehr.«

»Sehr wohl, Herr Graf.« Nach ein paar Minuten waren die beiden allein. Schweigend zündeten sich beide eine neue Zigarre an. Jeder hing seinen Gedanken nach. An einem wolkenlosen Himmel erstrahlten Millionen von Sternen, und der fast volle Mond ließ mit seinem fahlen Licht den Park geheimnisvoll erscheinen. Die tiefe Stille wurde nur ab und an unterbrochen vom Quaken der Frösche am See oder dem entfernten Wiehern eines Pferdes.

»Weißt du, Jesko«, durchbrach Ferdinand das Schweigen,

»der Himmel über Ostpreußen erscheint mir immer schöner als anderswo auf der Welt.«

»Vielleicht, weil hier deine Heimat ist«, meinte Jesko versonnen.

»Komm, lass uns nicht sentimental werden, Bruderherz«, rief Ferdinand. »Es macht mich unendlich froh, dich so glücklich zu sehen.«

»Ja, lass uns auf die Liebe trinken. Nie hätte ich gedacht, dass ich den Tod von Irma überwinden würde. Aber Elvira hat wieder Freude in mein Leben gebracht.«

»Wie geht es denn auf Wallerstein?«, fragte Ferdinand jetzt. »Aglaia ist ja das Abbild von Wilhelmine. Ist sie immer noch so schön?« Auch er hatte vor vielen Jahren mal ein Auge auf sie geworfen.

»Nun, ich denke, davon kannst du dich bald selbst überzeugen. Sie wird sicher in den nächsten Tagen hier auftauchen. Ich kann dir sagen, dort steht es wirklich nicht zum Besten.« Er berichtete ausführlich von den Geschehnissen der letzten Jahre auf Wallerstein und von Tanyas traurigem Schicksal. Er ließ nichts aus, verschwieg auch nicht, dass Tanya Horsts uneheliche Tochter war. »Wilhelmine ist darüber verbittert und bösartig geworden. Aglaia, das liebe Kind, leidet sehr darunter. Sie schließt sich mehr und mehr Elvira an.« Die beiden Brüder hatten sich viel zu erzählen. Die Kerzen in den Windlichtern waren längst heruntergebrannt, und es graute bereits der Morgen, als sie schwankend, betrunken und glücklich in ihre Betten fielen.

Am nächsten Morgen fand Ferdinand beim Frühstück nur noch Jesko vor, vertieft in die *Neue Preußische Zeitung*.

»Gottchen, wie siehst denn du aus? Hast du überhaupt nicht geschlafen?«, fragte Jesko entsetzt.

»Doch«, stöhnte Ferdinand, »aber erst, nachdem ich der Flasche Port in meinem Zimmer auch noch zu Leibe gerückt bin …« Er drehte mit großer Mühe seinen Kopf dem Diener zu, der wartend am Buffet stand. »Einen Eisbeutel bitte, Willi, und einen starken Kaffee, nur schwarz. Ich kann nichts weiter zu mir nehmen.«

Jesko hatte sich wieder seiner Zeitung zugewandt. »Stell dir vor, Ferdinand, wer gestern gestorben ist!«, rief er.

»Heute ist mir jeder recht«, winkte der mit schmerzverzerrtem Gesicht ab. Kopfschüttelnd las Jesko weiter. Sollte sein Bruder sich doch seinem Kater hingeben. Mit ihm war erst in ein paar Stunden wieder etwas anzufangen.

Mit dem Eisbeutel auf dem Kopf und leidendem Gesicht ging Ferdinand wenig später in die Küche, um die alte Hertha zu begrüßen. Er tat das immer, wenn er Birkenau besuchte. Er ahnte, dass sie bereits auf ihn wartete.

»Ach Gjottchen, Jungchen, wie siehst denn du aus!« Hertha schlug entsetzt die Hände über dem Kopf zusammen. »Hattest wohl ein Schlubberchen zu ville gjestern.« Obwohl Ferdinand auf die fünfzig zuging, würde er für Hertha immer das »Jungchen« bleiben.

Ferdinand verdrehte die Augen. »Ich fürchte, ein Schlubberchen ist leicht untertrieben«, stöhnte er. »Aber sag, wie geht es denn dir, meine Gute?« Er setzte sich zu ihr an den großen Küchentisch.

»Na ja, gjeht man so. Die Beine woll'n nich mehr gjanz so wie friher, und schläfern tut mir auch nich mehr so richtig.« Sie streichelte liebevoll seine Wange. »Aber es tut gjut, dich mal wiederzusehen.«

»Also deinen Klopsen hat das keinen Abbruch getan«, sagte er, »die waren gestern ja man wieder ein Traum.« Er senkte seine Stimme zu einem Flüstern. »Ob du es glaubst oder nicht. Ich bin nur wegen deiner Klopse nach Hause gekommen.«

»Na, nu übertreib man nich so«, sagte sie strahlend, und ihr liebes Gesicht lief vor Freude rot an. »Musst der Keller nur sagen, was du essen willst, ich koch dir alle deine Leibgjerichte.«

Er tätschelte liebevoll ihre alte, abgearbeitete Hand.

»Hör zu, Hertha, ich werde dir ein Schlafpülverchen besorgen lassen, und wenn dir die Beine weiter Beschwerden machen, lassen wir den Dr. Grüben kommen.« Er erhob sich. »Ich muss jetzt unbedingt an die frische Luft. Mir brummt der Schädel. Und mach mir keinen Kummer, Herthachen. Keiner kann die Klopse so gut wie du.«

»Keine Sorge nich, Jungchen.« Sie begleitete Ferdinand zur Tür. »War 'ne gjroße Freude für mich, dich mal wieder zu sehen.« Kurz darauf kam Willi in die Küche, und die beiden Alten tranken einen kräftigen Schluck ›Weißen‹, sozusagen ein Begrüßungsschlubberchen auf die Rückkehr von Ferdinand, den sie beide doch so gern hatten. »Wat is er doch für'n gjutes Jungchen«, sagte Hertha immer wieder. »So eine Freude aber auch.«

Nach dem Kleinmittag – Ferdinand hatte sich von seinem nächtlichen Besäufnis erstaunlich schnell erholt und einen gesunden Appetit entwickelt – fuhr er mit Aglaia im Einspänner nach Linderwies. Dem war am Morgen ein kleiner Streit zwischen Aglaia und Eberhard vorausgegangen. Aglaia hätte unbedingt reiten wollen, aber Eberhard hatte es ihr strikt untersagt. »Ich bin nicht krank, sondern nur ein bisschen schwanger!«, hatte sie aufgebracht gesagt.

»Ein bisschen schwanger gibt es nicht«, setzte Eberhard dagegen. »Du bist fast im vierten Monat, und du weißt, der Doktor hat es dir ab da verboten. Willst du unser Kind denn mutwillig gefährden?«

»Nein, natürlich nicht.« Aglaia war kurz davor, in Tränen auszubrechen, aber Eberhard tröstete sie: »Basedow meinte gestern, du könntest jetzt wohl dein Hundchen abholen. Sieh mal, das ginge doch gar nicht, wenn du auf einem Pferd sitzt.«

»Wirklich? Das ist ja wunderbar!« Die Aussicht, endlich den ersehnten Hund zu bekommen, ließ sie in bester Stimmung die Kutsche besteigen. Bei strahlendem Sonnenschein fuhren sie los. Locker hielt Ferdinand die Leinen in der Hand, und es bedurfte nur einer kaum merklichen Bewegung, und der Fuchs fiel in einen leichten Trab. Als sie aus dem Birkenwald hinausfuhren, brachte Ferdinand mit einem leisen Brrrr das Pferd zum Stehen. »Lass mich einen Moment diesen herrlichen Anblick genießen. Das Gelbgold des Weizens, die saftigen Wiesen und diese unendliche Weite – das ist unser Ostpreußen. Nirgends auf der Welt gibt es etwas Schöneres.«

»Und doch zieht es dich immer wieder in die Ferne«, sagte Aglaia leise.

»Ja, du hast ja recht. Aber ich bin eben ein unruhiger Geist.« Ein Ruck mit dem Zügel ließ den Fuchs wieder in einen leichten Trab fallen, und schnell waren sie in Linderwies angelangt. Sie fanden Eberhard und Basedow unweit der Ställe an der eingezäunten Reitbahn. Ein Pferdeknecht führte einen unruhig tänzelnden, nervösen Grauschimmel an einer Longe im Kreis.

»Einen schönen guten Tag! Was für ein herrliches Pferd. Ist es aus deiner Zucht, Eberhard?«, fragte Ferdinand.

»Ja«, sagte er stolz, »es ist ein Hengst von besonderem Format. Kolossal bemuskelt mit hervorragenden Sprunggelenken. Er wird einen prächtigen Beschäler abgeben. Wir hatten schon Anfragen, ihn zu verkaufen.« Er klopfte seinem Oberinspektor freundschaftlich auf die Schulter. »Was Basedow, da sind wir uns einig. Der Prachtkerl bleibt auf Linderwies!«

Während die Männer weiter über Pferde fachsimpelten, ging Aglaia in den Stall. Die alte Hündin lag schläfrig in ihrem Verschlag, ihre Jungen drängten sich fest an sie und balgten miteinander. Als sie Aglaia sah, hob die Hündin müde den Kopf und schlug zur Begrüßung ein paarmal mit der Rute. Mittlerweile kannte sie Aglaia und knurrte auch nicht, als die sich mit sicherem Griff ihren Welpen herausfischte, ein schwarzes Wollknäuel mit einem weißen Fleck am Hals. Zärtlich drückte sie das kleine weiche Tier an sich. »Gottchen, bist du süß«, flüsterte sie. »Ich hab dich jetzt schon ganz doll lieb.« Leise verließ sie den Stall. »Ich gehe hinüber zu Minchen«, rief sie den Männern zu, die sich immer noch über die Pferdezucht unterhielten.

Minchen Basedow saß in ihrem kleinen Vorgarten unter einem Kastanienbaum auf einer Bank, ein Strickzeug in der Hand. Die beiden Kinder spielten im Sandkasten und buken Sandkuchen.

»Frau von Kaulitz«, rief Minchen erfreut, »nehmen Sie Platz. Das is ja man 'ne Freude, Sie zu sehen. Darf ich Ihnen en Saft oder en Gjlas Milch bringen? Is ja mächtig heiß heute.«

»Ich nehme gerne einen Saft«, sagte Aglaia und setzte sich in den Schatten auf die Bank.

»Bin gjleich zurück«, rief Minchen und verschwand im Haus. Vorsichtig legte Aglaia das kleine Tier auf ihre Knie.

Mäxchen kam auf seinen wackeligen Beinen herbei und streichelte mit den sandigen Händchen den kleinen Hund. »Hundchen liieeeb!«, sagte er. »Ganz liiieeb.«

»Nu geh du man schön wieder zu Lenchen Kuchen backen«, sagte Minchen, als sie, in den Händen ein Tablett mit Saft und Kuchen, zurückkam.

»Ach Gott, Minchen, ich hab doch gar keinen Hunger«, lachte Aglaia.

»Der kommt beim Essen, könn' Se mir gjlauben. Nu erzähln Se mal. Is Ihnen immer noch koddrich morgjens?«

»Nein, es geht mir bestens. Nur reiten darf ich nicht mehr. Das macht mich ein wenig unglücklich.«

»Ach, das gjeht och vorbei. Reiten könn' Se noch Ihr gjanzes Leben.« Während sich die beiden jungen Frauen angeregt über Schwangerschaft, Stillen und durchwachte Nächte unterhielten, zeigte Eberhard seinem Onkel das Gut.

»Du weißt, dein Vater ist mächtig stolz auf dich, mein Junge«, sagte Ferdinand während des Rundgangs. »Und was ich hier so sehe … Donnerwetter, das ist wirklich allerhand.«

»Danke, Onkel Ferdinand, es tut gut, das zu hören. Papa ist mit seinen Komplimenten eher ein bisschen zurückhaltend. Hat er dir erzählt, dass wir Schernuppen dazukaufen wollen? Wie du weißt, grenzt es direkt an Linderwies. Es hat einen hervorragenden Viehbestand und einige prächtige Mutterstuten. Die Ackerfläche für Kartoffeln und Futterrüben gibt einen hübschen Ertrag und der Mischwald eine Menge Holz.« Er hatte voller Begeisterung gesprochen, aber plötzlich unterbrach er sich und begann laut zu lachen. »Warum erzähle ich dir das bloß? Du interessierst dich doch nicht die Bohne für Ackerbau und Viehzucht.«

Auch Ferdinand musste lachen. »Du hast ja recht, mein Junge, aber glaub mir, ich bin trotzdem sehr beeindruckt von dem allem, was du mir da erzählst und zeigst. Und eins interessiert mich wirklich: Wieso steht denn Schernuppen zum Verkauf? Gehört es nicht seit Generationen den Overbecks?«

»Doch, aber der alte Overbeck ist vor kurzem gestorben, und sein Sohn Kurt, du wirst ihn sicher von früher kennen, hat überhaupt kein Interesse an der Landwirtschaft.«

»Ja, dazu muss man wohl geboren sein. Dafür bin ich mit

Sicherheit das beste Beispiel.« Sie waren inzwischen wieder am Haupthaus angekommen.

Aglaia kam ihnen strahlend entgegen, den kleinen Hund auf dem Arm. »Ist er nicht süß, der kleine Kerl?«, rief sie. »Er schläft schon seit einer Stunde auf meinem Schoß!«

»Was ist eigentlich mit Jeskos Jagdhund?«, fragte Ferdinand. »Ich habe ihn noch gar nicht gesehen. Er und mein Bruder waren doch unzertrennlich.«

»Kurz nach Mamas Tod ist er an Altersschwäche gestorben. Papa wollte partout keinen neuen Hund. Erst Mama und dann Hasso, das war zu viel für ihn. Papa ging ja nicht einmal mehr zur Jagd.« Die Erinnerung an diese traurige Zeit ließ Eberhard kurz innehalten. »Aber dann tauchte Tante Elvira auf! Das war ein Glück, wirklich. Sie hat ihn aus seinem schwarzen Loch geholt und das Lachen zurück nach Birkenau gebracht. Du siehst ja, Onkel Ferdinand, Papa ist schon wieder ganz der Alte.«

»Dann sollte er auch wieder einen Hund haben!«, rief Ferdinand. »Warum nehmen wir ihm nicht auch einen aus dem Wurf mit?«

Basedow hatte den Einspänner vorfahren lassen und hörte die letzten Worte. »Aber gern«, sagte er »suchen Sie sich einen aus.«

»Sieh nur, was wir dir mitgebracht haben.« Eberhard war ganz aufgeregt, als er seinem Vater das kleine, braune Wollknäuel auf den Schoß setzte. »Wir sind alle der Meinung, dass es an der Zeit ist, dass du wieder einen Jagdhund bekommst, wenn du wieder auf die Jagd gehst … und das willst du doch, oder?«

Jesko wusste im ersten Moment nicht, was er sagen sollte. Etwas hilflos streichelte er den Kopf des kleinen Tieres. Das drehte sich ein paarmal im Kreis, ließ sich mit einem tiefen Seufzer fallen und machte es sich auf seinem Schoß gemütlich. »Tja, das soll dann wohl so sein«, lächelte er etwas unsicher.

»Sieh nur Papachen«, sagte Aglaia. »Ich habe den Bruder dazu. Ist das nicht nett, zwei aus einem Wurf? So werden sie sich nicht einsam fühlen.« Glücklich strahlte sie ihren Schwiegervater an. »Wie willst du denn deinen nennen?«

»Meine Hunde hießen immer Hasso«, meinte Jesko, »und dabei werde ich es auch belassen. Und du, was hast du für einen Namen für deinen?«

Während Aglaia überlegte, sagte Elvira: »Was hältst du von Paul?«

»Ja, warum nicht« Aglaia erhob sich. »Dann komm, Paulchen, wir werden jetzt mal ein bisschen spazieren gehen.« Sie nahm Jesko den Hund vom Schoß. »Dir wird ein wenig Bewegung wohl auch nicht schaden, Hasso«, sagte sie, als spräche sie mit einem Kind. »Also kommt ihr beiden, los, los, keine Müdigkeit vortäuschen.«

Während Willi den ersten Portwein servierte und Ferdinand begeistert von Linderwies berichtete, betrachtete Elvira mit Entzücken, wie Aglaia auf der Wiese mit den beiden Welpen herumtollte. ›Was ist sie doch für ein reizendes Geschöpf, meine kleine Schwiegertochter. Was für ein Wunder bei dieser Mutter.‹ Sie konnte nicht verstehen, dass Wilhelmine immer noch nicht gekommen war, um ihre schwangere Tochter zu besuchen.

Die täglichen Spaziergänge mit den Hunden trösteten Aglaia darüber hinweg, dass sie ihre geliebte Hortensie nicht mehr reiten durfte. Sie verschwanden für Stunden im weitläufigen Park, und wenn sie erhitzt und müde nach Hause kamen, fielen die beiden Hunde zu ihren Füßen in Tiefschlaf. Aber sowie Aglaia auch nur die kleinste Andeutung machte, sich zu erheben, sprangen sie auf und folgten ihr. Nachts schliefen sie zusammengerollt auf einer Decke vor der Tür ihres Boudoirs und begrüßten sie morgens mit Freudengeheul, wenn sie – für ihre Begriffe – viel zu spät erschien, um mit ihnen einen Morgenspaziergang zu machen. Bald waren die drei unzertrennlich.

»Wie ich das so sehe«, sagte Jesko nach einiger Zeit, »sollte ich mir doch einen richtigen Jagdhund zulegen. Eberhard, frag doch mal, ob von dem letzten Wurf der Vorstehhündin auf Schernuppen noch einer zu haben ist.«

»Soweit ich weiß, ja. Der Jäger ist gerade dabei, sie für die Jagd abzurichten.«

»Sehr gut. Nächste Woche will der junge Overbeck endgültig mit uns den Kauf von Schernuppen festmachen, nicht wahr? Bei der Gelegenheit könnte ich mir doch gleich einen Hund aussuchen.«

Mit betretenem Gesicht war Aglaia der Unterhaltung gefolgt. »Aber Papachen, bist du mir böse? Findest du, dass ich deinen Hasso zu sehr verwöhnt habe?«, fragte sie, die Stirn in Falten gelegt.

»Um Gottes willen nein«, beruhigte sie ihr Schwiegervater. »Aber wenn ich ehrlich bin, habt ihr mich mit dem Welpen ein wenig überrumpelt. Alle meine Hassos waren Vorstehhunde. Sie sind für mich die perfekten Jagdhunde. Verwöhn du nur weiter deine beiden Lieblinge. Sie sind dir ja geradezu verfallen.«

»Genau wie ich!«, warf Eberhard lachend ein.

»Aber eine Bitte habe ich, Aglaia«, fuhr Jesko fort. »Den Namen Hasso beanspruche ich für mich. Du musst deinen kleinen Hund sofort umtaufen.«

»Das muss gleich begossen werden«, rief Ferdinand, der der Unterhaltung amüsiert gefolgt und dem jede Gelegenheit recht war, ein Gläschen zu trinken. »Was hältst du von Bello?« Und unter Gelächter wurde der ehemalige Hasso mit ein paar Spritzern Champagner auf den Namen Bello getauft.

Mitten in die heitere Stimmung meldete Willi: »Frau Gräfin von Wallerstein sind soeben eingetroffen.« Die Herren erhoben sich, um den Gast zu begrüßen.

»Ja Ferdi, du bist auf Birkenau? Was für eine Überraschung«, sagte Wilhelmine erfreut. Sie erinnerte sich noch gut daran, wie er ihr seinerzeit den Hof gemacht hatte. Vielleicht konnte man ja wieder daran anknüpfen. Er war ja immer noch ein schöner Mann. Aglaias eben noch strahlendes Gesicht hatte sich verschlossen. Sie begrüßte ihre Mutter mit einer flüchtigen Umarmung. Diese schien nicht zu bemerken, wie kühl ihre Tochter sie empfing. »Aglaia, mein Liebling«, flötete sie, »ich höre, du bist schwanger. Was für eine wundervolle Nachricht!« Sie klopfte Eberhard neckisch mit ihrem Fächer auf den Arm. »Ich hoffe, du bist gut zu meinem lieben Mädchen.« Ohne eine Antwort abzuwarten, ließ sie sich in einen Sessel fallen. »Was für eine Hitze! Geht dieser Sommer denn überhaupt nicht vorbei?« Willi bot ihr ein Glas Champagner an. »Oh, Champagner am Mittag«, plapperte Wilhelmine weiter, »was wird denn gefeiert? Etwa deine Heimkehr nach Birkenau, Ferdi? Ich wusste ja gar nichts davon.«

»Nun, ich bin schon eine ganze Weile hier«, sagte der, und Elvira warf ein: »Hättest du uns schon früher besucht, hättest du es auch früher erfahren.« Sie kochte vor Wut. Es war unübersehbar, dass sich Wilhelmine mehr für Ferdinand als für ihre Tochter interessierte.

»Wo kommst du denn gerade her, Ferdi?«, fragte Wilhelmine

weiter. »Und gedenkst du diesmal länger zu bleiben? Du musst mich unbedingt auf Wallerstein besuchen.« Sie blickte ihn vielsagend an. »Wir könnten alte Erinnerungen austauschen.«

»Ach, Wilhelmine«, sagte Ferdinand leicht spöttisch, »du bist glücklich verheiratet und ich inzwischen ein alter Mann, müde und vergesslich ...« Wilhelmine schien die ironische Zurückweisung nicht zu bemerken.

»Aber Ferdi, du ein alter Mann ... dass ich nicht lache.«

»Was machen denn deine Umzugspläne?«, fragte Elvira, um der peinlichen Unterhaltung eine andere Richtung zu geben. »Willst du immer noch nach Königsberg ziehen?«

»Ja natürlich! Denkst du, mit so was mache ich Scherze?« Wilhelmine war jetzt ärgerlich, weil Elvira dieses Thema zur Sprache brachte.

»Ehrlich gesagt«, warf Jesko nun ein, »haben wir es alle für einen Scherz gehalten. Was willst du denn in Königsberg?«

Und Aglaia, die bisher geschwiegen hatte, sagte: »Ich verstehe das auch nicht, Mama. Wie kommst du bloß auf diese Idee?«

»Ach, Wallerstein wird mir langsam zu einsam«, meinte Wilhelmine leichthin und mit vielsagendem Blick zu Ferdinand. »Vielleicht will ich ja auch noch ein bisschen was vom Leben haben. Horst sehe ich ja schließlich kaum noch.« Sie gab Willi ein Zeichen, ihr Champagner nachzuschenken. »Wie ihr wisst, führt Louise ein großes Haus in Königsberg. Mir wird dort also sicher nicht langweilig werden.«

»Ah, deine schöne Schwester«, rief Ferdinand. »Wie geht es ihr? Ich habe sie jahrelang nicht mehr gesehen.«

»Offensichtlich blendend. Sie ist gerade aus Malta zurück und schon wieder auf dem Sprung nach Zoppot ... ich finde, langsam übertreibt sie ein bisschen.«

»Oh«, rief jetzt Aglaia aufgeregt, »Eberhard und ich machen nächste Woche unsere Hochzeitsreise nach Zoppot.« Sie blickte ihren Mann strahlend an. »Ist das nicht schön, Tante Louise dort zu treffen? Dann kann ich mich endlich für das wunderschöne Collier bedanken, das sie mir zur Hochzeit geschenkt hat.«

»Vielleicht sollte ich euch begleiten?« Wilhelmine sah ihre Tochter fragend an. »Ein bisschen Abwechslung könnte mir guttun.«

»Das wirst du gefälligst sein lassen!«, entfuhr es Elvira. »Die Kinder machen schließlich ihre Hochzeitsreise! Das Letzte, was sie gebrauchen können, ist ein Anstandswauwau!« Einen Moment lang herrschte betretenes Schweigen.

»Es gibt dort ohnehin über Wochen hinaus kein freies Zimmer«, versuchte nun Jesko die Situation zu retten. Er trat seinem Bruder unter dem Tisch kräftig ans Schienenbein. »Ferdinand wollte so gern auch für ein paar Tage hinfahren, aber es war schlicht unmöglich, ein Quartier zu bekommen.«

»Ja, leider ...«, sagte Ferdinand äußerst überzeugend und nahm noch einen kräftigen Schluck Champagner.

»Nun, es war auch nur so eine Idee ...« Wilhelmine erhob sich. »Aglaia, Liebes, willst du mir nicht mal dein Boudoir zeigen? Schließlich bin ich hauptsächlich deinetwegen hier.«

»Es hat ja reichlich lange gedauert, bis du dich dazu aufraffen konntest«, sagte Elvira, was ihr den nächsten wütenden Blick von Wilhelmine eintrug. Als Mutter und Tochter außer Hörweite waren, sagte sie kopfschüttelnd: »Wilhelmine ist ja total meschugge. Langsam spinnt sie wirklich!«

»Sie ist wie ein Pfau, nur leider nicht mehr so schön«, meinte Ferdinand versonnen.

Aglaia war äußerst befremdet, ja regelrecht abgestoßen

vom Benehmen ihrer Mutter. »Ich verstehe Mama nicht mehr, Tante Elvira«, sagte sie nach Wilhelmines Abfahrt. »Sie ist so verändert. Was sollte denn bloß das Getue mit Onkel Ferdinand? Das war ja richtig peinlich. Und als ich sie gefragt habe, warum um Himmels willen sie denn bloß Wallerstein verlassen will, ist sie mir nur ausgewichen. Glaubst du ihr das?«

»Ehrlich gesagt glaube ich kein Wort davon. Das sind alles Ausreden. Es muss etwas Anderes dahinterstecken.« Und bei sich dachte sie: ›Irgendwann werde ich es schon herausfinden.‹

Dann fing Aglaia an zu weinen. »Ich habe sie gefragt, ob wir nicht einmal Tanyas Grab besuchen könnten. Ich hätte mich doch gar nicht von ihr verabschieden können. Aber da ist sie richtig wütend geworden. Sie hat mich angeschrien, ich solle sie nicht mehr an diese Schande erinnern ... Eine Schande hat sie die arme Tanya genannt! Ungeheuerlich ist das, wie kann sie nur so böse sein!« Aglaia war völlig außer sich.

»Beruhige dich, mein Liebling.« Elvira nahm das weinende Mädchen tröstend in den Arm. »Deine Mutter ist verbittert. Daran wirst du nichts ändern können. Aber du trägst Tanya fest in deinem Herzen. Und das kann dir keiner nehmen.«

In der folgenden Woche wurde der Kauf von Schernuppen mit Overbeck zur beiderseitigen Zufriedenheit perfekt gemacht. Wegen einiger Unklarheiten hatten sich die Verhandlungen etwas in die Länge gezogen, und Aglaias und Eberhards Hochzeitsreise musste immer wieder verschoben werden. Aglaia war darüber gar nicht so unglücklich. Ihre morgendliche Übelkeit hatte ihr Wohlbefinden ziemlich beeinflusst. Aber nun ging es ihr wieder gut, Schernuppen war in den Besitz der Kaulitzens übergegangen, und ihrer Reise stand nichts mehr im Wege. Der Gutsinspektor Plenzrat, ein großer kräftiger

Mann in den Vierzigern wurde zusammen mit dem übrigen Gesinde übernommen.

»Es sind alles gute Leute«, hatte Overbeck ihnen versichert. »Sie sehen es an den Unterlagen. In all den Jahren haben sie gute Arbeit geleistet. Ich kann sie Ihnen mit dem besten Gewissen empfehlen.«

Jesko war äußerst zufrieden. »Es ist nicht leicht, gute Leute zu finden, mein Junge«, hatte er zu Eberhard gesagt. »Ich bin froh, dass du mit Basedow und Plenzrat zwei so hervorragende Männer hast. Es macht dir das Leben deutlich leichter. Schließlich willst du ja auch was von Frau und Kind haben und nicht nur arbeiten. Jetzt genieß erst mal deine Hochzeitsreise. Lange genug hast du schließlich darauf warten müssen, und vor allem hast du dir die Ferien auch verdient.«

Als sie an diesem Nachmittag nach Hause kamen, hatten sie nicht nur den unterschriebenen Vertrag, sondern auch Hasso, Jeskos neuen Jagdhund, dabei, einen acht Monate alten braunen Vorstehhund, kurz behaart und mit großen dunklen Augen. Er war für die Jagd ausgebildet und folgte aufs Wort. Ängstlich hielt Aglaia ihre beiden Lieblinge auf dem Arm, als er neugierig an ihr hochsprang. Aber nach kurzem Beschnuppern tollten die drei auf der Wiese herum, als würden sie sich schon ewig kennen.

Für den Abend hatten sich die Eyersfelds angesagt, außerdem erwartete man Graf Dühnkern mit seiner Frau Philine. Elvira überlegte kurz, ob sie Wilhelmine dazubitten sollte, verwarf den Gedanken aber schnell wieder. Ihr Geflirte mit Ferdinand war zu peinlich gewesen. Warum sollte sie sich und den anderen das antun? Wie es oft so geht, war das geplante ›kleine Abendessen‹ auf fast dreißig Personen angewachsen. Das wunderte in Ostpreußen niemanden. Und schließlich hatte auch Wilhelmine kurzfristig ihr Kommen angekündigt.

Ich traf Ursula Eyersfeld in Insterburg, und sie sagte mir, dass sie morgen Abend bei Euch ist. Ich komme mit Freuden dazu!, hatte sie mit großer Selbstverständlichkeit in einer kurzen Note mitgeteilt.

Elvira war leicht verschnupft. Sie hätte Aglaia gern ein weiteres Zusammentreffen mit ihrer Mutter erspart. Aber Jesko hatte nur gelacht. »Da müssen wir jetzt alle durch, auch du, Ferdinand!«

Dieser meinte flehend: »Es wäre mir sehr recht, wenn ich sie nicht zu Tisch führen müsste, Elvira.«

»Keine Sorge, lieber Schwager, das tue ich dir nicht an. Da wir auch nicht von den Hellers verschont sind, werde ich sie zwischen den Kommerzienrat und den Hofrat von Saalfeld platzieren.«

Jesko grinste. »Ich fürchte, das wird dir deine alte Freundin aber schwer übel nehmen.«

»Ich muss ja auf Wallerstein auch die ununterbrochen strickende, langweilige Frau Kommerzienrat ertragen«, meinte Elvira. »Das ist nur die Revanche.«

Die Tafel im großen Speisesaal war festlich gedeckt. Das blank geputzte Silber glänzte um die Wette mit dem feinen Porzellan und den schweren Kristallgläsern. Am Nachmittag hatten Elvira und Aglaia noch zahlreiche Rosen in allen Farben geschnitten und in flachen Silberschalen auf dem langen Tisch verteilt, sowie die von Hand beschriebenen Platzkarten aus weißem Büttenpapier in die kleinen aus Elfenbein geschnitzten Ständer hinter dem jeweiligen Gedeck gesteckt. Die Tischdekoration überließ Elvira nie der Hausdame. Sie liebte es, sich jedes Mal einen neuen Tischschmuck auszudenken, und es war Aglaia ein großes Vergnügen, ihr dabei behilflich zu sein. Als sie sah, wo ihre Mutter platziert war, musste sie lachen. »Du willst wohl Onkel Ferdinand vor Mamas Avancen verschonen. Ich bin mir sicher, dass sie von ihm zu Tisch geführt werden möchte.«

»Tja, das mag ja sein«, lächelte Elvira. »Aber heute geht es nun mal nicht so, wie sich deine Mutter das vielleicht wünscht.« Um sechs Uhr wurden die Gäste erwartet. Elvira inspizierte bereits in ihrem bezaubernden lindgrünen Abendkleid noch einmal mit der Hausdame die Tafel, legte hier ein Messer zurecht, das vom Messerbänkchen gerutscht war, und rückte dort eine Kerze gerade. »Ich glaube, es ist alles in Ordnung, Frau Keller«, sagte sie. »Gehen Sie doch bitte noch einmal durch den Salon, ob dort alles an seinem Platz ist, die Kerzen erneuert wurden und keine der Blumen den Kopf hängen lässt. Ich denke, die Gäste werden gleich kommen, und sagen Sie der Mamsell Bescheid, dass wir um halb sieben essen wollen.« Nach einem kurzen Blick in den Spiegel rief sie: »O Gott, ich glänze ja schon wieder. Ich muss mir noch schnell die Nase pudern. Sagen Sie meinem Mann, ich bin gleich wieder unten.« Es war schier unmöglich, mit einem glänzenden oder von der Sonne gebräunten Gesicht in der Gesellschaft zu erscheinen.

Kurz darauf traf sie in der Halle auf Jesko, Eberhard und Ferdinand. Die Herren trugen dem Anlass entsprechend Frack. Als Aglaia die Treppe herunterschritt, riefen alle vier wie aus einem Mund: »Aglaia, du siehst ja bezaubernd aus.« Ihr schwangeres Bäuchlein war kaum wahrnehmbar unter einem Empirekleid aus fliederfarbener, fließender Seide. Der tiefe, breit gezogene Ausschnitt ging über in große Puffärmel, und ihre in der Mitte gescheitelten dunklen Haare waren seitlich zu dicken Korkenzieherlocken aufgedreht. Als einzigen

Schmuck trug sie passend zur Farbe ihres Kleides in Gold gefasste Amethystohrringe.

»Gib mir noch schnell einen Kuss«, flüsterte Eberhard, »ich höre bereits eine Kutsche.« Und da erschienen auch schon die ersten Gäste. Bald waren alle da außer Wilhelmine. Die Diener servierten Champagner, man verteilte sich in den Salons, und es bildeten sich kleine Grüppchen. Es war ein hübsches Bild, die Damen in großer Toilette, einige wenige bereits in den seit kurzem in Mode gekommenen Krinolinen, den ausladenden Röcken, die durch Drahtgestelle und unzählige Unterröcke gehalten wurden.

Es war bereits kurz vor sieben, als Jesko auf seine goldene Taschenuhr sah. »Wo bleibt bloß Wilhelmine?«, fragte er Elvira, die schon seit einer Weile nervös in Richtung Tür blickte.

»Es ist wirklich ein Kreuz mit ihr!« Elvira rollte empört die Augen. »Sie ist noch nie pünktlich gewesen, aber seit ich sie kenne, lebt sie in dem Wahn, die personifizierte Pünktlichkeit zu sein.« Sie winkte Willi zu sich und trug ihm auf, für sieben Uhr anrichten zu lassen. »Hertha bekommt sonst einen Nervenzusammenbruch, wenn ihr Braten verbrutzelt und das Gemüse verkocht. Du weißt doch, wie sie ist.«

»Du hast recht«, sagte Ferdinand, der Elviras Worte gehört hatte. »Lieber verärgern wir Wilhelmine als unsere geschätzte Mamsell.« In diesem Moment kündigte der Diener Wilhelmines Ankunft an. Mit strahlendem Gesicht und ausgebreiteten Armen rauschte sie auf Elvira zu, besser gesagt, sie rollte. Auch sie trug eine Krinoline, die sie trotz eng geschnürter Taille so breit wie hoch erscheinen ließ. An dem etwas zu tiefen Ausschnitt, der zu viel von ihren vollen Brüsten zeigte, steckte eine riesige Brillantbrosche, und ihre Haare waren zu einem kunstvollen Lockenturm frisiert.

»Entschuldige die kleine Verspätung«, rief sie, bevor Elvira ihrem Ärger Luft machen konnte. »Wir hatten ein kleines Problem mit meinem neuen Kleid. Sag, wie findest du es?«

»Nun …«, Elvira fehlten die Worte, »es ist sehr … hm, sehr hübsch. Ich nehme an, es ist ein Werk von Frau Klühspieß?«

»Ja, fabelhaft, findest du nicht? Du solltest dir auch so etwas machen lassen. Wie ich höre, trägt man in Berlin schon nichts anderes mehr.« Während Wilhelmine Jesko und Ferdinand begrüßte, lästerten Ursula von Eyersfeld und Philine von Dühnkern hinter vorgehaltenen Fächern über ihre gemeinsame Freundin. »Nun sieh dir doch bloß Wilhelmine an«, sagte Ursula. »In diesem Kleid sieht sie aus wie eine zu fest gestopfte Blutwurst.«

»Ja, die Frau Klühspieß hätte das Mieder vielleicht ein wenig weiter und den Ausschnitt ein bisschen höher schneidern sollen. Man hat den Eindruck, sie platzt gleich«, kicherte Philine. »Ihr Gesicht ist schon puterrot. Und sieh bloß, wie sie Ferdinand anhimmelt. Elvira sagte mir, er wird uns zu Tisch führen. Ich fürchte, das wird der guten Wilhelmine gar nicht gefallen.«

»Bestimmt nicht.« Die Flügeltüren zum großen Speisesaal wurden geöffnet. Der Diener schlug den Gong und rief laut: »Es ist angerichtet.«

Ursula deutete auf Kommerzienrat Heller, der sich in Richtung Wilhelmine bewegte und ihr den Arm bot. »Nun sieh bloß Wilhelmines Gesicht! Sie sieht aus, als hätte sie auf eine Zitrone gebissen. Ich fürchte, Elvira hat ihr richtig die Suppe versalzen.« Nachdem alle ihren Platz gefunden hatten, kam die Unterhaltung schnell in Fluss. Nur Wilhelmine war wütend. Wie konnte Elvira nur! Sie musste doch gemerkt haben, wie gern sie neben Ferdinand platziert gewesen wäre. Und

Aglaia hatte sie auch äußerst kühl begrüßt. Was war denn bloß in die beiden gefahren, hatten sich denn alle gegen sie verschworen? Sie nahm sich vor, ihrer Freundin später die Meinung zu sagen. Aber erst einmal riss sie sich zusammen. Höflich machte sie Konversation, mal mit dem Kommerzienrat, mal mit dem Hofrat. Aber immer wieder sah sie zu Ferdinand hinüber, ohne auch nur einmal einen Blick von ihm zu erhaschen. Sehr zu ihrem Missfallen unterhielt er sich blendend mit seinen beiden Tischdamen. Bald hatten sie festgestellt, dass sie alle drei die Liebe zur Musik teilten. »Mein Mann hatte kürzlich in Leipzig zu tun«, erzählte Philine, »und da hatte ich die Gelegenheit, die Uraufführung von Robert Schumanns Oper *Genoveva* zu hören.« Sie verdrehte selig die Augen. »Es war himmlisch. Leider hat Friedrich überhaupt nichts übrig für die Oper.«

»Dieses Los teilst du mit mir«, sagte Ursula. »Mein Fritz fällt bereits bei der Ouvertüre in Tiefschlaf.«

»Erinnern Sie sich noch an den Richard Wagner?«, fragte Ferdinand. »Er war, ich glaube, es war 1836 oder 1837, Musikdirektor in Königsberg.«

»O Gott, nur zu gut!«, rief Philine. »Er hatte bei aller Welt Schulden, auch bei meinen Eltern.«

»Ja, und dann ist er bei Nacht und Nebel verschwunden. Aber seinen Schuldenberg hat er hiergelassen. Ein Skandal war das«, erinnerte sich Ursula.

»Meinen Freunden und mir waren seine Schulden ziemlich egal«, lachte Ferdinand. »Wir fanden es eher bedauerlich, dass er auch das reizende Fräulein Minna Planer mitgenommen hat. Wissen Sie, die kleine Schauspielerin vom Theater. Aber was ich zu seiner Ehrenrettung sagen muss – seine Musik finde ich phänomenal.«

»Also mir liegen Mozart und Beethoven mehr«, meinte Philine, »und auch Liszt liebe ich sehr.«

»Apropos Liszt«, rief Ferdinand »er ist ein enger Freund von Wagner. Bald wird *Lohengrin* in Weimar uraufgeführt. Liszt wird die Leitung übernehmen. Ich plane, dann dorthin zu reisen.«

»Ach, erzählen Sie uns doch nicht, es ist wegen dieser grässlichen Musik.« Ursula schlug ihm mit ihrem Fächer leicht auf die Hand. »Bestimmt ist die reizende Minna der Grund.«

»Nein, wirklich nicht!« Ferdinand hob in gespielter Verzweiflung die Hände. »Ich bin ein ehrlicher Bewunderer seiner Musik.«

Inzwischen wurde der zweite Gang, Rehrücken in Sahne mit Johannisbeergelee serviert, und ihre Unterhaltung verstummte. Nachdem Ursula nur ein paar Bissen davon gegessen hatte – ›Ich will auf gar keinen Fall so fett werden wie Wilhelmine‹, dachte sie bei sich, ›also wehret den Anfängen‹ –, nahm sie das Gespräch wieder auf. »Warum machen wir nicht ab und zu gemeinsam Musik? Philine spielt vorzüglich Violine, ich ganz leidlich Klavier. Wir könnten mehrstimmig spielen …«

»Ja, und unsere Männer schicken wir in den Wald«, fiel Philine ihr ins Wort, »dann stören sie zumindest nicht …« Sie stockte und fuhr mit gespielter Trauer fort: »Aber oft werden wir das Vergnügen nicht haben, liebste Ursula. Der gute Ferdinand befindet sich ja nur auf der Durchreise.«

Missbilligend hörte Wilhelmine das Geplänkel der drei mit an, und ihr Groll auf Elvira wuchs von Minute zu Minute. Ihre beiden Tischherren langweilten sie zu Tode, obwohl der Hofrat sich äußerst um sie bemühte. Was er auch anstellte, nichts schien Wilhelmine zu interessieren, und mehr als ein »Ach, was Sie nicht sagen« oder »So, so, das ist ja sehr interessant«, konnte er ihr nicht entlocken. Nicht einmal das erstklassige Essen konnte sie genießen. Ihr Mieder drückte auf den Magen, sie bekam kaum noch Luft, und der Schweiß stand ihr bereits auf der Stirn. Schon den zweiten Gang, das köstliche Wild, konnte sie kaum aufessen, und die Schleie ließ sie sich gar nicht erst servieren. Als das Dessert, Eisbombe und Mokkacreme, beides ihre Leibspeise, serviert wurde, war ihre Laune auf dem Nullpunkt angekommen. »Ein ganz kleines Häppchen wird doch noch gehen«, versuchte der Hofrat sie zu überreden, aber Wilhelmine winkte nur müde ab. »Ach nein, lieber Herr Hofrat. Mir ist heute nicht so recht wohl.« Sie war erleichtert, als Elvira kurz darauf die Tafel aufhob.

Es war ein warmer Abend, und die hohen Fenster der Salons waren weit geöffnet. Wie üblich strebten die Herren sogleich der Bibliothek zu, um dort ihre Zigarren zu rauchen, über Politik zu reden und die obligatorischen Verdauungsschnäpse zu trinken. Antonia von Saalfeld, die Frau des Hofrats, hatte den ganzen Abend amüsiert seine vergeblichen Bemühungen beobachtet, Wilhelmine zu unterhalten. Auf dem Weg zur Bibliothek hakte sie sich bei ihrem Mann unter. »Na, mein Alterchen, da hast du dir heute an der guten Wilhelmine ja ganz schön die Zähne ausgebissen.«

»Ja, ja, es war schon etwas mühsam mit ihr. Was hat sie denn bloß?« Er strich sich etwas ratlos über seinen Spitzbart.

»Ich stelle ja keine großen Anforderungen an dein Begriffsvermögen, lieber Fridolin«, sagte Antonia kopfschüttelnd, »aber dass Wilhelmine nur Augen für Ferdinand hatte, sah doch ein Blinder mit ’nem Krückstock! Das hättest sogar du merken müssen.«

»So, meinst du? Na ja, dann werd ich mich mal zu den Herren gesellen. Wir sehen uns dann später.«

Wilhelmine war in die Halle hinausgegangen, um sich etwas zu erfrischen. Außerdem hoffte sie, dort Elvira zu treffen, um ihrem Ärger Luft zu machen. Aber es begegnete ihr nur Frau Legationsrat Hartmann, die sie in ein uninteressantes Gespräch verwickelte. »Wir sollten vielleicht im Salon weiterplaudern, liebste Anneliese«, sagte Wilhelmine nach ein paar Minuten, »ich brauche dringend einen Mokka.« Im Salon herrschte lautes Stimmengewirr. Die Diener servierten Mokka und Petit Fours, einige Damen tranken einen Cognac. Mit einem Blick sah Wilhelmine, dass Elvira zusammen mit Aglaia, Ursula von Eyersfeld und Philine von Dühnkern auf der Sitzgruppe neben dem Flügel saß. »Wollen wir uns nicht zu der Kommerzienrätin gesellen, liebste Anneliese?«, schlug sie vor und steuerte, ohne eine Antwort abzuwarten, auf diese zu. Auf keinen Fall wollte sie riskieren, in Gegenwart ihrer Freundinnen in Streit mit Elvira zu geraten. Bei der Wut, die sich in ihr aufgestaut hatte, konnte sie für nichts garantieren. Kommerzienrätin Heller saß in der Nähe des Fensters auf einem Sofa, neben sich eine blasse, etwas unscheinbare Person.

»Meine liebe Gräfin«, rief die Heller entzückt, »was für eine Freude, Sie ein wenig für uns zu haben. Darf ich Ihnen meine Schwiegertochter Anne-Marie vorstellen? Ich glaube, Sie kennen sich noch gar nicht.« Die junge Frau küsste Wilhelmine und Anneliese Hartmann die Hand, und als sie sich gerade wieder setzen wollte, sagte die Heller streng: »Nun lass sich doch die Frau Gräfin neben mich setzen. Wir hatten heute ja noch gar keine Gelegenheit, miteinander zu plaudern. Da …«, sie deutete mit ihrem Fächer auf einen in der Nähe stehenden kleinen Stuhl, »nimm dir den und komm wieder zu uns.« Ein eilfertiger Diener kam ihr zuvor, und mit einem gehauchten »Danke« ließ sich die schüchterne Frau mit niedergeschlagenen Augen auf der Stuhlkante nieder. Es war offensichtlich, dass sie sich herzlich unwohl fühlte. Verstohlen sah sie hinüber zu der ausgelassenen Gruppe um Aglaia und Elvira.

»Von Anneminchen habe ich gerade gehört, dass bei Lackners in Lindicken ein kleines Mädchen angekommen ist«, erzählte die Kommerzienrätin ungewöhnlich lebhaft. »Mein Gatte und ich hoffen, dass uns unser Anneminchen nun nicht länger enttäuscht und uns auch bald mit einem Enkelchen beglückt.« Das arme Anneminchen lief blutrot an.

»Nun, meine liebe Frau Heller«, sagte Anneliese Hartmann, die wegen ihrer Direktheit gefürchtet war, »zum Beglücken gehören ja wohl zwei. Machen Sie Ihrem Sohn lieber ordentlich Beine.«

Die Kommerzienrätin schnappte empört nach Luft.

»Nun echauffieren Sie sich man nicht, meine Gute.« Ungerührt nahm Anneliese Hartmann einen kräftigen Schluck aus ihrer Mokkatasse, die sie mit Cognac hatte auffüllen lassen. »Sie wollen doch nicht allen Ernstes Ihrer Schwiegertochter allein die Schuld geben, dass der Nachwuchs auf sich warten lässt.« Ludwig Heller, ein dicklicher, blasser junger Mann von Ende zwanzig mit einem fliehenden Kinn und einer bereits beginnenden Glatze, sah ihr nicht gerade nach einem feurigen Liebhaber aus. Elvira, der nicht entgangen war, wie unwohl sich die junge Frau unter den Damen fühlte, war dazugekommen und sagte: »Anne-Marie, ich würde gern mit Ihnen den Platz tauschen. Wollen Sie sich nicht zu Aglaia setzen? Sicher haben Sie sich einiges zu erzählen.« Erleichtert sprang diese auf und rief: »Sehr gern, Gräfin Kaulitz.«

»Nun, Wilhelmine«, sagte Elvira. »mir ist aufgefallen, dass du kaum etwas gegessen hast. Hat es dir nicht geschmeckt?«

»Schließlich war ich gerade angekommen und noch ganz erhitzt von der Fahrt, da musste ich schon zu Tisch gehen!«

»Nun, liebste Freundin, hast du vergessen: ›Pünktlichkeit ist die Höflichkeit der Könige!‹ Du warst eine Dreiviertelstunde zu spät!«

»Ach Gottchen!« Empört fächerte Wilhelmine sich Luft zu. »Wie bist du bloß spießig geworden!«

»Also Wilhelmine«, mischte sich jetzt Anneliese Hartmann ein, »seit wann ist Pünktlichkeit etwas Spießiges? Ich für meine Person kann Unpünktlichkeit auf den Tod nicht ausstehen.« Wilhelmine wollte gerade Luft holen, um eine wütende Antwort zu geben, da betraten die ersten Herren den Salon und mischten sich unter die Damen. Elvira atmete erleichtert auf. Die Gefahr eines lauten und womöglich peinlichen Streits war gebannt. Wilhelmine, ihre ehemals beste Freundin, entwickelte sich langsam zu einer Pest. Aber wenn ihre Umzugspläne nach Königsberg wirklich ernst gemeint waren, würde sich das Problem zum Glück von allein lösen.

Die Diener servierten bereits wieder eiskalten Champagner, als Jesko an sein Glas klopfte. »Liebe Freunde«, begann er, »zum Ausklang dieses angenehmen Abends möchte ich Eberhard und Aglaia bitten, uns noch etwas vorzutragen. Sie reisen morgen in ihre Flitterwochen, und ich werde für einige Zeit nicht in den Genuss ihres musikalischen Könnens kommen.«

Die Diener brachten noch einige Stühle, damit jeder einen Platz fand, und dann stimmte Eberhard auf dem Klavier Franz Schuberts *Heideröschen* an, und die klare helle Stimme Aglaias erfüllte den Raum. Als Zugabe gab es noch die *Forelle*, und dann löste sich die Gesellschaft auf.

Zwischen Wallerstein und Birkenau herrschte eisige Stille. Weder Wilhelmine ließ etwas von sich hören, noch verspürte Elvira Lust, ihre Freundin zu besuchen. Aus Zoppot kamen begeisterte Briefe.

Es ist traumhaft hier, Tante Louise schleppt uns von einer Gesellschaft zur nächsten. Eberhard musste mir sogar noch einige neue Kleider kaufen. Hier sind ja alle so elegant. Und ein andermal schrieb Aglaia: *Gestern haben wir auf der Promenade Gustav und Mathias Goelder mit ihrer Schwester Charlotta getroffen. Stellt Euch vor, Charlotta ist mit einem russischen Fürsten verlobt. Sie wird dann in Petersburg leben. Ist das nicht aufregend? Ich finde Charlotta wunderschön und sehr extravagant. Eberhard meint, sie sei auch ein bisschen verrückt.*

Und als PS in Eberhards Handschrift stand:

Genauso verrückt ist Mathias. Er beglückt hier reihenweise die allein reisenden Damen jeden Alters.

Seit Eberhards und Aglaias Abreise waren Ursula von Eyersfeld und Philine von Dühnkern bereits mehrmals nach Birkenau gekommen, um mit Ferdinand zu musizieren. Nicht nur Jesko und Elvira waren ihre beglückten Zuhörer. Dank der stets offenen Fenster schallte die Musik bis in die Haushaltsräume. Kaum erklangen die ersten Töne, band Hertha die Schürze ab, und Willi knöpfte seine Weste auf, und die beiden setzten sich auf die Bank vor der Küche und lauschten andächtig der Musik. »Ach Gjottchen, Willi, is dat schön«, seufzte die alte Mamsell ein ums andere Mal. Wenn Ferdinands warmer Bariton erklang, traten ihr die Tränen der Rührung in die Augen. »Nu hör bloß mal, Willi, wie schön das Jungchen singen tut. Erbarmerche, in der Oper könnt er singen tun.« Dann nahmen sie ein Schlubberchen Weißen und tranken darauf, dass Ferdinand diesmal doch ein bisschen länger daheimbleiben möge.

Sowie dann Stille eintrat, knöpfte Willi wieder seine Weste zu, sagte, »Na, dann will ich man wieder«, und eilte davon, um die Wünsche seiner Herrschaft entgegenzunehmen.

Heute hatte Elvira den Eindruck gehabt, als hätte Ferdinands Stimme inbrünstiger geklungen als sonst. Als sie bei Kaffee und Kuchen auf der Terrasse saßen, sagte sie: »Vorhin kam ein Brief von Aglaia aus Zoppot. Stellt euch vor, sie hat dort die Goelder-Brüder mit ihrer Schwester Charlotta getroffen. Sie muss sich zu einer Schönheit herausgemacht haben und ist verlobt mit einem russischen Fürsten.«

»Ich habe gehört, ihr Verlobter soll wesentlich älter und steinreich sein«, meinte Ursula.

»Ja«, stimmte Philine zu, »das habe ich auch gehört. Übrigens sah ich Charlotta kürzlich mit ihrer Entourage in Königsberg. Sie ist wirklich außergewöhnlich schön.«

»Und ihr Bruder Mathias ein außergewöhnlicher Hecht.« Jesko schlug sich vor Lachen auf die Schenkel. »Eberhard schreibt, er beglückt alle allein reisenden Damen.« Nur Elvira bemerkte, dass Ursulas Gesicht eine Spur blasser wurde. In dem Moment schlug die nahe Kirchturmuhr sechs.

»Ich muss gehen«, rief Ursula, »Fritz wird ungemütlich, wenn er allein zu Abend essen muss. Philine, kommst du mit?«

»Ich möchte euch bitten, noch einen Augenblick zu bleiben«, sagte Ferdinand, »ich habe euch noch etwas zu sagen.« Alle sahen ihn überrascht an. »Wie ich kürzlich erwähnt habe, plane ich demnächst, Wagners Lohengrinaufführung in Weimar zu besuchen. Aber da ich vorher noch in Berlin zu tun habe, werde ich wohl in den nächsten Tagen abreisen.« Für einen Moment herrschte ein betretenes Schweigen.

Philine fasste sich als Erste. »Siehst du, Ursula«, sagte sie mit gespielter Verzweiflung, »ich wusste doch, lange werden wir das Vergnügen von Ferdinands Gesellschaft nicht haben. Der Herr ist hier doch immer nur auf der Durchreise.«

Jesko dagegen war in keiner Weise überrascht. Erst vor ein paar Tagen hatte er zu Elvira gesagt: »Was ist nur mit Ferdi los? So lange hat es ihn schon ewig nicht mehr auf Birkenau gehalten.« Doch jetzt rief er: »Ach du verdammter Luntrus, wie konnte ich mich nur der Illusion hingeben, dich für immer hierzuhaben.« Er sah seinen Bruder wehmütig an. »Hoffentlich werden die Abstände zwischen deinen Besuchen in der Heimat jetzt ein wenig kürzer.«

»Ich denke, dass ich euch das versprechen kann«, lachte der. »Vielleicht bin ich ja zur Saujagd schon wieder da.«

Jeskos und Elviras Reise nach London war bereits mehrmals verschoben worden. Erst war die Hochzeit dazwischengekommen und dann der überraschende Besuch Ferdinands. Nun entschlossen sie sich, nach der Geburt des Enkelkindes, es wurde im Februar erwartet, in südlichere Gefilde zu reisen. Elvira nahm ihren Englischunterricht wieder auf. »Egal wo es uns hintreibt«, hatte sie zu Jesko gesagt, »wenn ich neben Französisch noch Englisch spreche, kann das ja wohl nicht schaden.«

»Mach du nur, mein Marjellchen«, meinte er gutmütig, »schaden kann es sicher nicht.«

Studienrat Meiser war krankheitshalber aus dem Schuldienst ausgeschieden und hatte Elvira seinen Nachfolger empfohlen.

»Er ist reichlich jung«, hatte er mit hochgezogenen Augenbrauen gesagt. »So richtig passt er ja eigentlich nicht in das

Lehrerkollegium. Zwischen den alten Zauseln sieht er eher aus wie ein Primaner. Aber wie ich hörte, war er der Einzige, der sich für die ausgeschriebene Stelle beworben hat.« Er hatte abwehrend die Hände gehoben. »Sie können ihn ja mal ausprobieren. Aber geben Sie mir keine Schuld, wenn er Ihren Ansprüchen nicht genügt.« Er fühlte sich noch bemüßigt, hinzuzufügen: »Er scheint ziemlich mittellos zu sein, der junge Mann. Jedenfalls lebt er allein in einem kleinen möblierten Zimmer bei der Witwe Biederfein. Also wie gesagt, ich wasche meine Hände in Unschuld!«

Zwei Mal die Woche erschien nun nachmittags ein junger Mann namens Clemens von Mühlau, Englischlehrer am Gymnasium in Insterburg. Er war sehr groß, sein Gesicht glatt rasiert, und man hätte ihn einen schönen Mann nennen können, wenn er nicht so blass und ausgemergelt ausgesehen hätte. Seiner Kleidung sah man an, dass sie von feinster Qualität war, aber die Hemden wirkten ziemlich abgetragen und der Gehrock glänzte bereits an einigen Stellen vom vielen Ausbürsten. Er hatte schöne, gepflegte Hände und ein fabelhaftes Benehmen. Elvira bemerkte sofort, dass er kein gewöhnlicher Lehrer war, aber ihre gute Erziehung verbot ihr, ihn gleich nach seiner Herkunft zu fragen. »Der Junge bekommt nicht genug zu essen«, sagte sie am Abend nach einer Stunde mit ihm zu Jesko. »Ich habe ihm Kaffe und Kuchen servieren lassen, und du hättest sehen sollen, mit was für einem Appetit er gegessen hat. Was hältst du davon, ihn bei Gelegenheit einmal zu bitten, zum Abendbrot zu bleiben?«

»Findest du das nicht ein wenig übereilt? Du bist ja regelrecht begeistert von dem jungen Mann.«

Elvira musste lachen. »Du wirst doch wohl nicht eifersüchtig sein, Liebster? Ich weiß nicht wieso, aber dieser Junge hat in mir so etwas wie einen Beschützerinstinkt geweckt. Das ist aber auch schon alles. Komm doch einfach einmal zu einer Unterrichtsstunde mit und mach dir selbst ein Bild von ihm.«

»Na ja, wenn du meinst …« Jesko war tatsächlich etwas verstimmt.

Nach und nach erfuhr Elvira von dem traurigen Schicksal des jungen Mannes. Nach dem frühen Tod seiner Mutter war sein Vater, ein begüterter Landadliger aus Pommern, aus Verzweiflung dem Alkohol verfallen. »Ich war zwei Jahre lang zum Studium in England«, erzählte er eines Nachmittags, »wir haben dort Verwandte, und als ich nach Hause zurückkam, starb kurz darauf mein Vater. Unser Gut war überschuldet, es musste versteigert werden, und der Erlös deckte nicht einmal die Schulden.« Bei diesen Worten sah er todtraurig aus, und seine Augen wurden feucht. »Ich war plötzlich ganz allein, mit gerade einundzwanzig, ohne Geld und ohne Perspektive. Na ja, und dann hörte ich von der freien Stelle am Insterburger Gymnasium. Sie ist nicht gerade besonders gut bezahlt, aber Sie können sich gar nicht vorstellen, wie froh ich war, diese Stelle zu bekommen.«

»Und Ihr Verwandter in England, konnte er Ihnen nicht helfen?«, fragte Elvira.

Er sah sie entsetzt an. »Um Himmels willen! Ich war viel zu stolz, ihn um Hilfe zu bitten. Außerdem wollte ich das Ansehen meines geliebten Vaters nicht zerstören.« Er verstummte. »Bitte verzeihen Sie mir, dass ich so viel rede. Es ist einfach mit mir durchgegangen. Sie sind so gütig zu mir!«

Tatsächlich sah er, seitdem er regelmäßig während des Unterrichts etwas zu essen bekam, schon ein wenig gesünder aus. Die Wangen waren nicht mehr so eingefallen und seine Haut nicht mehr ganz so fahl.

»Aber ich bitte Sie, Clemens – ich darf Sie doch Clemens nennen?«, fragte Elvira. Sie hatte unendliches Mitleid mit dem Jungen. »Heute Morgen kommen mein Stiefsohn und seine Frau aus Zoppot zurück. Deshalb muss unsere Stunde ausfallen. Vielleicht können wir übermorgen weitermachen. Und wenn es Ihre Zeit erlaubt, würde ich mich freuen, wenn Sie danach mit uns zu Abend essen könnten.«

»Mit dem größten Vergnügen, Gräfin«, sagte er strahlend und verabschiedete sich wie immer mit einem vollendeten Handkuss.

Eberhard und Aglaia waren erschöpft, aber glücklich und voller neuer Eindrücke zuhause angekommen. Paulchen und Bello konnten sich gar nicht beruhigen, dass ihr Frauchen endlich wieder da war, und auch Hasso, der mittlerweile Jesko auf Schritt und Tritt begleitete, wedelte freudig mit dem Schwanz.

»Es war einfach traumhaft«, erzählte Aglaia, als sich alle auf der Terrasse versammelt hatten und Willi zur Feier des Tages eisgekühlten Champagner servierte. »Ihr glaubt ja gar nicht, wen wir alles getroffen haben. Jeden Abend waren wir aus …«

»Ja, und im Casino hätten wir fast Haus und Hof verspielt! Aber was gibt es hier denn Neues?« Eberhard war neugierig.

»Minchen Basedow ist letzte Woche von einem Jungen entbunden worden«, berichtete Jesko. »Basedow ist überglücklich.«

»Und bei den Lackners in Lindicken ist ein kleines Mädchen angekommen«, sagte Elvira.

»Wo ist eigentlich Onkel Ferdinand?«, fragte Aglaia plötzlich, »er wird doch nicht schon wieder abgereist sein?«

»Doch«, bestätigte Jesko, »er ist bereits seit mehr als einer Woche weg. Aber dafür haben wir einen anderen Neuzugang.« Jesko grinste. »Meine Elvira ist ganz vernarrt in ihren neuen Englischlehrer.«

»Also Jesko …« Elvira schlug ihm mit verschämtem Lächeln mit ihrem Fächer auf den Arm. »Jetzt übertreibst du aber wirklich. Clemens von Mühlau ist ein reizender junger Mann mit fabelhaften Manieren, und er tut mir einfach leid.«

»Was, du hast einen neuen Englischlehrer«, rief Aglaia interessiert, und Eberhard lachte. »Und offensichtlich ist er attraktiv, wenn du so von ihm angetan bist. Ich wusste gar nicht, dass es so etwas gibt, gut aussehende junge Lehrer. Auf den bin ich mal gespannt. Meine Lehrer erschienen mir immer so alt wie Methusalem.«

»Ihr werdet gar nicht lange auf die Folter gespannt. Morgen Nachmittag habe ich wieder Unterricht, und danach wird der junge Mann mit uns zu Abend essen. Dann könnt ihr selbst herausfinden, ob ich mit meinem Urteil so falschliege.«

»Soso, du hast ihn also eingeladen«, murrte Jesko. »Ich hoffe, dass der junge Mann außer Englisch auch noch Schach oder wenigstens Whist beherrscht.«

Eberhard und Aglaia staunten nicht schlecht, als ihnen Clemens von Mühlau vorgestellt wurde. Sein Hemd mit dem hohen Kragen war blütenweiß und die Krawatte farblich auf die Weste abgestimmt. Der schwarze Rock, wohl sein bestes Stück, saß perfekt und zeigte keine Spur von Abnutzung. Seine lockigen dunklen Haare waren mit Pomade nach hinten gekämmt, und seine blauen Augen strahlten, als er Aglaia mit einem Handkuss begrüßte. »Ich freue mich außerordentlich, heute Gast in Ihrem Haus zu sein«, sagte er und zu Eberhard: »Sie sind zu beneiden, Graf Kaulitz. Sie haben nicht nur eine hinreißende Stiefmutter, sondern auch eine wunderschöne Frau.«

»Danke für das Kompliment«, lachte Eberhard, dem der

junge Lehrer sofort sympathisch war. »Das habe ich auch schon festgestellt.«

Und Jesko meinte: »Na, dann wollen wir uns mal beschnuppern, junger Mann. Meine Frau ist ja ganz begeistert von Ihnen.«

Der Abend war äußerst kurzweilig und interessant. Eberhard und Aglaia erzählten begeistert von Zoppot und Clemens von Mühlau von seinem Englandaufenthalt. »Die Landschaft dort ist wunderschön, aber ganz anders als Ostpreußen. Man kann die beiden Länder gar nicht vergleichen. Jedes für sich ist einmalig.« Er musste lachen. »Und was ich so besonders liebe, ist der englische Humor. Er ist äußerst skurril … man kann das gar nicht anders beschreiben. Ich hatte dort wirklich eine wunderschöne Zeit.« Sein eben noch strahlendes Gesicht umwölkte sich. »Es war so unbeschwert …«

»Wie lange waren Sie denn dort?«, fragte jetzt Aglaia.

»Zwei Jahre. Ich habe in Oxford studiert und hatte das Privileg, meine Ferien und auch die Wochenenden auf dem Schloss meines Onkels, Lord Ashleighton, zu verbringen. Er ist der Bruder meiner Mutter.«

»Soso, dann sind Sie doch sicher ein guter Reiter?«, fragte Jesko interessiert.

»Ich bin ein begeisterter Reiter«, antwortete Clemens. »Aber leider habe ich momentan keine Gelegenheit dazu.«

»Warum besuchen Sie uns nicht einmal am Wochenende«, lud ihn Eberhard ein, »wir haben genügend Pferde.«

»Mit dem allergrößten Vergnügen …«, stammelte der junge Mann verlegen. »Sie sind wirklich zu gütig. Ich hoffe, es ist Ihnen recht, Graf Kaulitz?«

»Aber natürlich«, nahm ihm Elvira das Wort aus dem Mund. »Mein Mann hofft schon insgeheim, in Ihnen einen Schachpartner zu finden oder wenigstens einen vierten Mann zum Whist. Ich bin nämlich nicht gerade eine begeisterte Kartenspielerin, und mein Schach ist lausig.«

Nach dem Abendessen verabschiedete sich Clemens. »Es ist schon spät, und ich muss für morgen noch einige Hefte durchsehen.«

»Schade«, meinte Jesko, »ich hätte Sie gern noch zu einer Partie Whist eingeladen. Aber besuchen Sie uns doch am nächsten Wochenende, dann können wir das nachholen.«

»Mit dem größten Vergnügen, und noch einmal herzlichen Dank für den wunderschönen Abend.«

Bald war Clemens von Mühlau aus Birkenau nicht mehr wegzudenken. Neben den Unterrichtstunden mit Elvira, an denen nun auch Aglaia teilnahm, verbrachte er fast jedes Wochenende im Kreis der Familie und deren Freunde. Er erwies sich als charmanter Gesellschafter, spielte exzellent Schach und Whist und ritt wie der Teufel. Eberhard schätzte seinen Pferdeverstand und fragte ihn oft um Rat in züchterischen Dingen. Eines Tages waren sie zusammen nach Linderwies geritten. »Ich muss dir unbedingt einen Wallach zeigen«, hatte Eberhard erklärt. »Ich bin mir nicht ganz sicher, ob ich ihn verkaufen oder für die Zucht behalten soll. Man hat uns eine ungeheure Summe für ihn geboten.«

»Donnerwetter«, sagte Clemens, als sie an der Koppel standen. »Das ist ja wirklich ein Prachtexemplar, gute Knochen und doch viel Adel. Einen schönen Hals hat er und fabelhafte Bewegungen. Ich würde dir raten, ihn für die Zucht herzunehmen.«

»Danke, mein Lieber.« Eberhard klopfte ihm freundschaftlich auf die Schulter. »Ich werde ihn behalten. Übrigens, Clemens, mir geht schon eine ganze Weile etwas durch den Kopf.

Willst du nicht deine Stelle an der Schule aufgeben und nach Birkenau kommen? Ich bin mit der Leitung von Linderwies und Schernuppen reichlich beschäftigt. Du könntest mir bei der Pferdezucht eine große Hilfe sein, und auch fehlt mir oft die Zeit, die Abrechnungen zu überprüfen. Selbstverständlich bekämst du ein angemessenes Salär.«

»Ich danke dir von ganzem Herzen, Eberhard«, sagte Clemens, nachdem er eine Weile geschwiegen hatte. »Aber sei mir bitte nicht böse, wenn ich dein großzügiges Angebot ablehne.« Wieder schwieg er einen Moment. »Ich bin dir und deiner Familie unendlich dankbar, für alles. Ihr habt mein Leben wieder lebenswert gemacht und mir ein neues Zuhause gegeben. Und bitte verzeih, wenn ich dir das so offen sage, ich fühle mich dir so nah wie einem Bruder. Aber erstens verstehe ich nichts von der Verwaltung, ich wäre also bei finanziellen Dingen keine große Hilfe, und außerdem – verzeih noch einmal – möchte ich meine Unabhängigkeit nicht verlieren.«

»Schade. Ich bin natürlich ein wenig enttäuscht, aber böse kann ich dir gar nicht sein, und selbstverständlich akzeptiere ich deine Entscheidung. Komm, lass uns nach Hause reiten, man erwartet uns sicher schon.«

Clemens hatte sich in den letzten Wochen sehr zu seinem Vorteil verändert. Sein schönes männliches Gesicht hatte durch die langen Ausritte in der Herbstsonne seine krankhafte Blässe verloren und war dank der guten Küche Herthas etwas voller geworden. Aglaia fühlte sich auf eine seltsame Weise zu ihm hingezogen. Seine Traurigkeit, die er auch in den fröhlichsten Runden nicht verlor, erinnerte sie an Tanya. Manchmal begleitete er sie auf ihren Spaziergängen mit Paulchen und Bello, bei denen sie ihr Verlangen nach frischer Luft stillte, da ihr das geliebte Ausreiten strengstens untersagt war.

»Hast du keine Geschwister, Clemens?«, fragte sie ihn einmal, als sie sich auf einer Bank am See ausruhten.

»Ich hatte eine kleine Schwester … Clara. Sie war drei Jahre jünger als ich. Sie starb an ihrem neunten Geburtstag an Schwindsucht. Das ist jetzt elf Jahre her.« Tiefe Trauer sprach aus seinen Worten. »Sie war schon vor ihrem Tod ein kleiner Engel, ich habe sie sehr geliebt. Es vergeht kein Tag, an dem ich nicht an sie denke.«

Aglaia fasste seine Hand. »Ich hatte auch eine Schwester«, sagte sie leise. »Sie hieß Tanya. Ich spreche jeden Abend mit ihr.« Und dann erzählte sie ihm alles, von ihrer gemeinsamen Kindheit, den Sternen, die sie sich als kleine Mädchen ausgesucht hatten, um sich, wenn sie einmal getrennt wären, immer nahe zu sein. »Außer mit Eberhard und Tante Elvira habe ich noch nie mit jemandem darüber gesprochen. Ich glaube, Eberhard findet meine Gespräche mit den Sternen ein wenig töricht. Aber es gibt mir Kraft.«

»Ich finde das absolut nicht töricht, im Gegenteil! Ich wünschte, ich hätte mit Clara auch so eine Gemeinsamkeit. Aber … ich wollte nicht wahrhaben, dass sie stirbt. Bis zum letzten Augenblick habe ich gehofft, sie wird wieder gesund. Es war ja so kurz, nachdem uns unsere Mutter verlassen hatte. Sie starb ein Jahr vor Clara.«

»Oh wie schrecklich«, sagte Aglaia mitleidig. »Was hast du nur schon alles durchmachen müssen.« In ihren Augen standen Tränen. Clemens unterdrückte das Verlangen, sie in den Arm zu nehmen. Seit er sie zum ersten Mal gesehen hatte, war er in sie verliebt. Und seine Liebe wuchs von Tag zu Tag. Er begehrte sie mit allen Fasern seines Herzens, wollte sie in seinen Armen halten und küssen. Aber er wusste, dass das niemals sein konnte.

Aglaia ahnte nichts von seinen Gefühlen. Wie sollte sie auch. Niemals überschritt Clemens die Grenzen der Höflichkeit, hielt seine brennende Leidenschaft in seinem Innersten verborgen. Er hatte sich damit abgefunden, ihr ein guter Freund zu sein.

»Was meinst du, Elvira«, fragte Jesko eines sonntagabends, nachdem Clemens gegangen war und sie noch zu viert zusammensaßen. »Sollten wir nicht versuchen, den Jungen standesgemäß zu verheiraten? Also diese Stelle da am Gymnasium … ich weiß ja nicht, das ist doch wirklich unter seinem Stand. Es ist ja sehr ehrenhaft, dass er sein eigenes Geld verdienen und unabhängig sein will.« Eberhard hatte seinem Vater natürlich von seinem Angebot an Clemens erzählt, und dessen Ablehnung war bei Jesko auf völliges Unverständnis gestoßen.

»Also Vater!« Eberhard lachte laut auf. »Du glaubst doch nicht im Ernst, dass Clemens sich von irgendjemandem verheiraten lässt. Er hat seinen ganz eigenen Kopf, glaub mir.«

»Nun«, meinte Elvira, »das wäre doch nicht das Schlechteste. Die kleine Herzberg himmelt ihn jedes Mal regelrecht an, wenn sie mit ihren Eltern hier ist.«

»Ja, sie ist hübsch, im richtigen Alter, und außerdem bekommt sie eine ansehnliche Mitgift. Sie wäre eine fabelhafte Partie.«

»Ich kenne da noch einige junge wohlhabende Damen, die ihn mit Kusshand nehmen würden«, fügte Eberhard schmunzelnd hinzu. »Und ihr werdet es nicht glauben, ich habe Clemens bereits direkt darauf angesprochen. Ihr wisst ja, wir verstehen uns wirklich sehr gut.«

»Ja und, was hat er gesagt?«, fragte nun Aglaia.

»Er hat gelacht und nur gesagt ›Ich bin nicht interessiert‹.

Außerdem hat er gemeint, einige der jungen Damen seien ja überaus reizend, aber er fühle sich zu keiner besonders hingezogen und ihr Geld interessiere ihn nicht.«

»Ach paperlapapp!« Jesko schüttelte unwirsch den Kopf. »Geld macht einen ja nicht automatisch unglücklich, und nicht jede Ehe wird im Himmel geschlossen.«

»Na, das sagst ausgerechnet du!«, tadelte Elvira ihn liebevoll. »Hättest du denn vielleicht irgendeine Person geheiratet, nur um gut versorgt zu sein?«

Kurz bevor die Jagdsaison begann, bezog Wilhelmine ihre Villa in Königsberg ganz in der Nähe des Schlossteiches. Das Haus war üppigst ausgestattet, an nichts war gespart worden. Horst hatte ohne Murren die horrenden Rechnungen bezahlt und ihr zwei Stubenmädchen, einen Diener und einen Kutscher bewilligt. Auch die monatliche Apanage war überaus großzügig, so dass Wilhelmine nicht klagen konnte. Aber in ihrem Innersten war sie zutiefst verbittert.

Sie hatte an Aglaia geschrieben und ihr ihre Königsberger Adresse mitgeteilt.

Mein geliebtes Kind,

ich hatte in den letzten Wochen schrecklich viel zu tun, sodass ich keine Zeit hatte, nach Birkenau zu kommen. Aber nun habe ich große Sehnsucht nach Dir, und hoffe inständig, dass Du mich bald in meinem neuen Heim besuchen kommst. Passt es Dir am nächsten Mittwoch zum Tee? Ich erwarte auch Louise, die gerade wieder von einer ihrer unsinnigen Reisen zurück ist. Es würde mich sehr freuen, wenn Elvira mitkommen könnte.

Deine Dich liebende Mutter

Aglaia las Elvira den Brief vor. »Ich habe kein großes Verlangen, Mama zu sehen. Was meinst du, sollen wir fahren?«

»Sie ist deine Mutter, Kindchen. Glaub mir, sie liebt dich. Du solltest sie nicht vor den Kopf stoßen. Außerdem hätte ich große Lust, mal wieder Stadtluft zu schnuppern. Wir könnten ein paar Einkäufe machen, im Hotel Kaiserhof zu Mittag essen und vor unserer Rückfahrt bei deiner Mutter den Tee nehmen.«

»Na gut, Tante Elvira«, sagte Aglaia, angesteckt von deren guter Laune. »Wie immer hast du recht. Außerdem freue ich mich, Tante Louise zu sehen.«

Wilhelmine empfing sie mit überschwänglicher Freude, die nicht gespielt war. Man spürte, dass sie glücklich war, ihre Tochter endlich einmal wieder in die Arme zu nehmen. »Wie schön du bist, mein Herz! Und wie gut dir offensichtlich die Schwangerschaft bekommt!« Zu Elvira sagte sie: »Es ist mir eine große Freude, auch dich wiederzusehen. Ich habe euch beide wirklich sehr vermisst. Immer wenn ihr in Königsberg seid, müsst ihr mich besuchen. Versprecht ihr mir das?«

»Aber natürlich, Wilhelmine«, sagte Elvira, ehrlich überrascht von Wilhelmines unerwarteter Herzlichkeit. »Wir hatten heute einen aufregenden Stadttag und werden das sicher öfter wiederholen, nicht wahr, Aglaia?«

»Ja, sicher … natürlich, gern«, sagte Aglaia etwas unsicher, die ihre Mutter lange so nicht mehr erlebt hatte. Sollte sie sich etwa geändert haben?

»Na, dann will ich euch mal mein bescheidenes neues Heim zeigen«, sagte Wilhelmine, wurde aber vom Diener unterbrochen, der Louise meldete.

»Was höre ich da von einem bescheidenen Heim?«, rief sie. »Von außen sieht es eher nobel aus, und was ich hier so sehe – na, hat sich Horst ja wohl nicht lumpen lassen.« Ohne darauf einzugehen, führte Wilhelmine ihre Gäste durch die mit Marmor ausgelegte Halle in den riesigen Salon, dessen Boden mit kostbaren Teppichen bedeckt war. Die hohen Fenster, durch die man einen gepflegten Garten sah, waren umrahmt von schweren roten Seidenportieren. Mehrere kleine Sitzgruppen, bezogen mit kunstvoller Petit-Point-Stickerei, boten mindestens vierzig Personen Platz. An den Wänden hingen kostbare Gemälde und Gobelins, und auf unzähligen kleinen Beistelltischen standen Nippes und Silberschalen. Überall Vasen mit frischen Blumen und Palmen in chinesischen Übertöpfen. An den Salon schloss sich ein Speisezimmer an. Die Wände waren bedeckt von geschnitzten Holzpaneelen, in denen goldgeflammte Wandarme für unzählige Kerzen befestigt waren. Über dem langen Esstisch schwebte ein riesiger Kronleuchter mit mehr als zwei Dutzend Kerzen. Die drei gingen staunend hinter Wilhelmine her, die zu fast jedem Möbel und Bild etwas zu sagen hatte. Als Erste erholte sich Louise von ihrer Überraschung. »Sag mal, Wilhelmine«, entfuhr es ihr plötzlich, »ein wenig bescheidener ging es nicht? Ich bitte dich! In diesem Salon kann man sich ja verlaufen! Bekommst du nicht Beklemmungen, wenn du hier allein herumgeisterst? Und deine Mahlzeiten – thronst du da allein in diesem Saal?« Sie schüttelte verständnislos den Kopf. »Ich würde keinen Bissen runterkriegen.« Sie sah ihre Schwester spöttisch an. »Na ja, es könnte beileibe nicht schaden, wenn dir mal der Appetit verginge. Ich fürchte, du hast schon wieder zugenommen.«

Wilhelmine kochte vor Wut. Warum hatte sie bloß Louise hergebeten? Sie wusste doch, wie unverschämt sie immer war. Und das in Gegenwart von Aglaia und Elvira. »Ich habe vor, ein großes Haus zu führen«, sagte sie mühsam beherrscht. »Und ich hoffe auch, dich öfter bei mir zu sehen.«

»Gern, wenn du mich mit dieser langweiligen Kommerzienrätin Heller verschonst und deiner Schneiderin … wie heißt sie noch mal, ach ja, Klühspieß. Dann komme ich gern. Die sollen ja hier ständig ein und ausgehen.« Wilhelmines Hals schwoll an, und ihr Gesicht färbte sich. Louise nahm keine Notiz davon. Sie tätschelte Aglaias Hand. »Dich endlich einmal wiederzusehen ist mir wirklich eine große Freude«, sagte sie, »und auch dich, Elvira.«

»Wir haben uns auf euch beide gefreut«, erwiderte Elvira diplomatisch. »Weder dich noch Wilhelmine haben wir in der letzten Zeit zu Gesicht bekommen. Und Wilhelmine, ich finde dein Haus wirklich außergewöhnlich elegant.« Wilhelmine warf ihr einen dankbaren Blick zu. Der Diener servierte jetzt Tee, Kuchen und warme Waffeln, und die gespannte Stimmung begann sich zu verflüchtigen.

»Und was sagst du, Aglaia?«, fragte Wilhelmine ihre Tochter.

»Es ist sehr schön, Mama. Wie findet es denn Papa?«

»Er hat sich noch nicht die Mühe gemacht, es anzusehen. Soweit ich weiß, ist er noch in Berlin. Er wird wohl nächste Woche zur Jagd auf Wallerstein erwartet.«

»Oh, dann wirst du ja sicher auch dort sein«, fragte Aglaia lächelnd. »Ich komme euch gleich besuchen. Ich habe Papachen seit Monaten nicht gesehen.«

»Es tut mir leid, mein Kind, aber ich werde nicht dort sein. Ich brauche dringend eine Kur und werde für einige Wochen nach Badenweiler gehen. Die Einrichtung des Hauses hat mich meine letzten Kräfte gekostet.«

Für einen Moment war sogar Louise sprachlos. Dann sagte sie kopfschüttelnd: »Weißt du was, Wilhelmine, ich glaube dir kein Wort. Was ist los mit dir und Horst, geht ihr euch aus dem Weg?«

»Glaub, was du willst.« Zu Wilhelmines Erleichterung meldete der Diener die Baronin von Eyersfeld und enthob sie einer Erklärung. »Nun, wie geht es deinem jungen Schützling, Elvira?«, fragte die, nachdem sie alle begrüßt und der Diener ihr eine Tasse Tee serviert hatte.

»Danke, sehr gut. Er gehört inzwischen fast schon zur Familie. Sogar Jesko ist ganz vernarrt in ihn.« Sie musste lachen. »Ich befürchte, Clemens lässt ihn heimlich beim Schach gewinnen.«

»Wer ist Clemens?«, fragten nun Wilhelmine und Louise wie aus einem Munde.

»Ach, hat die Buschtrommel es noch nicht bis nach Königsberg geschafft? Also Clemens von Mühlau ist mein Englischlehrer. Würdet Ihr euch öfter auf Birkenau die Ehre geben, würdet ihr ihn längst kennen.«

»Ein junger Lehrer …«, Wilhelmine zog indigniert die Augenbrauen hoch, »… der schon fast zur Familie gehört – was soll das denn bedeuten?«

»Echauffier dich nicht, liebe Schwester«, sagte Louise lachend, »wahrscheinlich hat der Knabe eine dunkle Vergangenheit, oder er ist ein verwunschener Prinz, hat sich verkleidet oder ist ein Magier, der Birkenau und die Kaulitzens verzaubert hat.«

Elvira lachte laut auf. »Louise, du bist einmalig! Mit dem Zauber könntest du richtig liegen, aber weder hat er eine dunkle Vergangenheit, noch ist er verkleidet. Was meinst du, Ursula, ist er nicht reizend?«

»In der Tat, das ist er, und noch dazu ein bildschönes Mannsbild.«

»Donnerwetter«, rief Louise, »spätestens zur Saujagd bin ich auf Birkenau! Das Wunderkind will ich sehen. Aber nun erzähl mal, Elvira, wie bist du an ihn gekommen, ist er dir zugelaufen?«

»Ja, so könnte man es nennen.« Elvira erzählte die traurige Geschichte von Clemens von Mühlau.

»Dem Jungen kann doch geholfen werden«, rief Louise, als Elvira mit ihrem Bericht zu Ende war. »Seid ihr noch nie auf die Idee gekommen, ihn standesgemäß zu verheiraten? Schöne und auch noch gebildete junge Männer sind rar! Ich kenne da einige späte Mädchen mit reichlicher Mitgift …«

Aglaia brach in schallendes Gelächter aus. »Was für eine abstruse Idee, Tante Louise. Du solltes Clemens vielleicht erst einmal kennenlernen, bevor du weiter darüber nachdenkst … Clemens und späte Mädchen …« Sie konnte sich gar nicht beruhigen. »Das ist wirklich unvorstellbar!«

»Ich muss gestehen, Jesko hatte diese Idee auch schon, Louise«, räumte Elvira ein. »Aber Clemens ist weder an den hübschen Mädchen interessiert, noch an deren Geld. Sogar die niedliche kleine Herzberg verschmäht er, und die kann man ja nun wirklich nicht als spätes Mädchen bezeichnen. Sie ist gerade mal achtzehn.«

»Das ist aber ungewöhnlich«, meinte Louise, »das muss doch einen Grund haben, findet ihr nicht?«

»Das ist uns herzlich egal«, wehrte Elvira lachend ab. »Er wird schon wissen, was er will.« Man ging zu einem anderen Thema über, sprach über die bevorstehenden Jagden, Opern- und Theateraufführungen und die verschiedenen gesellschaftlichen Anlässe, die in Königsberg anstanden.

»Die Dhonas geben eine große Soiree anlässlich ihres Hochzeitstages. Aber da bist du ja leider in Badenweiler, Wilhelmine«, berichtete Louise. »Ich hätte dich gern dort eingeführt. Sie sind ganz wunderbare Gastgeber.« Offensichtlich bereute sie ihre Boshaftigkeiten von vorhin, und wollte sie wiedergutmachen.

»Schade«, meinte Wilhelmine, »aber vielleicht lässt sich das ja ein andermal nachholen.«

Als Erste brachen Elvira und Aglaia auf. Wilhelmine begleitete die beiden zur Tür. »Bitte kommt mich bald wieder besuchen. Ich melde mich, wenn ich von meiner Kur zurück bin.«

»Gern Mama, und erhol dich gut.« Aglaia küsste ihre Mutter erst auf beide Wangen und dann mit einem Knicks ihre Hand.

»Du bist uns auf Birkenau jederzeit herzlich willkommen, Wilhelmine«, sagte Elvira und nahm sie fest in den Arm. »Ich möchte, dass du das weißt.« Sie empfand tiefes Mitleid mit ihrer alten Freundin.

Die Ernte war eingefahren. Besonders gut war sie in diesem Jahr ausgefallen, noch besser als im letzten, wo man auch nicht unzufrieden gewesen war. Jetzt begann die Zeit der Schreibarbeit, um das vom Tisch zu bekommen, was während der Feldarbeit liegen geblieben war. Hin und wieder begleitete Aglaia Eberhard nach Linderwies, um mit Minchen Basedow zu plaudern, während Eberhard mit seinem Oberinspektor über den Büchern saß.

Für Minchen war es immer eine besondere Freude, wenn Aglaia sie besuchte, eine Abwechslung ihres täglichen Einerleis mit Haushalt und den Kindern. Längst schon hatte sie ihre Scheu vor der schönen jungen Gräfin verloren, was sicher auch daran lag, dass Aglaia keinerlei Dünkel besaß und immer herzlich lachen musste, wenn Minchen Geschichten aus ihrer Heimat Kalitken erzählte. Es war Ende Oktober, dichte Schwärme von Staren sammelten sich für ihren Flug nach Süden und verdunkelten, wenn sie sich erhoben, für einen Moment den Himmel. Aglaia saß mit Minchen in der warmen Stube. Zu ihren Füßen lagen, zu zwei Knäueln zusammengerollt, leise schnarchend ihre Hunde Paulchen und Bello, die die ganze Fahrt neben der Kutsche hergerannt waren. Um sie herum spielten Max und Lenchen friedlich auf dem Boden mit ihren Bauklötzen, während Minchen mit dem Fuß die Wiege des kleinen Franz leise hin- und herschaukelte. Aglaia wärmte sich die klammen Finger an dem bullernden Ofen.

»Mein Herbert meint, wir kriegen wohl 'nen frühen Winter«, sagte Minchen. »Die Störche sind besonders früh weg dieses Jahr.«

»Ja, ich fürchte auch.« Ungeniert zog Aglaia ihre Schnürstiefelchen aus und hielt auch ihre kalten Füße an das Feuer. »Es ist ja jetzt schon bastig kalt. Wir werden wohl bald nicht mehr mit der offenen Kutsche fahren können.«

Ohne gefragt zu haben, gab Minchen ihr eine Tasse heiße Milch. »Trinken Sie man, das wird Sie wärmen und is gjut für das Kindchen. Strampelt es schon?«

»Ja, vor allem nachts. Deshalb bin ich auch sehr schnell müde.« Mit einem Lächeln, aber leicht schläfrig lauschte sie dem Geplapper Minchens. Ab und an schlichtete die streng, aber liebevoll einen kleinen Streit um einen Bauklotz oder tröstete, wenn sich eines der Kinder wehgetan hatte. Als Max seiner kleinen Schwester einen Bauklotz auf den Kopf schlug und diese zu schreien begann, wurde sie laut. »Das wirste gjefälligst lassen, Max, sonst musst du inne Schlafstube gehen. Haste verstanden?« Max machte einen Schmollmund, und Minchen pustete Lenchen den Schmerz weg. »Is jetzt wieder gjut, Lenchen?«, fragte sie und nach einem strengen Blick in Richtung ihres Sohnes redete sie weiter. »Egal, was dat Mäxchen anstellt, der Basedow …« – so nannte sie ihren Mann, wenn sie etwas an ihm auszusetzen hatte – »… kann einfach nich streng sein. Egjal, was der Rabauke anstellt. ›Minchen‹, sacht er immer, ›Minchen, ich kann dat nich. Erziehen musst du die Kinderchens.‹« Sie machte ein ernstes Gesicht. »Glaub'n Sie mir, dat is nich immer einfach.«

Aglaia lächelte. »Ich finde, du machst das sehr gut, Minchen. Aber erzähl doch mal. Warst du nicht kürzlich in Kalitken? Mein Mann erwähnte so etwas.«

»Ach Gjottchen, ja. Mein Muttchen sein Bruder hat gjeheiratet.« Sehr glücklich sah sie nicht aus.

»So, und wie war es, hat er denn eine nette Frau?«

»Na ja, ich weiß nich so recht.« Sie machte ein bedenkliches Gesicht. »Eigjentlich wollt er ja nie nich heiraten. Er is ja man auch schon an die fuffzig.«

»Ja, warum hat er denn nun … also Minchen, jetzt lass dir doch nicht alles aus der Nase ziehen!«

»Nu je … er hat sein Leben lang bei seiner Cousine gjelebt, die hat ihm die Wirtschaft gjefihrt, und die is gjanz plötzlich gjestorben.«

»Und da hat er sich entschlossen, zu heiraten?« Aglaia war erstaunt.

»Nu eigjentlich hat er ja gjar nich wollen, regjerecht gjesträubt hat er sich. Aber mein Muttchen hat ihm 'ne Frau besorjt.«

»Aha.« Aglaia wurde die Geschichte langsam etwas langatmig. »Und dann?«

»Als er in die Kirche kam …«, Minchen senkte ihre Stimme zu einem Flüstern, »da hat mein Muttchen gjesagt … ach Gjottchen, jetzt bringen se ihm.«

Aglaia brach in schallendes Gelächter aus. »Sehr glücklich scheint der Bräutigam ja nicht ausgesehen zu haben.«

»Ne, hat er nich.« Minchen sprach wieder mit normaler Lautstärke.

»Aber mein Muttchen meinte, et gjinge ja nun man nich anders.« Franz fing jetzt an zu quengeln, und Minchen nahm ihn auf den Arm. »Hast wohl Hunger, mein Kleinerchen?«, fragte sie zärtlich. Ohne jede Scham öffnete sie ihr Mieder und gab dem Kleinen die volle gefüllte Brust. Liebevoll strich sie dem saugenden Kind über den blonden, flaumigen Kopf.

Aglaia war tief berührt. Noch niemals hatte sie eine solche Innigkeit gesehen. Nach einer Weile erhob sie sich. »Ich werde noch ein paar Schritte gehen«, sagte sie. »In letzter Zeit habe ich einfach nicht genug Bewegung. Mein dicker Bauch lässt mich ein wenig träge werden. Kommt, Paulchen, Bello.« Schwanzwedelnd liefen ihr die Hunde voraus zur Tür. »Also bis zum nächsten Mal, Minchen. Danke für die Milch, und sei nicht zu streng zu den Kleinen.« Elvira erzählte sie am Abend: »Ich habe noch nie so einen glücklichen Menschen gesehen wie heute Minchen Basedow, als sie ihr Kind stillte.«

›Das ist ja schon richtiges Novemberwetter‹, dachte Aglaia, als sie über den Hof ging, ihre Hände tief in ihrem Muff vergraben. Die Hühner standen mit zerzausten Federn und eingezogenen Hälsen vor dem Stall, und der Hofhund kam nicht einmal aus seiner Hütte, als die Hunde an ihm vorbeiliefen. Aufgeplusterte Krähen saßen auf den Ästen der kahlen Bäume und blickten missmutig auf Aglaia herab. Nach eine halben Stunde machte sie kehrt und ging in die Arbeitsstube von Linderwies. »Mir ist kalt und ich bin müde, Eberhard. Meinst du, wir können nach Hause fahren?«

Der sprang sofort auf. »Aber natürlich, Liebling. Morgen ist auch noch ein Tag. Und die Arbeit läuft mir nicht davon.«

Überall bereitete man jetzt die Jagden vor. Gleich nach seiner Rückkehr aus Berlin war Horst zu seiner Tochter geeilt. Aglaia saß im Musikzimmer am Flügel und spielte eine Etüde von Bach. »Papachen, endlich!« Sie flog ihm in die Arme. »Wie schön, dich zu sehen.«

»Ja, mein Kind, ich freue mich auch sehr. Schreckliche Sehnsucht habe ich nach dir gehabt.« Er schob sie ein wenig von sich weg. »Wie schön du bist«, sagte er stolz. »Die Schwangerschaft scheint dir ja prächtig zu bekommen.«

»Na ja, es geht man so. Ich bin doch sehr unbeweglich …«, sie umfasste mit beiden Händen ihren Bauch, »… das unruhige Kindchen raubt mir oft den Schlaf. Das macht mich natürlich ein wenig schlapp. Aber erzähl, hast du Mamas Haus in Königsberg schon gesehen? Es ist prächtig.«

»Das möchte ich doch hoffen, bei den Unsummen, die es gekostet hat …« Er sprach nicht weiter, weil in diesem Moment Willi klopfte und fragte, was er servieren dürfe.

»Für mich bitte einen Grog«, sagte Horst und Aglaia: »Ich nehme einen Tee, und bitte sag meiner Schwiegermutter Bescheid, dass mein Vater da ist.«

Als Willi gegangen war, fragte Aglaia: »Ist Mama tatsächlich zur Kur gefahren? Sie erwähnte es kürzlich, als wir sie in Königsberg besuchten. Ich wollte es gar nicht glauben … Die Jagdsaison auf Wallerstein war doch stets ihr größtes Vergnügen, die vielen Gäste, der ganze Trubel, da war sie doch immer in ihrem Element.« Sie sah ihren Vater fragend an.

Horst war aufgesprungen und ging, die Hände auf dem Rücken, unruhig hin und her. »Ich muss dir etwas sagen, mein Kind. Deine Mutter und ich werden in Zukunft räumlich getrennt leben. Wenn ich in Berlin bin, steht ihr Wallerstein offen, aber die wenige Zeit, die ich hier verbringe, wird sie in ihrem Haus in Königsberg sein oder meinetwegen auch auf einer Kur.«

Entsetzt sah Aglaia ihn an. »Aber ihr lasst euch doch nicht scheiden?«

»Nein, dafür besteht kein Grund. Außerdem will ich deiner Mutter, und vor allem auch dir, den Skandal ersparen.« Horst hatte sich wieder gesetzt und nahm einen Schluck von seinem Grog. »Hat dir deine Mutter denn gar nichts gesagt?«

»Nein, das hat sie nicht.«

»Nun, offensichtlich will sie den Schein wahren.« Er zündete sich eine Zigarette an. Nach einigen tiefen Zügen sagte er: »Vielleicht sollten wir ihr den Gefallen tun. Was meinst du, mein Kind?«

»Ja … natürlich«. Aglaia wirkte verwirrt und ratlos.

»Ich meine, es sollte in der Familie bleiben«, sagte Horst. »Die Leute klatschen ja so schon genug.«

»Über was klatschen die Leute?«, fragte Elvira, die gerade hereingekommen war.

»Lass dich erst einmal umarmen, liebste Elvira«, rief Horst. »Aglaia wird dir später alles erzählen. Ich möchte jetzt nicht mehr darüber reden.« Elvira ließ sich ihr Erstaunen nicht anmerken. Sie ahnte, worüber sich Vater und Tochter da gerade unterhalten hatten, und Aglaias Gesicht sprach Bände. »Wie schön, dich endlich mal wieder bei uns zu haben, Horst. Jesko und Eberhard werden gleich kommen. Die besprechen sich gerade mit den Jägern und Jagdgehilfen. Du isst doch hoffentlich mit uns? Willi wird gleich den Gong schlagen.«

Während des Essens plauderte man zwanglos über dies und das. Eberhard berichtete stolz von der überaus ertragreichen Ernte, und Horst erzählte von seinem Leben in Berlin und seiner Arbeit im Preußischen Landtag. Nur der Name Wilhelmine fiel nicht. Die kluge Elvira hatte Jesko und Eberhard vor dem Essen angewiesen, dieses heikle Thema nicht anzuschneiden.

Bald herrschte auf Birkenau ein reges Treiben. Die Jagdsaison hatte begonnen. Das Schloss war voller Gäste, manche blieben ein oder zwei Tage, manche mehrere Wochen. Es wurde gejagt und gefeiert, und kein Abend verging ohne ein festliches Diner in großer Toilette. Schon Wochen vorher war, wie in jedem Jahr, in den Wirtschaftsräumen Hochbetrieb. Es wurde geschlachtet und geräuchert, gebacken, gebraten und geselcht, und das »Erbarmung« der Mamsell hallte durch die Gänge des Schlosses. An Dienerschaft war wahrlich kein Mangel, trotzdem arbeiteten zur Jagdsaison alle bis zur Erschöpfung. Aber das war man gewohnt, und keiner wäre auf die Idee gekommen, sich zu beschweren.

Aglaia hatte mit ihrem mittlerweile sehr ansehnlichen Bäuchlein zum ersten Mal, seit sie denken konnte, keine Freude an der lauten Geselligkeit. Eberhards Bemühen, sie nicht zu wecken, wenn er bereits um fünf Uhr früh aus dem Schlafzimmer schlich, war ohne Erfolg. Gleich darauf begannen Türen zu knallen, es erklang lautes Lachen auf den Gängen, und unter ihren Fenstern riefen die Jäger den Jagdgehilfen die ersten Befehle zu. Wagen rollten die Auffahrt hinauf, und die Kutscher knallten mit ihren Peitschen. Spätestens dann war Aglaia hellwach, und an erholsamen Schlaf war nicht mehr zu denken. Erst wenn alle Jagdgäste aus dem Haus und das letzte »Weidmannsheil« und »Guten Anlauf« verklungen waren, fiel sie noch einmal in einen kurzen unruhigen Schlaf. Blass und mit dunklen Rändern unter den Augen erschien sie dann am späten Vormittag in Frühstückszimmer, wo Elvira sie stets erwartete, um mit ihr gemeinsam das Frühstück einzunehmen. Dann unternahm sie, wenn das Wetter es zuließ, lange Spaziergänge mit Paulchen und Bello in dem inzwischen tief verschneiten Park. »Bitte entfern dich nicht zu weit vom Schloss«, mahnte Eberhard immer wieder. »Bleib in Sichtweite. Überall sind Schneeverwehungen, es ist zu gefährlich für dich allein.« Und sie hielt sich daran. Auf gar keinen Fall wollte sie ihr Kind gefährden.

Anfänglich nahm Aglaia noch an den Abendgesellschaften teil, aber das von Stunde zu Stunde lauter werdende Schwadronieren der männlichen Gäste über ihre Jagdgeschichten langweilte und vor allem ermüdete sie derart, dass sie Elvira bat, sie in Zukunft wenigstens am Abend von ihren Gastgeberpflichten zu befreien. »Kannst du das verstehen, Tante Elvira? «

»Mach dir man keinen Kopf, Liebes.« Elvira hatte volles Verständnis. »Ich schaffe das schon allein.«

Der Englischunterricht fiel zurzeit aus. Elvira war zu sehr mit den vielen Gästen beschäftigt, um an Vokabellernen zu denken. Das ständige Kommen und Gehen verlangte eine ungeheure Organisation, der Frau Koller allein kaum gewachsen war. Aber hin und wieder leistete Clemens von Mühlau Aglaia am Nachmittag Gesellschaft. Er nahm mit ihr den Tee, erzählte von seiner behüteten Kindheit, und Aglaia sprach von Tanya. Beide bewältigten damit ein wenig ihre Trauer, und es schweißte sie noch mehr zusammen.

»Ach Clemens, wie schön, dass du zu uns gefunden hast«, sagte Aglaia einmal. »Deine Freundschaft bedeutet mir so viel. Hoffentlich findest du irgendwann die passende Frau, damit du so glücklich wirst wie Eberhard und ich.«

Ein trauriges Lächeln erschien auf Clemens' Gesicht. »Mal sehen, was die Zukunft bringt«, sagte er. Aglaia ahnte nicht, wie es in ihm aussah.

Tagelang hatten wildes Schneetreiben und ein eisiger Ostwind es Aglaia unmöglich gemacht, das Haus zu verlassen. Aber heute, es war der letzte Tag der Jagd, war kein Wölkchen am stahlblauen Himmel zu sehen, und die strahlende Sonne ließ den frischen Schnee glitzern wie Millionen winzige Diamanten.

Elvira saß im Frühstückszimmer und las die *Hartungsche Zeitung*. Sie wusste, Aglaia würde frühestens in einer Stunde erscheinen, als Ursula von Eyersberg hereinkam. »Nanu«, erstaunt ließ Elvira die Zeitung sinken, »ich dachte, du bist schon seit aller Herrgottsfrühe auf der Jagd.«

Ursula hielt sich einen Eisbeutel an die Stirn. »Ich habe gestern Abend wohl ein wenig zu viel Champagner erwischt und bin nicht aus den Federn gekommen.« Sie machte ein leidendes Gesicht. »Und zu allem Überfluss hat Fritz geschnarcht wie eine Dampflock … nur einen Mokka, Willi, bitte.« Sie winkte ab, als der Diener ihr einen Teller mit Spiegeleiern servieren wollte, und stöhnte. »Mir platzt der Schädel, wenn ich nur an das Knallen der Büchsen denke.«

In diesem Moment betrat Philine von Dühnkern das Zimmer.

»Seit wann bist du denn da?«, rief Elvira und ging ihrer Freundin entgegen, um sie zu begrüßen.

»Wir sind heute in aller Frühe mit Horst aus Wallerstein herübergekommen. Horst und Friedrich haben es gerade noch geschafft, auf den letzten Wagen aufzuspringen, und ich hab mich noch eine Weile hingelegt. Gestern war die letzte Jagd auf Wallerstein, und ihr wisst ja, wie so etwas endet … bis in die Morgenstunden!« Sie sah ihre Freundin Ursula an. »Was ist denn mit dir passiert? Du siehst ja schrecklich aus!«

»Zu viel Champagner«, stöhnte die. »Ich werde dem Alkohol abschwören, für immer!«

Philine lachte. »Wie ich dich kenne, hast du das bis heute Abend wieder vergessen. Übrigens, Wilhelmine war tatsächlich nicht auf Wallerstein, die ganze Jagdsaison nicht. Wisst ihr, was da los ist? Angeblich soll sie in Badenweiler zur Kur sein, ist das nicht merkwürdig?«

»Ich fasse es nicht«, rief Ursula. »Sie ist also wirklich gefahren. Sie hat es uns vor ein paar Wochen in Königsberg erzählt.« Ihre Lebensgeister schienen ob der spannenden Neuigkeiten schlagartig zurückzukehren. »Aber ehrlich gesagt, habe ich das nicht ernst genommen.«

Philine sah jetzt Elvira an. »Weißt du da etwas Genaueres? Aus Horst war nichts herauszukriegen.«

»Nein«, log Elvira. »Ich weiß auch nur, dass sie zur Kur gefahren ist. Es wäre auch besser, wenn ihr das Thema nicht anschneidet, wenn Aglaia kommt. Sie ist im Moment ein wenig sensibel, was ihre Mutter angeht.«

Ursula und Philine tauschten einen Blick, der sagte: ›Schade, Elvira will nicht reden. Dann müssen wir halt andere Quellen anzapfen.‹ Man wechselte das Thema. Schließlich hatte man sich eine Weile nicht gesehen, und es gab genug zu erzählen.

»Ist eigentlich Ferdinand da, Elvira? Er wollte doch zur Jagdsaison zurück sein«, fragte Philine.

»Nein, er hat geschrieben, dass er dieses Jahr mal in Afrika jagt, Elefanten oder Tiger … keine Ahnung. Ich finde ja, er ist ein bisschen meschugge.«

»Schade«, meinte Philine bedauernd, »ich hatte so sehr gehofft, dass er uns die schrecklichen langen Wintertage mit seiner amüsanten Gegenwart versüßt.« Sie bat Willi, ihr noch einen Kaffee einzugießen. »War von euch schon einer in dem neuen Salon von der Klühspieß?«, fragte sie nun. »Sie nennt sich jetzt übrigens *Couturière*!«

Beide Damen schüttelten die Köpfe, und Ursula sagte spöttisch »Couturière … dass ich nicht lache!«

»Der Salon ist prachtvoll. Es ist mir schleierhaft, woher die so viel Geld hat.«

»Nun, billig war sie ja nie. Allein Wilhelmine hat Unsummen bei ihr ausgegeben«, meinte Elvira.

»Das stimmt«, bemerkte Ursula. »Also ich weiß nicht, was Wilhelmine an der findet. Sie hat die ja fast gesellschaftsfähig gemacht. Ständig sitzt sie bei ihr am Kaffeetisch.« Das betonte ›die‹ drückte ihre ganze Verachtung für die Schneiderin aus. Sie konnte nicht vergessen, dass das Getratsche der Klühspieß über sie und Mathias Goelder beinahe einen Skandal ausgelöst hätte.

»Also an meinen Tisch kommt *die* nicht!«, stimmte Philine zu, und Ursula zog indigniert die Augenbrauen hoch. »Gott bewahre! Fritz würde mir den Kopf abreißen, eine *Schneiderin!* Einfach unmöglich!« Erleichtert dachte sie daran, dass sie die Affäre mit Goelder nach kurzer Zeit beendet hatte. Der Bursche trieb es ihr dann doch zu wild. Diese Geschichten, die sie da aus Zoppot gehört hatte … nein danke!

Aglaias Ankunft riss sie aus ihren Gedanken. »Tante Ursula, hat man dich heute Morgen vergessen?«, rief sie. »Und du, Tante Philine, seit wann bist du denn hier?« Sie war ehrlich erfreut, die beiden Frauen zu sehen.

»Friedrich und ich sind heute in der Früh mit deinem Vater aus Wallerstein gekommen. Er reist morgen wieder nach Berlin und wollte sich unbedingt noch von dir verabschieden.«

Aglaia strahlte. »Papachen ist da, wie schön!«

»Noch ist er auf der Jagd, aber zum Kleinmittag wird er zurück sein«, sagte Elvira. »Bei dem Wetter wird es dich sicher nicht lange drin halten, was hältst du davon, wenn wir drei dich begleiten?« Sie deutete auf ihre Freundinnen. »Die beiden haben einen ordentlichen Kater. Ein wenig frische Luft kann ihnen bestimmt nicht schaden.«

»Gern.« Aglaia hatte ihr Rührei bereits aufgegessen und nahm schnell noch einen Schluck Tee. »Von mir aus können wir gleich losgehen.« Als sie nach einem ausgedehnten Spaziergang zurückkamen, waren Ursulas Kopfschmerzen wie weggeblasen.

»Ah, das hat gutgetan«, sagte Philine, als sie sich aus ihren Pelzen schälten. »Ein Grog würde mir jetzt schmecken.«

»Ich glaube, mir auch«, rief Ursula, und Philine konnte sich ein »Äh, was hattest du da vorhin gesagt?« nicht verkneifen.

»Ich erinnere mich an nichts«, meinte Ursula ungerührt. Aus den Salons klang lautes Männerlachen.

»Einige der Herren scheinen schon zurück zu sein«, bemerkte Elvira. »Da werdet ihr bestimmt euren Grog bekommen.«

Als Aglaia den großen Salon betrat, sah sie ihren Vater am Kamin stehen, in ein angeregtes Gespräch mit Clemens von Mühlau vertieft.

»Ich höre gerade, dass der junge Mann dir Englischunterricht erteilt, Liebes«, sagte er, nachdem er seine Tochter umarmt hatte. »Stell dir vor, ich kannte seinen Vater. Wir waren in der gleichen Kadettenanstalt.«

Clemens' Augen strahlten. »Ist das nicht ein unglaublicher Zufall«, fragte er, »dass ich heute am letzten Tag der Jagd deinen Vater kennenlerne?« Die Hand, mit der er sein Glas hielt, zitterte vor Aufregung.

»In der Tat, Clemens, das finde ich auch.« Aglaia klopfte ihm freundschaftlich auf die Schulter. »Aber darf ich Papa für einen Moment für mich haben? Wir haben uns so lange nicht gesehen.«

»Selbstverständlich ...« Mit einer tiefen Verbeugung zog Clemens sich zurück.

»Was für eine schöne Überraschung, dich zu sehen.« Aglaia strahlte ihren Vater glücklich an.

»Meine letzten Gäste sind heute aus Wallerstein abgereist, und ich wollte es nicht versäumen, mich von dir zu verabschieden, bevor ich morgen wieder nach Berlin abreise.«

»Ja, Tante Philine erwähnte es vorhin bereits. Wirst du diesmal wieder so lange fortbleiben?«

»Nein, ich gedenke, Weihnachten auf Wallerstein zu verbringen. Das ist ja nun wirklich nicht mehr lang.«

Aglaia drückte die Hand ihres Vaters. Sie zögerte einen Moment, dann fragte sie: »Hast du etwas von Mama gehört?«

»Nein.« Er schüttelte den Kopf. »Sie scheint noch in Badenweiler zu sein.«

»Und gibt es denn gar keinen Weg zur Versöhnung?«, flüsterte sie kaum hörbar.

»Nein, mein Kind. Und bitte frag mich das nie wieder.«

Aus dem Speisezimmer hörte man das Klappern von Geschirr.

»Ich habe einen Mordshunger«, sagte Friedrich von Dühnkern, der zu ihnen getreten war. »Mir hängt der Magen schon in den Kniekehlen.«

Kurz darauf schlug Willi den Gong, und die Türen des Speisesaals öffneten sich. Die zum Teil bereits etwas angeheiterte, sich laut und fröhlich unterhaltende Gästeschar setzte sich eilig an den langen Tisch, der sich unter warmen und kalten Köstlichkeiten bog.

Aglaia verabschiedete sich herzlich von ihrem Vater. »Der Lärm ist nichts für uns beide.« Sie deutete lächelnd auf ihren dicken Bauch. »Ich werde mir eine Kleinigkeit auf meinem Zimmer servieren lassen. Leb wohl, Papachen, und hoffentlich auf bald.«

Dezember 1849

Die letzten Gäste waren abgereist, und im Schloss kehrte wieder beschauliche Ruhe ein. Die Tage waren kurz und die Nächte lang. In allen bewohnten Räumen waren die Kamine rund um die Uhr befeuert, und bereits um drei Uhr nachmittags zündeten die Diener die Lampen an. Eberhard war jetzt öfter zuhause. Die Arbeit, die auf den Gütern getan werden musste, erledigten die Gutsinspektoren. Man vertrieb sich die Zeit mit Lesen, Kartenspielen und Musizieren. Jesko und Elvira machten Reisepläne. Jesko tendierte zu Madeira, doch Elvira wollte lieber nach Malta.

»Auf Madeira war ich doch schon, und es ist dort wirklich wunderschön. Aber Louise, du weißt, ich traf sie kürzlich in Insterburg, reist im Frühjahr wieder nach Malta. Sie sagt, es ist da um diese Jahreszeit traumhaft. Sie wird auch dort sein und kennt viele Leute. Wir hätten sicher viel Spaß.«

Irgendwann gab Jesko auf. »Na gut, dann eben Malta. Lass dir gelegentlich von Louise die Adresse des Hotels geben. Ich kümmere mich dann um die Reservation.«

Hin und wieder kündigte das leise Klingeln eines Schlittens Besuch an. Jede Abwechslung war in diesen Tagen willkommen. Die Gäste wurden freudig begrüßt und bewirtet, blieben aber meist nicht länger als ein paar Tage. Jeder hatte in der Vorweihnachtszeit einiges zu tun.

Elvira und Aglaia fuhren diese Woche bereits zum zweiten Mal nach Insterburg, um Weihnachtseinkäufe zu machen. Frau Koller hatte wie jedes Jahr die bescheidenen Wünsche der Dienerschaft auf einem Zettel notiert: eine Mütze, Handschuhe, einen Schal. Beim ersten Mal hatten sie nicht alles bekommen. Heute wollte Aglaia auch noch Spielsachen für die Basedow-Kinder kaufen und für Minchen einen Muff aus Kaninchenfell.

»Findest du das nicht ein bisschen üppig?«, fragte Elvira sie erstaunt.

»Ach, ich mag sie so gern, und als ich kürzlich bei ihr war, hat sie gesagt, dass sie so was Schönes bestimmt in ihrem ganzen Leben nicht besitzen würde.«

»Du bist wirklich lieb«, Elvira streichelte zärtlich ihre Wange.

Wie immer gingen sie zum Abschluss ihrer Einkäufe in die Konditorei am Marktplatz, um vor der Heimfahrt eine heiße Schokolade zu trinken. Es war voll besetzt, fast nur mit älteren Damen, die riesige Tortenstücke und Kännchen mit Kaffee oder Tee vor sich stehen hatten. Im hinteren Teil entdeckten sie Ursula von Eyersfeld, die ihnen aufgeregt winkte, damit sie sich zu ihr setzten.

»Mir schwirrt der Schädel«, sagte sie. »Jedes Jahr das Gleiche. Immer habe ich Angst, dass ich jemanden vergesse oder etwas Falsches kaufe. Am liebsten würde ich das ja die Hausdame machen lassen. Aber Fritz besteht darauf, dass ich die Geschenke selbst besorge.« Sie redete sich in Rage. »Und dann immer diese Listen, mit denen ich nichts anfangen kann! Da steht dann ein warmes Hemd für Karl-Heinz – woher soll ich denn wissen, was Karl-Heinz für eine Größe hat?«

Elvira musste lachen. »Du wirst es schon überleben, liebste Freundin. Aber erzähl mal, warst du in der letzten Zeit in Königsberg, gibt es Neuigkeiten, und hast du Wilhelmine gesehen? Geht es ihr gut?«

»Ja, ich sah sie kürzlich bei den Dhonas. Sie ist ständig überbeschäftigt, lässt keine Einladung aus. Ich glaube nicht, dass sie sich langweilt. Wann habt ihr sie denn zum letzten Mal gesehen?«

»Das ist schon eine Weile her.« Elvira überlegte.

»Es war vor Mamas Kur«, sagte nun Aglaia leise. »Sie hat mir kürzlich geschrieben, dass sie sehr beschäftigt sei …«

»… und wir sie doch bald mal in Königsberg besuchen sollen«, vollendete Elvira den Satz.

»Und warum kommt sie denn nicht einmal nach Birkenau?«, fragte Ursula. Sie wechselte einen bedeutungsvollen Blick mit ihrer Freundin. Beide hatten überhaupt kein Verständnis für Wilhelmines Verhalten. Ihre einzige Tochter war schwanger, und sie kümmerte sich überhaupt nicht um sie.

»Du sagst doch auch, dass sie überbeschäftigt ist«, meinte Aglaia. »Es wird ihr wohl zu lästig sein.«

»Ihr seid doch Weihnachten hoffentlich bei uns?«, fragte Elvira jetzt, um abzulenken. »Die Dühnkerns kommen auch, Clemens wird da sein und, stell dir vor, Ferdinand hat sich angesagt.«

»Natürlich kommen wir. Mit dem größten Vergnügen.« Sie erhob sich. »Ich muss mich auf den Weg machen, die Pflicht ruft. Dieses dumme Hemd für Karl-Heinz …« Sie rollte in komischer Verzweiflung die Augen und verließ, mit unzähligen Tüten bepackt, die Konditorei.

»Ich muss noch einmal nach Königsberg«, sagte Elvira, als sie in der Dämmerung nach Hause fuhren. »Ich hoffe, du begleitest mich. Wir könnten deiner Mutter einen Besuch abstatten, dann ist der Pflicht Genüge getan.« Sie wusste, dass

Aglaia nicht der Sinn danach stand, ihre Mutter zu sehen. Der kühle und kurze Brief Wilhelmines hatte Aglaia verstimmt.

Doch sie nickte ergeben. »Ein Pflichtbesuch, ja«, sagte sie. »Mehr ist es aber auch nicht.«

»Gut, ich werde deiner Mutter eine kurze Note schicken, dass wir übermorgen um drei Uhr zum Tee bei ihr sind.« Sie sagte Aglaia nicht, dass sie vorhatte, Wilhelmine für Weihnachten nach Birkenau einzuladen, hoffte sie doch inständig, dass Mutter und Tochter sich wieder etwas näherkommen würden.

Es war ein strahlender Wintermorgen, als Josef sie zur Bahn nach Insterburg fuhr. Eingehüllt in Felldecken, Pelzmützen auf dem Kopf und die Hände in Muffs, genossen sie die Fahrt. Nur das leise Klingeln der Glöckchen und hin und wieder ein Schnauben der Pferde unterbrachen die lautlose Stille. Das ganze Land schien zu schlafen unter einer dicken weißen Decke. Die Dächer der Häuser am Wegesrand sahen aus wie kleine weiße Hügel, und die Äste der kahlen Bäume waren von Raureif überzogen. Die beiden Frauen schwiegen. Noch am Vorabend hatte Aglaia geschwankt, ob sie mit Elvira mitfahren sollte. »Ich habe überhaupt kein Verlangen, Mama zu sehen«, hatte sie zu Eberhard kurz vor dem Einschlafen gesagt. »Ich weiß, es ist nicht recht, aber ich habe Tante Elvira tausendmal lieber als sie.«

»Sie ist nun mal deine Mutter, Liebes. Geh hin, dann kann sie dir keine Vorwürfe machen.«

Doch heute versetzten die klare Luft und der Geruch der dampfenden Pferde Aglaia in heitere Stimmung. Sie legte ihren Kopf auf die Schulter ihrer Tante. »Sieh nur den herrlichen Himmel, diese Weite … und irgendwo da oben schwebt meine Tanya.« Aber die leise Wehmut dauerte nur einen Moment. »Übrigens«, sie wurde jetzt ganz aufgeregt, »ich habe noch gar kein Geschenk für Clemens. Was hältst du von einer Krawattennadel?«

»Eine gute Idee. Dann kaufe ich den passenden Binder dazu«, rief Elvira. »Der Junge kann sicher beides gut gebrauchen.«

In den Straßen Königsbergs herrschte lebhaftes vorweihnachtliches Treiben, ein jeder schien es eilig zu haben. Die Geschäfte waren voll, und überall mussten sie warten, bis sie bedient wurden. Ihre letzte Station war der Juwelier Hirsch, wo der Besitzer sie gleich persönlich begrüßte: »Ah, was für eine Freude, die Gräfinnen Kaulitz. Sie wollen sicher die Manschettenknöpfe für den jungen Grafen abholen.« Er verschwand im hinteren Raum und erschien gleich wieder mit Elviras Bestellung – prachtvollen in Weißgold gefassten Saphiren.

»Meinst du, dass sie Eberhard gefallen werden?«, fragte Elvira Aglaia erwartungsvoll.

»Da bin ich mir ganz sicher! Sie sind wunderschön, Tante Elvira.«

»Meine Schwiegertochter braucht auch noch ein Geschenk«, wandte sich Elvira nun an den Juwelier. »Zeigen Sie uns doch bitte ein paar Krawattennadeln.«

Eine kostbare weiße, tropfenförmige Perle an einer silbernen Nadel in einem mit Samt ausgelegten roten Lederkästchen erregte sofort Aglaias Entzücken. »Die nehme ich! Bemühen Sie sich nicht weiter, Herr Hirsch.« Die Standuhr in dem Geschäft schlug drei Mal.

»Das ging ja schnell«, sagte Elvira, »wir müssen uns nämlich ein wenig beeilen, Aglaia. Ich habe uns um drei Uhr bei deiner Mutter angesagt. Du weißt, wie sie Unpünktlichkeit hasst.«

»Ja, bei anderen …«

Der Diener öffnete die Tür. »Frau Gräfin bedauert sehr, Sie nicht selbst empfangen zu können. Sie bittet Sie, einen Moment zu warten«, sagte er. »Frau Gräfin ist bei einem Empfang der Fürstin Karamowa, die nur für ein paar Tage in der Stadt ist. Ich habe den Tee im Salon …«

Elvira, die bereits ihren Hut abgelegt und den Pelz ausgezogen hatte, erstarrte. »Danke, Franz. Bitte helfen Sie mir wieder in meinen Mantel. Wir werden den Tee im Berliner Hof nehmen.« Eilig streifte sie ihre Handschuhe über. »Und richten Sie der Gräfin aus, dass wir wohl in der nächsten Zeit nicht mehr nach Königsberg kommen. Wir werden uns also eine Weile nicht sehen.« An der Tür drehte sie sich noch einmal um. »Meine Schwiegertochter und ich wünschen der Gräfin ein frohes Weihnachtsfest.« Elvira kochte. Wie konnte Wilhelmine sie nur wegen einer Fürstin Karamowa warten lassen? Und wer war das überhaupt? »Sei nicht traurig, Liebes …«, sagte sie nun zu Aglaia, nachdem sie eine Weile schweigend nebeneinanderher gegangen waren. »Ich weiß nicht, was sich deine Mutter dabei gedacht hat. Ich finde es jedenfalls äußerst befremdlich, uns zu versetzen wegen …«

»Mach dir keine Sorgen, Tante Elvira. Ich bin nicht traurig.« Aglaia schüttelte den Kopf. »Ehrlich gesagt, passt das zu dem Bild, das ich inzwischen von meiner Mutter habe.«

In der Halle des Berliner Hofs herrschte reges Treiben. Fast alle Tische waren besetzt. Man hatte gut eingeheizt und die Luft war dicht vom Tabakrauch und den Parfüms der Damen. Das Gemurmel der Gäste wurde hin und wieder durch das laute Lachen einer Dame unterbrochen.

»Elvira, Aglaia!«, hörten sie plötzlich die Stimme von Louise, die ihnen aus einer versteckten Nische zuwinkte »Kommt, setzt euch zu mir.« Ein Diener eilte herbei, um ihnen die Mäntel abzunehmen. Aglaia ließ sich schwer atmend in den weichen Sessel sinken. »Ich bin ganz schön erledigt. Mit diesem dicken Bauch ist alles doppelt anstrengend.«

»Na ja, bald hast du es ja überstanden.« Elvira tätschelte ihr liebevoll die Hand.

»Den Paketen nach zu urteilen, habt ihr Weihnachtseinkäufe gemacht«, vermutete Louise, »und ihr wart doch sicher auch bei Wilhelmine?«

Elvira hob die Augenbrauen. »Die Gute hat uns versetzt. Ich bin, ehrlich gesagt, außer mir! Als wir wie angekündigt um drei Uhr bei ihr waren, erklärte uns ihr Diener, Frau Gräfin bedaure, sie käme später, sie sei bei einem Empfang einer …«

»… Fürstin Karamowa«, fiel Louise ihr ins Wort. Sie schüttelte empört den Kopf. »Das sieht meiner Schwester ähnlich. Da lädt eine obskure Person zum Tee, und sie versetzt ihre einzige Tochter. Aber im Moment rennt Wilhelmine ja überall hin.«

»Wer ist das denn, diese obskure Person, wie du sie nennst?«, fragte Elvira.

»Kein Mensch hat je von ihr gehört. Man munkelt, dass sie sich hier niederlassen will. Im Moment residiert sie im Hotel de Prusse. Eine ganze Etage hat sie dort gemietet und an alle Königsberger Damen, deren Adressen sie habhaft werden konnte, Einladungen für heute verschickt.«

»Und an dich nicht?«, fragte Aglaia.

»Doch, natürlich. Aber ich bin nicht hingegangen. Dann müsste ich diese Person ja zurückeinladen. Und das wollte ich um alles in der Welt vermeiden.« Sie kicherte. »Aber Philine ist dort. Sie wird demnächst hier erscheinen, um mir zu berichten.«

Der Diener servierte gerade den Tee, als Philine von Dühnkern hereineilte. »Elvira, Aglaia, was macht ihr denn hier?«, fragte sie erstaunt. »Ich dachte, ihr seid bei Wilhelmine. Jedenfalls erwähnte sie so etwas.«

»Da sie es vorgezogen hat, den Tee bei dieser Karamowa einzunehmen, sind wir gleich wieder gegangen und haben hier zufällig Louise getroffen.«

»Nun erzähl schon«, rief diese. »Wie war es, wer war alles da, und wie sieht sie aus?«

»Also der Reihe nach«, antwortete Philine lachend. »Ehrlich gesagt war es ziemlich trostlos, jedenfalls für die Fürstin.«

»Wieso?«

»Außer mir und Wilhelmine mit dieser langweiligen Heller war nur noch Frau von Ehrenstein da – ihr wisst schon, die Bankiersfrau.«

»Wen wundert's!«, warf Louise ein.

»Dann noch Frau Legationsrat Merten und die Frau Rittmeister von Liebig.«

»Was?«, rief Louise. »Keine von den Dhonas, Lehndorffs oder Bülows? Da hatte ich ja mal wieder den richtigen Riecher! Und ich sage euch, das ist der gesellschaftliche Tod dieser Dame. Die kriegt hier keinen Fuß auf den Boden.«

»Das glaube ich auch«. Philine nickte zustimmend. »Ihr hättet sie sehen sollen! Das Kleid war teuer, zweifellos, Zobel an den Ärmeln, Saum und Ausschnitt. Aber der war zu tief – ich bitte euch, zum Tee! Sie hat das Gehabe einer Kokotte, war zu laut, und dann die Schminke. Jedenfalls brach Wilhelmine bereits nach einer knappen Stunde als Erste auf. ›Ich muss leider schon gehen‹, hat sie gesagt, ›ich erwarte meine Tochter mit ihrer Schwiegermutter zum Tee‹ und beim Hinausgehen ›Übrigens, ich empfange montags‹.«

»Ha«, rief Louise, »das ist ja ganz was Neues. Ich wette,

wenn diese Fürstin an einem Montag bei Wilhelmine erscheint, hat der Diener Anweisung zu sagen, dass die Frau Gräfin heute unpässlich ist.«

Elvira und Aglaia folgten der Unterhaltung fasziniert. Wie beschaulich war doch ihr Leben auf dem Land. Wie weit weg waren für sie diese Art von Bösartigkeit und Intrigen. Während Louise und Philine sich weiter über den misslungenen Einstieg dieser Fürstin in die Königsberger Gesellschaft unterhielten, bat Elvira einen Diener, ihnen eine Droschke zu rufen. »Wir müssen uns auf den Weg machen, der Zug wartet nicht auf uns. Philine, wir sehen uns Weihnachten auf Birkenau«, und zu Louise, »auch du bist uns herzlich willkommen.«

»Gern, dann bleibe ich gleich zur Hasenjagd. Ganz besonders freue ich mich, den schönen Ferdinand einmal wiederzusehen.«

Tatsächlich traf Ferdinand ein paar Tage später auf Birkenau ein, todmüde von der langen Reise, aber glücklich, wieder zuhause zu sein. Natürlich gab es Königsberger Klopse zur Begrüßung, von Hertha mit besonderer Liebe zubereitet.

»Willi, dat Jungchen is all wedder zurück, wat is dat man eine Freude«, rief sie immer wieder.

Einen Tag vor Weihnachten, die Familie saß gemeinsam am Frühstückstisch, brachte der Diener mit der Post ein Päckchen für Aglaia. Es war von Wilhelmine, und Aglaia legte es achtlos beiseite.

»Willst du denn gar nicht wissen, was drin ist?«, fragte Elvira, und Eberhard sagte: »Nun mach es doch auf, wenigstens solltest du sehen, was sie schreibt.«

»Das Mindeste wäre ja wohl eine Entschuldigung für ihr unmögliches Benehmen«, meinte Elvira.

Nachdem Aglaia das Päckchen geöffnet und den Brief dazu gelesen hatte, sagte sie: »Na, dann hört mal zu.« Sie begann laut vorzulesen:

Meine liebste Aglaia,

Du kannst Dir gar nicht vorstellen, wie enttäuscht ich war, als ich von Franz hören musste, dass Ihr es vorgezogen habt, den Tee im Berliner Hof zu nehmen, anstatt ein paar Minuten auf meine Rückkehr zu warten. Ich war nur ganz kurz auf dem Empfang der Fürstin, um nicht unhöflich zu sein.

»Das ist ja wohl der Gipfel!«, entfuhr es Elvira. »Philine hat gesagt, sie war eine Stunde dort. Sie hätte uns eine ganze Stunde warten lassen.«

»Reg dich nicht auf, Liebste«, beruhigte sie Jesko. »Du kennst doch Wilhelmines Auffassung von Pünktlichkeit.« Aglaia las weiter.

Franz richtete mir auch Eure Weihnachtswünsche aus, woraus ich entnehme, dass Ihr nicht das Verlangen habt, mich an den Feiertagen zu sehen. Ich habe deshalb die Einladung der lieben Hellers angenommen, Weihnachten mit ihnen zu verbringen.

Ich wünsche Dir, meine geliebte Tochter, und der Familie Kaulitz ein frohes Fest,

Deine Mutter

P.S. Mein Weihnachtsgeschenk für Dich liegt bei.

Für einen Moment herrschte Stille. Dann musste Jesko lachen. »Was für ein Pech aber auch für die Arme, dass ihr Philine im

Berliner Hof getroffen habt. Sonst hättet ihr womöglich jetzt tatsächlich ein schlechtes Gewissen!«

»Ganz schön raffiniert, diese Wilhelmine«, sagte nun Ferdinand. »Jetzt habt ihr beide den schwarzen Peter. Und offensichtlich ist sie auch noch beleidigt, dass sie für Weihnachten nicht eingeladen ist.«

»Raffiniert sagst du?« Elvira war außer sich. »Eine Unverschämtheit ist das. Verzeih, Aglaia, sie ist deine Mutter, und sie war mal meine beste Freundin. Aber langsam verliere ich wirklich die Geduld mit ihr.«

»Du musst dich bei mir nicht entschuldigen, Tante Elvira«, sagte Aglaia ruhig. »Mit meiner Geduld ist schon lange Schluss.« Sie legte den Brief und das unausgepackte Geschenk beiseite. »Komm, Tante Elvira, lass uns ein paar Schritte gehen. Ich brauche dringend frische Luft. Und Paulchen und Bello sind bereits ganz ungeduldig. Sie stupsen mich schon die ganze Zeit.«

Heiligabend waren die Kaulitzens noch unter sich. Nur Clemens, längst nicht mehr aus dem Kreis der Familie wegzudenken, feierte mit ihnen. Als er das Geschenk von Aglaia auspackte, schwammen seine Augen in Tränen. »Diese Perle werde ich bis an mein Lebensende tragen«, sagte er. »Sie wird mich immer an dich erinnern.«

»Du hast doch hoffentlich nicht die Absicht, uns zu verlassen?«, fragte Eberhard.

»Nein, ganz sicher nicht. Aber wer weiß schon, was einem das Leben noch bringt.«

Am nächsten Tag trafen die Gäste ein. Louise kam mit den Dühnkerns, kurz darauf erschienen die Eyersfelds. Gleich am ersten Nachmittag saßen die Damen im großen Salon beim

Tee, während Aglaia noch ihren Mittagsschlaf hielt. Elvira erzählte aufgebracht von Wilhelmines Brief. »Sie spielt die beleidigte Leberwurst, ist das nicht unglaublich? Wir hätten auf sie warten sollen, höchsten zehn Minuten wäre sie bei der Fürstin gewesen.«

»Also das ist wirklich der Gipfel!«, rief Philine. »Der werde ich den Marsch blasen, wenn ich sie das nächste Mal sehe. Mich kann sie ja wohl schlecht anlügen. Es war genau vier Uhr, als sie gegangen ist.«

»Wo ist sie denn überhaupt?«, fragte Louise. »Ich dachte, sie hier zu treffen.«

»Ich hatte ja vor, sie einzuladen, schließlich ist sie Aglaias Mutter. Aber nachdem sie uns versetzt hat, hatte ich dazu keine Lust mehr. Und ich fürchte, Aglaia geht es genauso.«

»Sitzt sie jetzt etwa allein in ihrem Palazzo Prozzo?« Louises Frage klang in keiner Weise mitleidig. »Eine grauenhafte Vorstellung.«

»Nein, sie schrieb, die lieben Hellers hätten sie über die Feiertage eingeladen.«

»Ha, das ist ja noch grauenhafter!«, meinte Philine. »Für mich wäre das die Strafe Gottes!«

Ferdinand hatte den Salon betreten. »Was höre ich da? Die arme Wilhelmine kann einem ja direkt leidtun, ihr bösen Frauenzimmer. Da werde ich euch wohl mal wieder auf den Weg der Tugend zurückführen müssen. Was haltet ihr zur Läuterung von etwas sakraler Musik? Philine, du hast doch hoffentlich deine Geige dabei?«

»Aber natürlich. Ich hole sie sofort.« Von einer Sekunde zur nächsten dachte keiner mehr an Wilhelmine. Lachend und plaudernd begaben sich alle in das Musikzimmer, die Herren aus der Bibliothek kamen dazu, und bald war der Raum voller fröhlicher Menschen, die von den Dienern mit allerlei Getränken versorgt wurden und sich so den Nachmittag vertrieben, bis es Zeit war, sich für den Abend umzuziehen.

Die Tage vergingen mit langen Spaziergängen, Musizieren und Karten- und Gesellschaftsspielen. Die Jugend lief Schlittschuh auf dem zugefrorenen See, baute Schneemänner und machte Schneeballschlachten. Zwischen all diesen Vergnügungen gab es üppige Mahlzeiten.

Zwei Tage lang hatte es heftig geschneit. »Wir müssen mit der Hasenjagd warten, bis das Wetter umschlägt«, verkündete Jesko. »Aber das Barometer steigt. Ich denke, in ein bis zwei Tagen kann es losgehen.«

Am 29. Dezember – es war ein strahlender Wintertag – fand endlich die alljährliche Hasenjagd statt. Bereits bei Sonnenaufgang herrschte große Betriebsamkeit im ganzen Schloss. Bis hinauf in Aglaias Schlafzimmer drangen die fröhlichen Stimmen der aufgeregten Jagdgäste. Einer suchte seine Pelzmütze, ein anderer vermisste seine Stiefel, und einer der Jäger rief: »Wer noch eine Büchse braucht – bitte ins Jagdzimmer kommen.«

Aglaia saß in ihrem Bett, in der Hand eine Tasse heiße Schokolade. Traurig betrachtete sie Eberhard bei seiner Toilette. »Es ist so ein herrlicher Tag. Wie gern würde ich mit euch kommen«, sagte sie. »Aber in meinem Zustand kann ich ja nicht einmal ein Gewehr anlegen, geschweige denn schießen.«

»Nun sei man nicht so unglücklich«, tröstete Eberhard sie. »Es wird noch so viele Jagden geben in deinem Leben.«

»Ich weiß.« Aglaia seufzte. »Aber gerade heute hätte ich schreckliche Lust.«

Eberhard öffnete die Tür und ließ Paulchen und Bello herein. »Geh mit deinen Lieblingen in den Park«, sagte er. »Das hebt deine Stimmung bestimmt wieder.« Er gab ihr einen Kuss und streichelte ihren Bauch. »Bis später, Liebling. Bald hast du es ja überstanden.« Aglaia hatte eine unruhige Nacht gehabt. Das Kind hatte gestrampelt, und sie war immer wieder aufgewacht. »Lasst mich noch ein wenig schlafen«, sagte sie zu den beiden Hunden, die mit aufgestellten Ohren vor ihrem Bett saßen und sie aufmunternd ansahen. »Wir gehen ein wenig später, versprochen.« Sie fiel noch einmal in einen traumlosen Schlaf und erwachte erst wieder, als der Wind das laute Blasen der Jäger und das Hepp Hepp der Treiber zu ihr hinübertrug. Dann begannen die Büchsen zu knallen, in einem fort, und an Schlaf war nun nicht mehr zu denken. Sie kleidete sich hastig an. »Dann kommt mal, ihr Racker«, rief sie, und ohne zu frühstücken, lief sie mit den Hunden hinaus in den Park. Auch hier waren die Schüsse zu hören, etwas gedämpfter als auf der anderen Seite des Schlosses. Erst als auf der Lichtung des Eichenwaldes die Erbsensuppe ausgeteilt wurde, war es für eine Weile still.

Zum Jahreswechsel wurde noch einmal ausgiebig gefeiert, dann kehrte auf Birkenau wieder eine beschauliche Ruhe ein. Die Gäste waren abgereist, nur Ferdinand verspürte keine Lust, die Heimat so schnell wieder zu verlassen. Ein Mal fuhr er nach Königsberg, begleitete Louise in die Oper und zu gesellschaftlichen Anlässen und unterhielt die Familie nach seiner Rückkehr mit dem neuesten Klatsch aus der Stadt.

Februar 1850

Aglaias Niederkunft stand jetzt kurz bevor. Doktor Grüben war vorbeigekommen, um nach ihr zu sehen. »Es kann sich nur noch um ein paar Tage handeln«, sagte er zu Elvira. »Wenn die Wehen anfangen, schicken Sie sofort nach Erna Kurbischke. Sie weiß Bescheid, dass es jeden Tag losgehen kann.«

Elvira sah ihn zweifelnd an. »Sollten wir nicht doch besser nach Ihnen …?«

»Lass man gut sein, Marjellchen«, mischte Jesko sich ein, »die Kurbischke hat schon Eberhard auf die Welt geholfen …«

»Und die Basedow-Kinder hat sie auch geholt«, unterbrach Eberhard seinen Vater. »Diese Frau weiß, wie es geht.«

Doktor Grüben musste lachen. »Ja, die Erna ist bekannt wie ein bunter Hund. Also machen Sie sich man keine Sorgen, Elvira.«

Vorsichtshalber informierte Elvira sofort Josef, den Kutscher. »Wenn es bei der jungen Gräfin losgeht, fahr wie der Teufel und hol die Hebamme. Weißt du, wo sie wohnt?«

»Wenn Se die Kurbischke meinen, die kenn ich. Machen Se sich man keene Gjedanken nich, Frau Gjräfin. Wie der Deuwel werd ich fahrn und se herbringen.«

Zwei Tage später, es war der 20. Februar, war es so weit. Der Frost hatte das Land fest im Griff. Das Thermometer zeigte minus zwanzig Grad, an den Fenstern wuchsen dicke Eisblumen, und ein eisiger Ostwind rüttelte an den Fensterläden. Schon seit ein paar Tagen hatte niemand das Haus verlassen, nicht einmal die Hunde wollten hinaus. Am frühen Nachmittag spielten die Herren mit Clemens eine Partie Whist, während Aglaia und Elvira am prasselnden Kaminfeuer saßen. Aglaia hatte die Augen geschossen, ihre Hände lagen gefaltet auf ihrem Bauch. Sie stöhnte leise auf. Ihr Atem kam flach und stoßweise.

»Geht es dir nicht gut?«, fragte Elvira besorgt.

»Ich weiß nicht recht, ich habe so ein Ziehen im Unterleib …«

Elvira legte ihre Stickerei aus der Hand. »Wie lange geht das denn schon?«

»Noch nicht lange … vielleicht eine halbe Stunde.« Ihr Stöhnen wurde jetzt lauter.

»Es geht los!«, schrie Elvira. »Willi, sag Josef Bescheid. Er soll die Hebamme holen.« Eberhard schmiss seine Karten auf den Tisch und rannte statt Willi nach draußen.

»Ach nein«, rief Ferdinand mit verschmitztem Grinsen, »wo ich gerade so ein gutes Blatt habe.«

»Mein erstes Enkelkind kommt, und du denkst nur an deine guten Karten!«, Jesko war ehrlich empört, und Clemens sah Ferdinand an, als würde er an seinem Verstand zweifeln. »Also Ferdinand … wirklich!« war alles, was er herausbrachte.

Der brach in lautes Lachen aus. »Nun macht aber mal ’nen Punkt. Den Robber hätten wir doch wirklich noch zu Ende spielen können. Meint ihr, Josef wäre langsamer, wenn Willi ihm Bescheid gesagt hätte?« Er winkte den Diener heran. »Bring uns mal ’ne Flasche Port, damit wir hier die Aufregung besser verkraften.«

Die Gänge des Schlosses wurden lebendig. Dienstmädchen rannten mit sauberen Handtüchern in den ersten Stock, und in großen Kannen wurde heißes Wasser herangeschleppt. Aglaias Stöhnen war lauter geworden. Elvira saß an ihrem Bett, wischte ihr die schweißnasse Stirn mit einem feuchten Tuch und sprach beruhigend auf sie ein. »Die Hebamme wird gleich da sein. Versuch ruhig zu atmen ... alles wird gut.« Unruhig spähte sie immer wieder auf die zierliche Standuhr auf der Kommode. Erst zwanzig Minuten waren vergangen, und Elvira erschien es wie Stunden. ›Mein Gott, wenn der Schlitten im Schnee stecken bleibt – was mache ich dann nur?‹, dachte sie. Noch nie war sie bei einer Geburt dabei gewesen.

Britta, eines der Dienstmädchen, das sich im Hintergrund des Zimmers zu schaffen machte, schien Gedanken lesen zu können. Leise sagte sie: »Machen Se sich man keine Sorgjen nich, Frau Gjräfin. Ich kenn mir mit so was aus. Ich helf Ihnen, wenn de Kurbischke nich rechtzeitig da is.«

»Danke, Britta.« Elvira atmete erleichtert auf: »Das ist wirklich eine große Beruhigung für mich.« Die Männer im Salon waren schon bei der zweiten Flasche Port, als Willi die Hebamme meldete.

»Frau Kurbischke, na endlich!« Eberhard stürzte in die Halle. »Gott sei Dank sind Sie da. Meine Frau muss sich ja furchtbar quälen. Hören Sie sie schon? Einfach schrecklich, wenn man so gar nichts tun kann.«

Erna Kurbischke, eine kleine rundliche Frau Mitte fünfzig mit roten Apfelbäckchen und fröhlich blitzenden Augen, schälte sich in Windeseile aus ihrem dicken Mantel, vertauschte die Fellmütze mit einem weißen Häubchen und schlüpfte in einen sauberen Kittel. »Bist wohl mächtig aufgjeregjt, Jungchen?«, fragte sie und tätschelte Eberhards Wange.

Sie duzte alle, denen sie auf die Welt geholfen hatte, egal ob Bauer, Graf oder Fürst. »Is gjanz normal. Nimm man noch en Schlubberchen, das wird dir beruhigjen«, sagte sie und eilte die Treppe hinauf.

Willi war gerade dabei, die dritte Flasche Port zu entkorken, als das Schreien plötzlich aufhörte. Eberhard, der seit geraumer Zeit nervös auf und ab gegangen war, blieb abrupt stehen. Keiner der vier Männer sprach.

»Mein Gott«, sagte Clemens plötzlich entsetzt. »Was bedeutet das? Aglaia wird doch nicht …?«

»So schnell stirbt's sich nicht«, sagte Ferdinand ungerührt. Ein leises Weinen riss ihn aus seinen Gedanken, und da stand auch schon Elvira in der Tür, das Gesicht tränenüberströmt, aber strahlend vor Glück. Im Arm hielt sie ein in weiße Tücher eingewickeltes Bündel, aus dem nur ein kleiner schwarzer Schopf herausschaute. »Es ist ein gesunder Junge«, sagte sie.

Aglaia erholte sich schnell von der Geburt. Bei seiner Visite am folgenden Tag hatte Dr. Grüben erst das Kind und dann sie untersucht.

»Ich gratuliere dir zu deinem Stammhalter«, sagte er zu Eberhard. »Mutter und Kind sind wohlauf. Aber Aglaia sollte noch ein paar Tage das Bett hüten.« Eberhard hatte Wilhelmine eine Depesche geschickt, und bereits zwei Tage später erschien sie auf Birkenau, ganz die aufgeregte Großmutter. Aglaia stillte gerade das Kind, als ihre Mutter in ihr Zimmer stürmte. Entgeistert blieb sie in der Tür stehen. »Was machst du denn da? Hast du keine Amme?«

»Wie nett von dir, mich zu besuchen«, sagte Aglaia ungerührt. »Nimm doch Platz, Mama. Kann ich dir einen Tee bringen lassen oder einen Kaffee?« Sie nahm das Kind von der Brust und gab es Helma, die es sich auf die Schulter legte, damit es sein Bäuerchen machen konnte.

»Einen Kaffee bitte.« Wilhelmine war immer noch fassungslos. Eine Gräfin Kaulitz stillte ihr Kind selbst! Das war ja nun gar nicht *comme il faut*! Aglaia klingelte und bestellte Kaffee und Gebäck. »Um deine Frage zu beantworten, Mama«, sagte Aglaia nun, »ich habe die Amme weggeschickt. Es ist ein großes Glück für mich, mein Kind selbst zu stillen.« Von Minchen Basedow sagte sie nichts, das hätte ihre Mutter nur noch mehr verwirrt.

Wilhelmine riss sich zusammen. »Schön, wenn es dir Freude macht, mein Liebes. Ich meine ja nur, ich finde es ein wenig ungewöhnlich.« Sie holte tief Luft. »Tja, ich musste natürlich sofort kommen, um dir zu gratulieren. Erzähl, wie war die Geburt? Hattest du große Schmerzen? War Elvira dir eine Hilfe – wo ist sie überhaupt?«

»Frau Gräfin lässt sich entschuldigen«, sagte Willi, der eben mit einem Tablett das Zimmer betrat. »Sie ist unpässlich und hütet das Bett.«

»Das ist aber wirklich bedauerlich«, sagte Wilhelmine leicht verschnupft. »Ich habe sie ja ewig nicht gesehen. Aber ich bin ja in erster Linie wegen dir und meinem Enkelkind hier.«

Aglaia lächelte verstohlen. Vor zehn Minuten hatte Elvira noch putzmunter bei ihr gesessen. Ganz offensichtlich wollte sie ihrer alten Freundin nicht begegnen.

»Ich hörte von Louise, dass Elvira demnächst mit Jesko nach Malta reist«, plapperte Wilhelmine nun weiter. »Ganz schön gewagt, so eine lange Reise. Vor allem, wenn es ihr nicht gut geht.«

»Ach, bis dahin wird sie schon wieder auf dem Damm

sein«, lächelte Aglaia. »Aber sag, wie geht es dir, Mama? Gefällt dir dein Leben in Königsberg?«

»Ich finde es einfach wundervoll.«

»Und vermisst du Wallerstein denn gar nicht?«

Ein Schatten flog über Wilhelmines Gesicht. Aber sie fing sich sofort wieder. »Ach weißt du, mein Kind. Natürlich ist es ein anderes Leben in der Stadt. Aber ich genieße es. Ständig ist etwas los, ich empfange übrigens jetzt immer dienstags – wann kommst du mich denn mal wieder besuchen? Vielleicht sogar zusammen mit dem Kleinen?«

»Wenn ich demnächst in Königsberg bin, komme ich vorbei.«

»Wie soll er denn heißen, dein Sohn? Ich habe ein Schieberchen und eine Rassel bei Juwelier Hirsch bestellt und möchte beides gern gravieren lassen.«

»Alexander Clemens«, sagte Aglaia. »Alexander hieß Jeskos Vater, und Clemens ist Taufpate.«

»Ist das dieser Clemens von Mühlau?« Wilhelmine schien leicht irritiert. »Erwähntet ihr nicht, er sei euer Englischlehrer?«

»Ja, inzwischen ist er ein enger Freund des Hauses.« Aglaia lächelte. »Und wie Elvira bereits einmal sagte, wenn du dich etwas öfter hier sehen ließest, würdest du ihn längst kennen.«

Wilhelmine tat, als hätte sie den leisen Vorwurf nicht bemerkt, und plauderte weiter über belanglose Dinge. Als Alexander anfing zu weinen, ließ Aglaia ihn sich bringen, um ihn erneut zu stillen. Wilhelmine erhob sich sofort. »Ich will dich dabei nicht stören«, sagte sie, als wäre sie ein wenig peinlich berührt. Sie gab Aglaia einen flüchtigen Kuss auf die Wange und eilte davon.

Clemens war ganz überwältigt gewesen, als Aglaia ihn gebeten hatte, Alexanders Pate zu werden. Er hatte ihre beiden Hände geküsst und mit erstickter Stimme gesagt: »Ich werde diese Patenschaft sehr ernst nehmen. Was auch immer passiert, liebste Aglaia, ich werde stets für Alexander und dich da sein.«

»Das ist sehr lieb von dir, Clemens«, hatte Aglaia erfreut gesagt und seinen Worten keine größere Bedeutung beigemessen. Sie fand, dass er manchmal für sein Alter ein wenig zu ernst war.

Elvira war vernarrt in das Kind. Wenn es weinte, war sie die Erste, die es auf den Arm nahm und herumtrug, bis es wieder ruhig war. Wenn es sich nicht gleich beruhigte, befürchtete sie eine schwere Erkrankung und wollte sofort nach Doktor Grüben schicken. »Du entwickelst dich ja zu einer richtigen Glucke«, sagte Jesko kopfschüttelnd.

Aglaia meinte: »Wenn du so weitermachst, wird er noch zu dem verwöhntesten Bengel Ostpreußens.« Aber sie ließ sie gewähren, stand doch Elviras Reise bevor, und sie würde Alexander für ein paar Monate nicht sehen.

Wochenlang war die Reise nach Malta Thema der Tischgespräche gewesen. Die Schiffspassagen waren gebucht, Kleider, Hüte und die passenden Sonnenschirme gekauft und bereits in großen Schrankkoffern verstaut. Ende März sollte es losgehen. Während Jesko schon seit Tagen von heftigem Reisefieber gepackt war, wurde Elvira immer stiller. Die Einzige, die das bemerkte, war Aglaia. »Was ist mit dir, Tante Elvira, geht es dir nicht gut?«

»Doch, doch.« Obwohl beide allein im Raum waren, senkte sie ihre Stimme zu einem Flüstern: »Ich wage es kaum zu sagen, aber ich habe überhaupt keine Lust, Birkenau zu verlassen.«

Aglaia sah sie erstaunt an. »Was heißt denn verlassen? Ihr werdet doch wohl wiederkommen.«

»Ja, natürlich, aber ich will jetzt einfach nicht weg. Die Vorstellung, Alexander so lange nicht zu sehen, nicht dabei zu sein, wie er sich entwickelt …«

Aglaia brach in lautes Gelächter aus. »Das ist doch nun wirklich nicht dein Ernst! Ihr seid gerade mal zweieinhalb Monate weg. In dieser Zeit wird Alexander weder laufen noch sprechen lernen. Du versäumst höchstens sein Gebrüll, wenn er den ersten Zahn bekommt.« Sie stockte. »Du hast das doch hoffentlich nicht auch zu Jesko gesagt? Er ist so aufgeregt und voller Vorfreude, es würde ihn bestimmt sehr traurig machen.«

»Um Himmels willen, nein.« Elvira sah Aglaia flehend an. »Verrat mich nicht. Jesko würde mich für total meschugge halten.«

»Na ja, ein bisschen verrückt ist es ja auch«, sagte Aglaia lachend. »Aber zur Taufe seid ihr ja wieder da. Dann ist hier Frühling, alles blüht, bestimmt auch schon einige deiner geliebten Rosen. Jetzt sei mal wieder fröhlich. Diese Reise wird sicher ein wunderbares Erlebnis.«

»Na gut, wenn du meinst …« Sehr glücklich klang das allerdings nicht.

In der drauffolgenden Woche brachten Aglaia und Eberhard Jesko und Elvira zum Schiff nach Königsberg. »Passt mir bloß gut auf Alexander auf«, sagte Elvira immer wieder. »Ich habe schon jetzt Sehnsucht nach ihm.«

Jesko schüttelte ungläubig den Kopf. »Nun lass aber man die Kirche im Dorf. Ich liebe mein Enkelkind ja auch. Aber was du da aufführst … Ich habe fast den Eindruck, du freust dich gar nicht mehr auf diese Reise. Vielleicht erinnerst du dich, dass du es warst, die sie unbedingt machen wollte.« Er war jetzt tatsächlich etwas ärgerlich.

»Um Gottes willen, Jesko, natürlich freue ich mich. Aber der Kleine ist so süß …« Sie sah Aglaia hilfesuchend an.

»Mach dir man keine Sorgen, Tante Elvira«, Aglaia strich ihr beruhigend über die Hand. »Onkel Ferdinand ist ganz erpicht darauf, deine Stelle zu übernehmen.«

»Nun denkt mal an euch und die Abenteuer, die auf euch warten, und nicht an unseren Sohn. Ich bin ja schließlich auch noch da«, schaltete sich Eberhard ein. »Und du Papachen, sagst doch immer, Tante Elvira ist eine Glucke. Das kann sie eben nicht so schnell ablegen.«

Als sie am Kai ankamen, hatte auch Elvira die Vorfreude auf die Reise gepackt. Man umarmte sich zum Abschied. »Gute Reise, und kommt gesund zurück!«, riefen Aglaia und Eberhard ihnen nach und schwenkten ihre Taschentücher, bis sie im Schiff verschwunden waren.

Eberhard winkte eine Droschke herbei. »Zum Schlossteich«, rief er dem Kutscher zu. Er atmete tief durch. »Gott sei Dank sind sie auf dem Schiff. Ich hatte schon die schlimmsten Befürchtungen, dass Tante Elvira womöglich die Reise absagt.«

»Ehrlich gesagt, ich auch. Aber nun kann sie ja nicht mehr zurück.«

Eberhard sah auf seine Taschenuhr. »Ich hole dich gegen vier Uhr bei deiner Mutter ab. Bis dahin werde ich sicher alles erledigt haben.« Er runzelte die Augenbrauen. »Vielleicht wird das doch etwas knapp, also spätestens um halb fünf bin ich da.«

»Beeil dich«, seufzte Aglaia. »Du weißt, wie lähmend diese Damenkränzchen bei Mama für mich sind.«

In Wilhelmines Salon saßen bereits mehrere Damen bei Tee

und Gebäck. Sie empfing ihre Tochter mit ausgebreiteten Armen. »Wie schön, dich zu sehen, mein Liebling«, rief sie. »Von Ursula hörte ich, dass Jesko und Elvira heute abreisen. Habt ihr sie zum Schiff gebracht? Wie geht es ihr, hat sie sich wieder erholt?«

»Ich wusste gar nicht, dass Elvira krank war«, sagte Ursula von Eyersfeld erstaunt.

»Nur ein kurzes Unwohlsein, ausgerechnet als Mama auf Birkenau war.«

»Ach so.« Ursula begriff zum Glück sofort.

Nachdem Aglaia alle Anwesenden begrüßt, man ihr überschwänglich zu Alexanders Geburt gratuliert und ihr blendendes Aussehen gelobt hatte, kam die allgemeine Unterhaltung über Kochrezepte und anderer Leute Nachwuchs schnell wieder in Fluss. Aglaia hörte nur mit halbem Ohr zu. Sie war todmüde. Zum ersten Mal seit Alexanders Geburt war sie seit dem frühen Morgen auf den Beinen. Doch sie wurde schlagartig wach, als die Namen von Louise und Ferdinand fielen.

»Ich war kürzlich bei den Dhonas«, hörte sie eine Frau von Liebig sagen. »Deine Schwester hat ganz schön rumscharmutziert mit Ferdinand von Kaulitz.«

»Was?« Wilhelmines Stimme klang schrill. »Das ist ja unerhört. Meine Schwester ist wirklich schamlos.«

»Was findest du daran denn schamlos, Wilhelmine?« Philine von Dühnkern war erstaunt. »Deine Schwester ist seit Jahren verwitwet und Ferdinand ungebunden. Also ich kann daran nichts Verwerfliches finden.«

»Meine Schwester macht vor gar nichts Halt!« Ihr Gesicht war wutverzerrt. »Und Ferdinand, na ja, sein Ruf ist ja auch nicht gerade der beste … Und wenn ich erst an Elvira denke …«

Aglaia sah ihre Mutter entsetzt an. »Mama, mäßige dich, bitte! Wie kannst du nur so etwas sagen?« Unbemerkt von den Damen hatte Eberhard den Salon betreten.

»Da kann ich meiner Frau nur beipflichten!«, sagte er mit kalter Stimme. »Aglaia, komm. Die Droschke wartet. Und bitte bemüh dich nicht, Schwiegermutter. Wir finden allein hinaus.«

Eberhard war außer sich. »Ich begreife deine Mutter nicht. Wie kann sie sich nur so vergessen und in solcher Weise über Menschen sprechen, die ihr und vor allem uns, so nahestehen!«

Aglaia brach in Tränen aus. »Ich weiß es nicht. Sie war wie eine Furie. Was ist nur in sie gefahren? Solche schrecklichen Dinge zu sagen, und das auch noch vor dieser Frau Klühspieß.«

»Ja.« Eberhard lachte bitter. »Morgen spricht die ganze Stadt davon, da kannst du sicher sein. Auf jeden Fall werde ich das nicht auf sich beruhen lassen.« Er strich ihr zärtlich über das tränennasse Gesicht. »Beruhige dich, mein Schatz. Lass uns jetzt nicht mehr darüber reden. Morgen werde ich entscheiden, was zu tun ist.«

Als sie auf Birkenau ankamen, begrüßte Willi sie in der Halle. »Hertha hat in der Bibliothek einen kleinen Imbiss für Sie angerichtet. Graf Ferdinand erwartet Sie dort.«

»Sei mir nicht böse, wenn ich mich sofort zurückziehe, Eberhard«, sagte Aglaia. »Ich sehe nur kurz nach Alexander, dann werde ich mich hinlegen. Bitte entschuldige mich bei Onkel Ferdinand. Ich bin todmüde, und Appetit habe ich auch keinen.«

Eberhard konnte sich gar nicht beruhigen. »Kannst du dir vorstellen, was in meine Schwiegermutter gefahren ist, solche Dinge zu sagen, und das auch noch vor ihrem gesamten Kaffeekränzchen?«, fragte er seinen Onkel, nachdem er einen Schnaps zur Beruhigung getrunken hatte. »Nur mein Erscheinen hat sie davon abgehalten, auch noch über Tante Elvira herzuziehen. Aglaia ist völlig außer sich.«

Ferdinand zog bedächtig an seiner Zigarre. »Wilhelmine war einmal sehr schön. Auch ich gehörte zu ihren Verehrern. Nun ist sie eine verbitterte alte Frau, unglücklich, und wenn man es ehrlich aussprechen will, von ihrem Mann verstoßen.« Er nahm einen Schluck Port. »Habe ich das eigentlich schon erwähnt? Horst hat eine Mätresse in Berlin, schon seit Jahren. Er zeigt sich überall mit ihr.«

Eberhard sah ihn fassungslos an. »Nein, Onkel Ferdinand, davon weiß ich nichts. Es wäre auch besser, Aglaia würde es nicht erfahren.«

»Wenn du es ihr nicht sagst … ich werde es bestimmt nicht tun.«

Am nächsten Tag schrieb Eberhard einen Brief an Wilhelmine.

Verehrte Schwiegermutter,

nach dem gestrigen Vorfall sehe ich mich leider gezwungen, Dich zu bitten, in Zukunft Birkenau fernzubleiben. Im Interesse all derer, die Du im Beisein Aglaias und einiger Königsberger Damen in unangemessener Art beleidigt hast, wäre es unangebracht, Dich zur Taufe von Alexander hierzuhaben. Aglaia und ich sehen leider keine andere Möglichkeit, das Ansehen unserer Familie zu wahren.

Hochachtungsvoll

Eberhard von Kaulitz

Es war Ende April. Wie jedes Jahr war es über Nacht Frühling geworden. Milde Stürme hatten in wenigen Tagen den Schnee zum Schmelzen gebracht, die Vögel kamen in Scharen zurück, und das Land erwachte innerhalb von ein paar Tagen aus seinem langen Winterschlaf. Von Elvira kam begeisterte Post aus Malta.

»*Es ist traumhaft hier. Alles blüht, es ist warm, und sogar Jesko meint, für seine alten Knochen gäbe es nichts Besseres als das hiesige Klima.*« Und ein anderes Mal: »*Wir haben hier reizende Menschen getroffen. Wie ihr wisst, ist Louise auch hier und schleppt uns überall mit hin. Es ist einfach herrlich. Und wenn meine Sehnsucht nach Alexander nicht wäre, könnte ich mir vorstellen, noch ein wenig länger zu bleiben. Jesko lässt herzlich grüßen. Bis bald. eure Elvira*«

Mitte Mai bemerkte Aglaia, dass sie wieder schwanger war. Diesmal lamentierte sie nicht, als Doktor Grüben ihr das Reiten verbot. Sie ging ganz auf in ihrem Glück. Begleitet von Paulchen und Bello, neben sich in einem Körbchen Alexander, fuhr sie öfter hinüber nach Linderwies zu Minchen Basedow. Die jungen Frauen tauschten Erfahrungen aus über Kinderkrankheiten, Zahnen und das Wunder der ersten Worte.

»Franzchen hat gjestern das erste Mal ›Mutti‹ gjesagjt«, berichtete Minchen aufgeregt, als Aglaia bei ihr in der Küche saß. »Und sehn Se nur, seit ein paar Tagen kann er schon laufen.« Tatsächlich hatte sich Minchens Jüngster an einem Stuhlbein hochgezogen und tapste mit unsicheren Schritten zu dem Körbchen, in dem Alexander mit fest geballten Fäustchen zufrieden vor sich hin brabbelte. Ernsthaft betrachtete er das kleine Kind. Dann streichelte er mit seiner kleinen Hand unbeholfen über Alexanders Kopf und rief lachend »Da! Da! Da!« Alexanders Gesichtchen begann zu stahlen, er strampelte und quiekte vor Vergnügen und griff nach Franzchens Hand. Es war der Beginn einer lebenslangen Freundschaft.

An einem herrlich warmen Frühsommertag Mitte Juni wurde Alexander in der kleinen Schlosskapelle getauft. Elvira war erst vor wenigen Tagen von ihrer Reise zurückgekehrt, hatte es sich aber nicht nehmen lassen, selbst die Kapelle festlich mit allen Blumen zu schmücken, derer sie habhaft werden konnte. Das Schloss war voller Gäste. Neben den Eyerfelds, Dühnkerns, Herzbergs und dem Ehepaar von Saalfeld waren die immer noch unverheirateten Goelder-Brüder da, sowie Hannchen Severin mit ihrer Familie und die Lackners aus Lindicken. Und immer noch wurden Gäste erwartet. Selbstverständlich war auch Horst aus Berlin angereist. Eberhard hatte Jesko und Elvira gleich nach ihrer Rückkehr über Wilhelmines unmöglichen Auftritt unterrichtet. »Ich habe ihr geschrieben, dass sie auf Birkenau unerwünscht ist und ich sie auch zur Taufe hier nicht sehen will.«

Elvira hatte ihn entsetzt angesehen. »Ist das nicht ein bisschen hart. Was sagt denn Aglaia dazu?«

»Sie ist absolut meiner Meinung.«

»Wie traurig«, war alles, was Elvira dazu sagen konnte. Erstaunlicherweise wunderte sich keiner der Gäste über Wilhelmines Abwesenheit. Jedenfalls fragte niemand nach ihr. Offensichtlich hatte Frau Klühspieß ganze Arbeit geleistet.

Pastor Küster, der schon Aglaia getauft und getraut hatte, fand bewegende Worte, und die anwesenden Damen waren den Tränen nah. Auch Clemens' Augen waren feucht, als er Alexander über das Taufbecken hielt.

»Was für ein Mann«, flüsterte Henriette Severin ihrer Schwester Hannchen ins Ohr. »Hast du eine Ahnung, ob er schon vergeben ist?«

»Nein«, hauchte die, »ich werde später Aglaia fragen.«

Nach einem vorzüglichen Mittagessen – Hertha hatte sich mal wieder selbst übertroffen – verteilte sich die Gesellschaft in den Salons. Einige der Herren, darunter Jesko, Horst von Wallerstein, Baron von Eyerfeld, Graf Dühnkern und der Bankier Herzberg hatten sich in die Bibliothek zurückgezogen.

»Nun, mein lieber Herzberg«, begann Horst, »die Aktien, die Sie mir verkauft haben, sind ja gewaltig gestiegen und werfen einen erklecklichen Gewinn ab. Ich habe gerade den Auftrag gegeben, Wallerstein zu renovieren.«

Der Bankier, ein großer kräftiger Mann Anfang fünfzig mit einem sorgfältig gestutzten Backenbart und eisblauen klugen Augen, lächelte geschmeichelt. »Sehr erfreulich, lieber Wallerstein, in der Tat sehr erfreulich. Und Sie werden sehen, der industrielle Aufstieg wird weitergehen.« Er wandte sich an die Runde. »Wie ist es denn mit Ihnen, meine Herren? Mein lieber Kaulitz, können wir vielleicht auch ins Geschäft kommen?«

»Um Himmels willen, nein!« Jesko hob abwehrend die Hände. »Wir haben unser Geld in Grund und Boden investiert. Der Kauf von Schernuppen steckt uns noch in den Knochen.«

»Und wie ist es mit Ihnen, Eyersfeld, wollen Sie nicht etwas verdienen, ohne zu arbeiten?«

»Ach lassen Sie man, Herzberg«, wehrte auch Fritz von Eyersberg ab, der gerade sorgfältig sein Monokel putzte. »Ich bin genau wie die Kaulitzens verwachsen mit meiner Scholle.« Er ließ sich von Willi noch einen Cognac nachschenken. »Wir sind eben vom alten Schlag.«

»Sehr lobenswert«, mischte sich jetzt Graf Dühnkern ein,

der bisher schweigend gelauscht hatte. »Ich bin absolut Ihrer Meinung. Wenn ich sehe, wie manche Verwandte aus dem Adel ihr Leben damit verbringen, nichts weiter zu tun, als zu jagen, reisen und ihr Geld zu verspielen, anstatt sich um ihren Besitz zu kümmern, wird mir angst und bange. Da fragt man sich wirklich, wo das noch hinführen soll.«

»Sie haben wahrlich recht, lieber Dühnkern«, pflichtete ihm Jesko bei. »Die wenigsten ahnen, was Grund und Boden bedeutet. Aber um das zu wissen, muss man sich damit verbunden fühlen, damit verwachsen sein und Verantwortung übernehmen für die Leute, die einem dienen.«

»Nun, meine Herren«, sagte der Bankier, »mir scheint, es zeichnet sich fast so etwas wie eine Stadtflucht ab. Kaum eine Zeitung, in der nicht mehrere Güter zum Kauf angeboten werden.«

»Also ich würde lieber sterben, als meine Scholle zu verlassen«, rief Fritz von Eyersfeld. »Trinken wir darauf, dass diesem Kreis solche Ideen fernbleiben.« Man prostete sich zu und wandte sich anderen Themen zu.

Aglaia und Hannchen Severin machten einen Spaziergang in dem Park. In den gepflegten Rabatten blühten Narzissen, Stiefmütterchen und Tulpen in leuchtenden Farben, und das saftige Grün der Bäume spendete wohltuenden Schatten. Die beiden jungen Frauen hatten ihre Sonnenschirme aufgespannt und gingen Arm in Arm in Richtung des Sees, als ihnen Clemens entgegenkam. »Was machst du denn hier, so allein?«, fragte Aglaia erstaunt.

»Ich musste eine Weile für mich sein«, sagte er ernst. »Mir ging so viel durch den Kopf … die Taufe, das entzückende Kind und die Erinnerung an meine kleine Schwester.« Seine Augen waren unendlich traurig. »Eberhard und du, ihr seid

Glückskinder, wirklich zu beneiden.« Dann überzog sein Gesicht ein Lächeln, und die Traurigkeit schien wie weggeblasen. »Ich bin wahrlich ein schlechter Gast! Dich am heutigen Tag mit meiner Melancholie zu belasten. Bitte verzeih, liebste Aglaia.« Er beugte sich über ihre Hand. »Lasst euch nicht weiter stören, ich werde mich jetzt wieder unter die Gäste mischen«, rief er und eilte davon.

»Was für ein schöner Mann«, sagte Hannchen mit nachdenklichem Blick, »und so wohlerzogen. Ist er eigentlich schon vergeben? Henriette ist ganz entzückt von ihm.«

»Nicht nur sie! Sophie Herzberg macht ihm schon länger schöne Augen. Der alte Herzberg hat bei Jesko sogar schon mal vorsichtig angeklopft und mit einer beträchtlichen Mitgift gewunken … Du weißt, Clemens ist völlig mittellos.«

Hannchen nickte. »Und er will nicht? Sophie ist doch wirklich reizend. Findest du das nicht seltsam?«

»Nein, er will partout nicht. Keiner versteht es, aber man kann ihn ja schließlich nicht zwingen.«

Abrupt blieb Hannchen stehen. »Sag mal, Aglaia, seid ihr denn alle blind?«

»Wieso, was meinst du?«

»Er liebt *dich*! Hast du denn nie etwas gemerkt? Wie er dich eben angesehen hat, da ist es mir wie Schuppen von den Augen gefallen.«

Aglaia sah ihre Freundin fassungslos an. »Was sagst du denn da, Hannchen? Ich glaube, du hast den Verstand verloren! Niemals hat Clemens mir den geringsten Anlass gegeben, so etwas auch nur zu vermuten.« Aglaia zitterte vor Empörung.

Hannchen zog sie am Ufer des Sees auf eine Bank unter einer ausladenden Trauerweide. »Nun beruhige dich doch, Aglaia. Vielleicht irre ich mich ja auch.« Sie nahm ihre Freundin in den Arm. »Vergiss, was ich gesagt habe. Komm, lass uns zurückgehen. Man wird uns schon vermissen.«

Außer dass Ferdinand wieder auf Reisen ging – was niemanden verwunderte –, verlief der Sommer ohne besondere Vorkommnisse. Die Revolution war zwar vorbei, dafür sorgte die Gründung des Deutschen Bundes für wochenlangen Gesprächstoff bei den Männern, und dieser Bismarck war neuerdings in aller Munde. All das interessierte Aglaia nicht. Dieses Mal machte ihr die Schwangerschaft mehr Probleme. Ständig war sie müde, litt unter Übelkeit und Unlust. Vor allem die Hitze machte ihr zu schaffen. Aber Alex, ihr kleiner Sonnenschein, riss sie immer wieder aus ihrer aufkeimenden Melancholie.

Als Aglaia und Elvira einmal für Besorgungen in Königsberg waren, begegneten sie in einer Konditorei Wilhelmine. Man sprach ein paar belanglose Worte, aber keiner machte Anstalten, eine Versöhnung herbeizuführen.

»Mein armes Kind«, sagte Elvira, nachdem Wilhelmine erhobenen Hauptes hinausgerauscht war, »es tut mir so leid für dich.«

»Was tut dir leid? Dass ich so eine Mutter habe? Ich empfinde nichts, wenn ich sie sehe. Es ist mir schon seit langem klar, mit Tanyas Tod ist auch sie für mich gestorben.«

Es war Ende Oktober. Noch waren die Laubbäume bunt gefärbt, aber bald würden die Stürme sie kahl fegen. Die meisten Vögel hatten sich bereits auf den Weg in den Süden gemacht, und auf den fleckigen Wiesen graste nur noch vereinzeltes Vieh.

An einem Freitagmorgen, Jesko und Eberhard waren eine Stunde zuvor mit dem Einspänner nach Insterburg gefahren, um dringende Geschäfte zu erledigen, setzten bei Aglaia die Wehen ein.

»Willi, schnell! Jacob soll die Hebamme holen. Es geht los!«, rief Elvira aufgeregt. Sie rang verzweifelt die Hände. Der Geburtstermin war doch erst Anfang Dezember! Eine Frühgeburt, wie entsetzlich! Helma, die bei Alexander gerade die Windeln wechselte, setzte ihn in seinen Laufstall und rannte in die Küche.

»Heißes Wasser und Tücher, das Kind kommt«, schrie sie und rannte zurück, um Elvira zur Hand zu gehen.

»Du liebe Gjüte«, rief Hertha und trieb die Dienstmädchen zur Eile an. »Manchmal gjeht so was ja gjanz fix.« Aber diesmal sollte alles länger dauern. Der Kutscher brauchte fast eine Stunde, bis er die Hebamme fand. Sie war bei einer anderen Geburt auf einem entlegenen Gehöft und ließ sich von Josef nicht aus der Ruhe bringen, der unruhig vor dem Haus auf und ab ging und immer wieder durch das offene Fenster rief: »Nu mach man hinne, Erna.«

Schließlich kam sie hinaus und stemmte resolut ihre Hände in die Seiten. »Sachte, sachte, Jungchen. Hör auf, mir zu stören.« Beim Hineingehen drehte sie sich noch einmal um. »Wie lange liegt die Gjnädije schon in den Wehen?«

Josef zuckte die Achseln. »Hat wohl gjerade man angjefangen.«

»Siehste, also keen Gjrund zur Panik nich. Wenn ich hier fertig bin, könn wer fahrn. Vorher gjeht's nu man nich.«

Als sie nach über einer Stunde auf Birkenau ankam, lief ihr Elvira entgegen. »Na endlich, Frau Kurbischke. Sie kommen ja schrecklich spät. Ich weiß auch nicht, irgendwas ist anders als beim letzten Mal. Das Kind kommt ja fast zwei Monate zu früh. Ich mache mir schreckliche Sorgen. Hoffentlich geht das man bloß gut.« Sie rang verzweifelt die Hände.

»Na dann wolln wer mal«, sagte die Hebamme anscheinend ungerührt. Man merkte ihr nicht an, dass auch sie äußerst besorgt war. Als sie die Treppe hinaufging, fragte sie: »Sind die Herren nich da?«

»Nein, die sind in Insterburg. Aber nun kommen Sie schon.« Von oben ertönte ein Schrei. »Hören Sie denn nicht, wie meine Schwiegertochter sich quält?«

»Das is ja nu man so.« Frau Kurbischke war nicht aus der Ruhe zu bringen. »Ohne Schmerzen gjeht das doch nie nich.« Die Wehen dauerten nun bereits einige Zeit an, und Aglaias gellende Schreie waren bis in die Wirtschaftsräume zu hören. Willi erschien regelmäßig bei Hertha in der Küche und goss einen großen Weißen hinunter.

»Erbarmche«, rief Hertha dann, »dass die arme Gjnädije aber auch so firchterlich leiden muss … Hört dat denn gjar nich auf?«

Gegen drei Uhr kamen Jesko und Eberhard zurück. Sie waren bestens gelaunt. Die Geschäfte hatten sie zur vollsten Zufriedenheit erledigt, und das Mittagessen im Gasthaus zum Hirschen war vorzüglich gewesen. Als sie die Halle betraten, blieben sie wie erstarrt stehen. Die Schreie aus den oberen Räumen ließen ihnen das Blut in den Adern gefrieren.

»Was ist los … wie lange geht das schon? Ist die Hebamme da?«, fragte Eberhard aufgeregt.

»Seit heute Morjen, Herr Gjraf.« Willi schwankte leicht. »Das Kindchen will partout nich kommen.« Er hielt sich diskret die Hand vor den Mund, um einen Rülpser zu unterdrücken. Eberhard wollte nach oben rennen, aber in dem Moment erschien Elvira auf der Treppe. Sie war etwas derangiert, die Haare wirr und das Gesicht schweißnass. »Gut, dass ihr da seid! Der Doktor muss kommen, schnell. Frau Kurbischke weiß nicht mehr weiter …«

Eberhards Gesicht verlor alle Farbe. »Ich fahre selbst«, rief er und lief hinaus zu dem Einspänner, der gerade von einem Pferdeknecht zu der Remise geführt wurde. Er fand den Arzt in seiner Praxis. Der letzte Patient war gerade gegangen.

»Komm schnell«, rief Eberhard, »Aglaia hat eine Frühgeburt. Sie liegt seit Stunden in den Wehen, und die Kurbischke ist mit ihrem Latein am Ende.« Doktor Grüben schüttelte ungläubig den Kopf. Das war tatsächlich ungewöhnlich. Die ganze Fahrt über versuchte der Doktor, seinen Freund zu beruhigen, obwohl auch er selbst besorgt war. »Mach dir nicht solche Sorgen, Eberhard. So eine Geburt dauert manchmal Stunden, und dann geht trotzdem alles gut. Es kann sein, dass das Kind falsch liegt, aber das kriegen wir schon hin.«

Eberhard fuhr wie der Teufel, und Doktor Grüben fürchtete bald mehr um sein Leben als um das von Aglaia. Als sie auf Birkenau ankamen, rannte er die Treppe hinauf, zwei Stufen auf einmal nehmend.

»Dich kann ich jetzt gar nicht gebrauchen«, rief er, als Eberhard Anstalten machte, ihm zu folgen. »Trink einen großen Cognac oder auch zwei. Es wird jetzt nicht mehr lange dauern.« Und tatsächlich hörten nach ein paar Minuten die schrecklichen Schreie auf.

Eberhard und Jesko saßen wir erstarrt in der Bibliothek. Sie sprachen nicht, nur hin und wieder sprang einer der beiden auf, ging zur Tür und lauschte und ließ sich dann erschöpft wieder in einen Sessel fallen. Sowie eines der Gläser leer war, schenkte Willi unaufgefordert nach.

»Schrecklich, dieses Warten«, sagte Jesko irgendwann, und Eberhard rief: »Wenn ich doch bloß etwas tun könnte! Es ist zum Verrücktwerden.«

Plötzlich hörten sie Schritte, die Stimme des Arztes rief einem Dienstmädchen etwas zu, dann öffnete er die Tür der Bibliothek. »Du hast einen Sohn, Eberhard«, sagte Dr. Grüben. »Ein gesundes Kind, ein bisschen klein, aber das wird schon, doch das Wichtigste, Aglaia lebt.« Erschöpft ließ er sich in einem Sessel nieder und ergriff dankbar das Glas Cognac, das Willi ihm reichte. »Aber …«, er nahm einen kräftigen Schluck, »… ich musste operieren. Es war tatsächlich höchste Zeit.« Er sah Eberhard mitfühlend an. »Und Aglaia wird keine Kinder mehr bekommen können.«

»Die Hauptsache ist, sie lebt!« Eberhard sprang auf. »Bitte entschuldigt mich. Ich möchte zu ihr. Und danke, lieber Freund.«

Januar 1851

An einem Vormittag Anfang des Jahres sollte sich das Leben von Clemens schlagartig ändern. Elvira und Aglaia saßen, gemütlich plaudernd, mit ihren Stickrahmen vor dem prasselnden Kamin. Sie besprachen die Taufe von Ellart, die Ostern stattfinden sollte. Jesko und Eberhard waren über das Schachbrett gebeugt, als Willi meldete: »Herr von Mühlau sind soeben eingetroffen.«

Jesko sah erstaunt auf seine Taschenuhr. »Was für eine ungewöhnliche Zeit. Sollte der Junge nicht um diese Stunde in seiner Schule sein?«

Aber da stürmte Clemens schon herein. »Verzeiht diesen Überfall, aber ich habe euch etwas Wichtiges mitzuteilen.« Er hatte dunkle Ringe unter den Augen, und sein Gesicht war schneeweiß.

Eberhard war aufgesprungen und ging seinem Freund entgegen. »Was ist mit dir, Clemens? Ist etwas passiert? Du bist ja ganz echauffiert.«

Die Damen legten ihr Stickzeug zur Seite und sahen ihn erstaunt an. »Komm, setz dich zu uns, Clemens.« Elvira deutete auf einen Sessel neben sich. »Nun beruhige dich erst mal. Du siehst ja erbärmlich aus.«

Clemens holte tief Luft. »Ich habe die ganze Nacht kein Auge zugetan. Gestern Abend kam ein Eilbrief aus England. Mein Onkel ist gestorben.«

»Unser herzlichstes Beileid, mein Junge«, sagte Jesko. »Ist es das, was dich so mitnimmt?«

»Nein ... ja ... natürlich auch. Er war ja mein letzter lebender Verwandter.« Er stockte einen Moment. »Aber das ist es nicht allein. Mein Onkel war kinderlos, und sein Nachlassverwalter schreibt, er hat mich als seinen Erben eingesetzt. Er vermacht mir seinen Landsitz mitsamt seinem Titel und einer monatlichen Leibrente. Es soll nicht sehr viel sein, aber es würde mir ein sorgenfreies Leben ermöglichen.«

»Das ist ja fabelhaft, mein Junge«, rief Jesko, »so eine Fügung aber auch!«

Eberhard schlug ihm lachend auf die Schulter. »Das ist wirklich eine Überraschung. Gratuliere, alter Lorbass.«

»Das freut mich für dich«, sagte nun Elvira, »aber du selbst scheinst darüber gar nicht so glücklich zu sein. Warum?«

»Ich kann das Erbe nur antreten, wenn ich in Zukunft in England lebe. Es ist erforderlich, dass ich sofort dorthin reise. Ich fahre bereits morgen.« Er saß da wie ein Häufchen Elend, den Tränen nahe. Elvira sagte später, er hätte ausgesehen wie ein armes verlorenes Kind. »Es fällt mir so schrecklich schwer, euch zu verlassen. Ihr seid doch jetzt meine Familie.« Verzweifelt knetete er seine Hände. Nun redeten alle durcheinander.

»Was, schon morgen?«

»Ach Jungchen, das ist ja man nu wirklich ein bisschen plötzlich.«

»Du wirst uns fürchterlich fehlen!« Nach einer knappen Stunde, in der man versuchte, ihm klarzumachen, dass dieses Erbe doch mit Sicherheit das Beste für ihn war, erhob sich Clemens. »Ich muss mich leider verabschieden. Es gibt noch so viel zu erledigen. Sowie ich in England ankomme, werde ich euch schreiben.«

»Da möchte ich aber auch drum bitten«, rief Jesko. »Wir wollen doch wissen, wie es dir so ergeht in deiner neuen Heimat.«

Clemens verabschiedete sich von allen mit einer Umarmung. »Ich danke euch noch einmal von ganzem Herzen für alles, was ihr für mich getan habt. Nie in meinem ganzen Leben werde ich das vergessen.« Dann stürmte er hinaus. Niemand sollte seine Tränen sehen.

Clemens' gesellschaftlicher Aufstieg verbreitete sich wie ein Lauffeuer im ganzen Landkreis. »Soso, ein englischer Lord ist er jetzt, der kleine Mühlau?«, sagte Louise erstaunt, die die Neuigkeit von Philine von Dühnkern erfuhr, als sie gemeinsam bei Wilhelmine den Tee nahmen. »Donnerwetter, das nenne ich eine honorige Erbschaft. Aber habe ich euch nicht seinerzeit gesagt, wahrscheinlich ist er ein verwunschener Prinz.«

»Ja«, lachte Philine, »ich erinnere mich. Aber stellt euch vor, er hat nicht nur den Titel geerbt, sondern auch einen Landsitz außerhalb von London und ein angemessenes Jahreseinkommen dazu. Wir alle gönnen es ihm wirklich von ganzem Herzen. Obwohl er uns und vor allem den Kaulitzens schon sehr fehlt. Er war ein so angenehmer und liebenswerter Unterhalter.«

»Na, vielleicht wird dieses Minchen Basedow auch plötzlich zu einer Prinzessin«, sagte Wilhelmine spitz. »Sie soll ja neuerdings die beste Freundin meiner Tochter sein.«

»Minchen – wer?« Louise, die diesen Namen noch nie gehört hatte, sah ihre Schwester fragend an.

»Na, dieser Bauerntrampel … Die Frau des Inspektors von Linderwies.«

»Woher weißt du denn das schon wieder?«, fragte Louise

mit hochgezogenen Augenbrauen. Manchmal fand sie ihre Schwester wirklich grässlich!

»Ich habe so meine Quellen.« Wilhelmine würde den Teufel tun und verraten, dass ihr Diener Franz ein Cousin von dem Birkenau'schen Kutscher Josef war und dessen Mutter wiederum die beste Freundin der Mamsell von Wallerstein. So war sie stets auf dem Laufenden, was sich auf beiden Schlössern tat.

»Also, beste Wilhelmine, ich glaube, da übertreibst du wohl ein bisschen«, mischte sich Philine jetzt ein. »Dieses Minchen Basedow scheint eine ganz patente Person zu sein. Aglaia erzählt manchmal von ihr. Sie haben schließlich gleichaltrige Kinder und tauschen Erfahrungen aus, und die Kinder ...«

»Das ist ja nun wirklich nicht der richtige Umgang, weder für eine Gräfin Kaulitz noch für meine Enkel. Ich verstehe nicht, dass Elvira das zulässt.« Wilhelmine fächerte sich empört Luft zu. »Bauerjungen – einfach unmöglich!«

»Weißt du, Wilhelmine, mit deinem Dünkel kannst du einem ganz schön auf die Nerven gehen.« Louise kam jetzt richtig in Fahrt. Was bildete sich ihre Schwester überhaupt ein? »Was hat denn Elvira damit zu tun? Ich denke, deine Tochter weiß ganz genau, was sie tut. Und damit das mal klar ist. Mir wäre eine Freundin wie die nette junge Gutsinspektorsfrau wesentlich lieber als eine langweilige, verknöcherte Kommerzienrätin.«

»Das passt mal wieder zu dir!« Wilhelmines Gesicht hatte sich hochrot verfärbt. »Frau Heller ist eine sehr honorige Dame. Ich möchte dich bitten, das zu respektieren.«

»Du liebe Zeit, Wilhelmine, reg dich doch bloß nicht so auf.« Louise hob spöttisch die Augenbrauen. »Denk an deinen Blutdruck. Du siehst schon wieder aus wie eine überreife Tomate.«

»Würdest du derartige Bemerkungen in Zukunft unterlassen!«

»Ist ja gut, Schwesterherz.« Louises Wut war so schnell vergangen, wie sie gekommen war. »Jetzt beruhige dich mal wieder. Aber manchmal bringst du mich mit deiner Art einfach auf die Palme.« Sie wandte sich an Philine. »Kannst du die Kaulitzens um Clemens' Adresse bitten? Ich werde sicher irgendwann nach England reisen. Vielleicht könnte ich ihn ja besuchen.« Sie erhob sich. »Aber jetzt muss ich mich leider verabschieden. Ich gehe heute Abend in die Oper und brauche davor noch etwas Schönheitsschlaf.«

Nach drei Monaten kam der erste Brief von Clemens. Jesko las gerade seine Morgenzeitung, als der Diener ihm mit wichtiger Miene das silberne Tablett mit der Post reichte, obenauf ein dickes, mit ausländischen Marken beklebtes Couvert. »Danke, Willi.« Jesko gab dem Diener, der neugierig neben ihm stehengeblieben war, einen Wink, sich zu entfernen. »Lesen kann ich allein.«

»Sehr wohl, Herr Graf.« Mit beleidigter Miene zog er sich zurück. Kurz darauf kamen Eberhard und Aglaia von ihrem morgendlichen Ausritt zurück, und Jesko rief aufgeregt: »Stellt euch vor, Clemens heißt jetzt Lord Ashleighton! Und er schreibt, sein Landsitz sei so riesig, dass er noch gar nicht alle Zimmer gesehen hat. Er bekommt fünfzehntausend Pfund Sterling jährlich für seine persönlichen Ausgaben!« Er war völlig außer Atem. »Wie findet ihr das denn – ist das nicht unglaublich?«

»Das kann man wohl sagen.« Auch Eberhard war tief beeindruckt. »Doll finde ich das. Nur schade, dass unser Freund so schrecklich weit weg ist.«

»Sprecht ihr etwa von Clemens?«, fragte Elvira, die gerade hereingekommen war.

»Ja, er hat geschrieben«, erklärte Jesko. »Er ist jetzt ein Lord und ein schwerreicher Mann dazu. Du musst das selbst lesen.« Der Brief ging von Hand zu Hand und sorgte für viel Gesprächsstoff. Schließlich mussten alle Freunde von Clemens' plötzlichem Reichtum erfahren.

Sommer 1857

Die Verbindung zu Clemens riss nicht ab. Mindestens einmal im Jahr kam ein langer Brief, und zu Weihnachten schickte er jedes Jahr ausgesuchte Geschenke. Sein besonderes Interesse galt Alexander, seinem Patenkind. Als dieser fünf Jahre alt wurde und Aglaia an Clemens schrieb, dass er zum Geburtstag sein erstes eigenes Pony bekäme, schenkte er ihm einen kostbaren Sattel.

Alexander soll wissen, dass ich als sein Patenonkel immer für ihn da sein werde. Und wenn er später einmal den Wunsch hat, mich in England zu besuchen, würde ich mich über alle Maßen darüber freuen. Auch ihr seid mir jederzeit herzlich willkommen. Aber das wisst ihr ja!

Doch außer Louise schaffte es niemand, ihn zu besuchen. Zwar wurden immer wieder Reisepläne geschmiedet, aber stets kam etwas dazwischen. Mal war es eine schlechte Ernte, mal war eines der Kinder krank, zwar nie ernsthaft, aber immerhin so, dass eine Reise dadurch verhindert wurde. Louise, deren Reiselust über die Jahre nicht nachließ, war dafür sogar mehrere Male in England und natürlich auch Gast bei Clemens. Jedes Mal berichtete sie ihren Freunden begeistert über ihn und sein neues Zuhause. »Der ›bescheidene‹ Landsitz, meine Lieben, ist ein prachtvolles Schloss unweit von London. Clemens scheint bereits der Liebling der Londoner Gesellschaft zu sein. Wo immer ich eingeladen war, war er auch.«

»Was meinst du, Louise«, fragte Elvira, »ist der Junge denn glücklich?«

Louise zuckte die Schultern. »Schwer zu sagen. Immer wenn wir uns trafen, gab es nur ein Thema, nämlich Ostpreußen und euch. Er nennt euch seine Familie.«

»Und ist er immer noch allein?« Elvira zögerte. »Ich meine, er ist ja schließlich im heiratsfähigen Alter.«

»Die Damenwelt liegt ihm zu Füßen, jung wie alt.« Louise kicherte. »Er ist ein bildschöner Mann, immer nach der neuesten Mode gekleidet und kein Kostverächter, wie man munkelt. Aber er scheint sich nicht festlegen zu wollen.«

»Eigenartig«, meinte Jesko. »Worauf wartet er denn bloß? Langsam müsste er ja wohl einen Erben produzieren.«

»Nu übertreib man nicht«, lachte Eberhard. »Er ist gerade mal Ende zwanzig. Ein paar Jährchen hat er ja dafür noch Zeit.«

Alexander und sein ein knappes Jahr jüngerer Bruder Ellart entwickelten sich prächtig. Die Eltern erzogen sie mit liebevoller Strenge, während Elvira und Jesko sie nach Strich und Faden verwöhnten. Aber die Brüder hätten unterschiedlicher nicht sein können. Ellart liebte es, ordentlich und hübsch gekleidet mit seiner Mutter oder Elvira zu spielen oder sich Geschichten vorlesen zu lassen, während Alexander sich für alles, was Landwirtschaft und Tiere betraf, interessierte. So nahm ihn Eberhard bereits von klein auf mit zu seinen Fahrten über Land, und wenn er etwas mit Basedow zu tun oder zu besprechen hatte, spielte Alexander mit dessen Kindern. So entstand eine innige Freundschaft mit Franz, Minchens

Jüngstem. Sie tobten gemeinsam durch die Ställe, spielten mit den Hunden, und wenn Eberhard ihn abholte, um nach Hause zu fahren, war sein Sohn schmutzig und roch nach Mist und Kuhstall.

»Igitt, du stinkst!«, rief Ellart dann angeekelt, und die Mamsell musste ihn erst in den Waschzuber stecken, bevor er mit seinen Eltern zu Tisch gehen durfte. Aber außer Ellart störte sich niemand daran.

»Er kommt nach uns, Eberhard«, sagte Jesko hin und wieder stolz. »Die Landwirtschaft steckt ihm im Blut.«

»Da magst du recht haben, Papachen«, meinte Eberhard, und seine Augen strahlten. »Nichtsdestotrotz muss der Junge zum Militär«, meinte Jesko. »Schließlich ist er der Älteste. So war es immer in unserer Familie.«

»Ach Vater!« Eberhard schlug seinem Vater freundschaftlich auf die Schulter. »Der Junge ist ja gerade man sechs, wer weiß, was die Zeit noch so alles bringt.«

Jede Woche spielte Jesko mit seinen Freunden Dühnkern, Eyersfeld und Hartmann Whist in der häuslichen Bibliothek. »Habt ihr was von Horst gehört?«, fragte er eines Nachmittags, nachdem sie eine Partie zu Ende gespielt hatten. »Die Renovierung von Wallerstein zieht sich ja schon seit Monaten hin – ach, was sage ich, über ein Jahr! Wie macht er das bloß? Und in Berlin hat er sich vor kurzem auch noch ein Stadtpalais gekauft, direkt am Tiergarten.«

»Nun, die Wirtschaft boomt.« Legationsrat Hartmann zog bedächtig an seiner Zigarre. »Und wie ihr wisst, hat Horst dort offensichtlich sein Geld gut angelegt.«

»Also ich traf kürzlich Herzberg in Königsberg.« Graf Dühnkern schüttelte bedenklich den Kopf. »Der meint, es könne in nächster Zeit einige Turbulenzen an den Börsen geben. Die Neuemissionen der letzten Jahre seien deutlich überzeichnet, und wenn man könne, soll man einen großen Teil seiner Aktien langsam abstoßen.«

»Na, hoffentlich hat der Horst davon inzwischen Wind gekriegt«, näselte Eyersfeld, der umständlich sein Monokel putzte.

»Ich denke mal, Herzberg wird so anständig sein und ihn das wissen lassen«, meinte Jesko. »Aber was zerbrechen wir uns darüber den Kopf! Wie ist es, meine Herren, noch Lust auf ein Spielchen vor dem Abendessen?«

Und Herzbergs Prognosen sollten sich bewahrheiten. Bereits im Spätsommer begann es in aller Welt an den Börsen zu kriseln. Als Erstes brachen in Amerika die Kurse ein, dann schwappte die Welle nach England hinüber und kurz darauf nach Deutschland. Die Menschen rannten den Banken die Türen ein, um zu retten, was zu retten war.

Mitte September, es war ein warmer Spätsommertag, erschien Horst Wallerstein überraschend auf Birkenau. Die Familie saß auf der Terrasse und genoss die letzten warmen Sonnenstrahlen. Nichts deutete darauf hin, dass es bald Herbst werden würde. Noch blühten die Rosen in voller Pracht, und die Blätter der Laubbäume zeigten keinerlei Verfärbung. Elvira spielte mit Ellart, er war jetzt sechseinhalb Jahre alt, Halma, Aglaia und Jesko lasen. Sie warteten auf Eberhard und Alex, die demnächst zum Abendbrot aus Linderwies zurückerwartet wurden. Ellart schlug gerade wütend auf das Halmabrett – er hasste es zu verlieren –, als Willi meldete: »Graf von Wallerstein ist soeben eingetroffen.«

Aglaia ließ ihr Buch fallen und fiel ihrem Vater um den

Hals. »Papachen, was für eine Freude, dich zu sehen!« Nachdem Horst alle begrüßt hatte, sank er erschöpft in einen Sessel.

»Was führt dich so plötzlich hierher?«, fragte Elvira: »Du siehst elend aus. Bist du krank?«

Er winkte ab, als Willi ihm einen Tee anbot. »Lieber einen Cognac, Willi, danke.« Er nahm einen kräftigen Schluck. »Nein, ich bin nicht krank. Aber sicher wisst ihr, dass die Aktienkurse dramatisch eingebrochen sind.«

»Ich hörte davon.« Auch Jesko ließ sich von Willi einen Cognac geben. »Hast du denn jetzt Probleme, Horst?«

»Ja, das kann man wohl so sagen.« Horst zündete sich umständlich eine Zigarre an, während die drei ihn erwartungsvoll ansahen. »Herzberg hatte mich schon seit längerem gewarnt«, fuhr er mit müder Stimme fort. »In letzter Sekunde habe ich dann meine Papiere abgestoßen, aber die Verluste waren gewaltig.«

»Heißt das, du musst Wallerstein verkaufen?«, fragte Aglaia entsetzt.

»Nein, mein Kind, so schlimm ist es noch nicht. Aber ich habe sofort die Renovierungsarbeiten abgebrochen. Das ist auch der Grund meines Besuchs. Ich und natürlich auch deine Mutter werden wohl in Zukunft kleinere Brötchen backen müssen.«

»Was heißt das, kleinere Brötchen backen?«, fragte jetzt Ellart, der bisher auf Elviras Schoss schweigend zugehört hatte.

»Das erkläre ich dir später«, flüsterte Elvira ihm ins Ohr. »Schau mal, Bello und Paulchen sind schon ganz unruhig. Mach doch mit ihnen einen kleinen Spaziergang zum See.« Ellart sprang auf, und er rannte mit den kläffenden Hunden in den Park.

»Sag mal, Horst, weiß Wilhelmine schon davon?«, fragte nun Elvira.

»Nein, auf meiner Rückfahrt nach Berlin werde ich sie aufsuchen. Ehrlich gesagt graut mir davor. Aber lasst uns jetzt bitte von etwas anderem reden. Wie geht es Eberhard und Alexander – wo sind die beiden überhaupt?«

»Sie sind unterwegs«, sagte Aglaia. »Wir erwarten sie jeden Moment zum Abendbrot zurück. Du bleibst doch hoffentlich, Papachen?«

»Aber gern, mein Kind.« Er strahlte seine Tochter an. Wie schön sie war, das Ebenbild ihrer Mutter, als er sie geheiratet hatte. Bald sprach man über Clemens, der regelmäßig schrieb, und Louises begeisterte Berichte von ihren Besuchen dort. Kurz darauf kamen Eberhard und Alexander zurück. Man ging sogleich zu Tisch. Eine Weile sprach man über die schwere Krankheit König Friedrich Wilhelms.

»Sein Bruder Wilhelm vertritt ihn ja sei kurzem bereits kommissarisch. Nach dem Tod des Königs wird er ihm auf den Thron folgen«, sagte Horst. »Das steht mit Sicherheit fest.« Aber bald diskutierten die Erwachsenen wieder bis spät in die Nacht über die Weltwirtschaftskrise, die so viele Menschen in großes Unglück stürzte.

Die Kinder der Basedows besuchten die Dorfschule in Schernuppen, während Alexander und Ellart von einem Privatlehrer unterrichtet wurden. Alexanders Bitte, mit seinem Freund Franz die Dorfschule besuchen zu dürfen, wurde kategorisch abgelehnt.

»Das kommt überhaupt nicht in Frage«, hatte Eberhard entschieden gesagt, und auch Jesko, dem es schwerfiel, seinem Enkel etwas abzuschlagen, war strikt dagegen. »Nichts gegen seine Freundschaft mit dem kleinen Basedow. Das ist wirklich ein aufgeweckter, netter Junge. Aber in einer Klasse mit einem Haufen Bauernkindern unterschiedlichen Alters, das geht nun wirklich nicht. Was soll er da denn lernen außer notdürftig lesen und schreiben?«

Es hatte Tränen gegeben bei Alexander. Nur das Versprechen seines Vaters, nachmittags weiterhin mit nach Linderwies zu dürfen, wenn er vormittags fleißig lerne und von Herrn Kastner keine Klagen kämen, hatte ihn besänftigt. Herr Kastner, ein verwitweter Mann Ende vierzig, war frühzeitig aus dem Lehrerstand ausgetreten und arbeitete seit einigen Jahren als Hauslehrer. Er war klein, man konnte ihn fast zart nennen. Sein blasses, schmales Gesicht war bis auf einen kleinen Spitzbart glatt rasiert. Seine gütigen grauen Augen färbten sich dunkel, wenn einer seiner Schüler sich unbotmäßig benahm. Dann nahm er seinen Zwicker ab und fuchtelte aufgeregt damit herum. Alexander hatte er sofort in sein Herz geschlossen. Der Junge war fleißig und von schneller Auffassungsgabe, während Ellart keinerlei Lust verspürte, etwas zu lernen. Sosehr der Lehrer sich auch bemühte, es schien, als interessiere sich dieses Kind für überhaupt nichts.

Einmal im Monat musste Herr Kastner Eberhard und Aglaia über die Fortschritte seiner Schüler Bericht erstatten. »Über Alexander kann ich überhaupt nicht klagen«, sagte er gleich beim ersten Mal. »Er ist fleißig und beteiligt sich sehr interessiert am Unterricht.« Er zögerte. »Und Ellart ... nun, das Kind scheint mir noch etwas sehr verspielt ...«

»Ach, das wird schon!« Elvira war dazugekommen und nahm ihren kleinen Liebling wie immer in Schutz. Aber auch bei den folgenden Rapporten konnte Herr Kastner nicht viel mehr Positives über Ellart berichten. »Vielleicht sollte ich den

Jungen am Nachmittag noch ein bis zwei Stunden allein unterrichten«, schlug er vor, was wütende Proteste Ellarts zur Folge hatte. Und wieder mischte sich Elvira ein.

»Ach, lassen Sie man, Herr Kastner. Das wird schon. Ich werde mal mit dem Ellartchen reden.« Aber Ellart besserte sich nicht. Er war aufsässig, lernte schlecht, und irgendwann gab Herr Kastner seine Bemühungen auf, ihm mehr beizubringen als nötig, und konzentrierte sich ganz auf Alexander.

Ellart hatte schon früh gemerkt, dass er mit Elvira machen konnte, was er wollte. Wenn er etwas ausgefressen hatte, rannte er weinend zu ihr, küsste und streichelte sie und beteuerte seine Unschuld. »Du musst mir helfen, Großmamachen!«, rief er dann, und Elvira zerfloss in Mitleid, wenn Aglaia oder Eberhard dafür sorgten, dass er seine gerechte Strafe bekam.

Ungefähr ein Jahr später saßen Eberhard und Basedow nach getaner Arbeit beisammen und tranken gemeinsam ein Bier. Sie beobachteten Alexander und Franz, die im Hof herumtobten. »Alexander macht sich wirklich prima«, sagte Eberhard stolz. »Kastner ist voll des Lobes. Deshalb darf er mich auch so oft wie möglich nachmittags begleiten. Nur Ellart scheint nicht so recht voranzukommen, obwohl Kastner sich große Mühe mit ihm gibt.«

»Tja, mein Franz macht mir auch ein bisschen Kummer«, sagte Basedow. »Er geht gar nicht gern in die Schule.«

»Nanu, warum denn das? Er macht mir doch einen sehr aufgeweckten Eindruck.«

»Er ist wohl ein bisschen zu aufgeweckt«, erklärte Basedow. »Er liest und schreibt schon besser als seine älteren Geschwister, und manchmal will er gar nicht in die Schule gehen.

Er sagt, es sei ihm zu langweilig da. Was die da machen, sei immer das Gleiche, das könne er ja schon.«

Eberhard dachte kurz nach, dann rief er: »Ich habe eine Idee, Basedow. Ihr Junge scheint mir in der Dorfschule unterfordert. Warum lassen sie ihn nicht zusammen mit Alexander und Ellart auf dem Schloss unterrichten? Das würde ihm bestimmt mehr Spaß machen als in der Gemeinschaftsschule. Na, was meinen Sie?«

Basedow sah Eberhard erfreut an. »Wenn das ginge? – Ich meine, wenn Ihre Frau oder Ihr Vater nichts dagegen haben … ja, mit großer Freude würde ich das annehmen.«

»Ach was!« Eberhard goss noch einmal die Biergläser voll. »Niemand wird etwas dagegen haben, und Alexander wird es besonders freuen.«

Aber Eberhard irrte sich. Ellart war außer sich. »Was will denn dieser Bauernjunge hier?«, fragte er Elvira aufgebracht. »Und wie ist der überhaupt angezogen? Hast du die Schuhe gesehen?«

»Lass man Jungchen«, versuchte Elvira ihn zu besänftigen. »Nicht alle Eltern haben das Geld, ihren Kindern ständig neue Schuhe zu kaufen. Und Franz ist doch ein netter Junge, er ist schließlich der Freund von Alex.« Sie strich ihm zärtlich über den Kopf. »Also jetzt sei mal wieder lieb.« Sie konnte ihm einfach nicht böse sein. Aber heimlich beschlich sie eine Ahnung. Hatte der Junge womöglich Wilhelmines Dünkel geerbt? Hier auf Birkenau lebte ihm das ja nun wahrlich niemand vor. Aber schnell verwarf sie diesen unangenehmen Gedanken. Er war ja noch so klein! Kindlicher Übermut musste das sein, und vielleicht auch ein bisschen Eifersucht auf die Freundschaft zwischen Alex und Franz, es würde sicher wieder vergehen. Herr Kastner war erstaunt über Franz' schnelle Auffassungsgabe.

Bald hatte er den Stoff aufgeholt, den Alexander und Ellart in einem Jahr durchgenommen hatten, lernte Algebra und begeisterte sich für Geschichte, alles Dinge, die in der Dorfschule natürlich nicht vorkamen. »Sie hatten recht, Herr von Kaulitz, der Junge war in der Dorfschule eindeutig unterfordert. Und ich habe den Eindruck, Alexander hat jetzt noch mehr Spaß am Lernen. Die beiden Jungen liefern sich geradezu einen Wettstreit.« Das Gesicht des Lehrers hatte sich vor Aufregung leicht gerötet, und seine kurzsichtigen Augen strahlten. »Ich muss Ihnen gestehen, dass ich selten so viel Freude an meinen Schülern hatte wie hier auf Birkenau. Bitte sagen Sie das auch Herrn Basedow. Franz ist ein prächtiger Kerl.«

»Das werde ich gerne tun, Herr Kastner. Und wie geht es mit Ellart?«

Das Strahlen in den Augen des Lehrers erlosch. »Nun ... er bemüht sich, wirklich ...«, war alles, was er herausbrachte. Zu großer Tadel, fürchtete er, könnte ihn diese so wunderbare Stellung kosten.

»Nun, das ist ja wenigstens etwas«, sagte Eberhard.

Wenn keine Gäste da waren, nahmen die Kinder und der Lehrer die Mahlzeiten mit der Familie ein. Gleich am ersten Tag mokierte sich Ellart über Franz' nicht ganz korrekte Tischmanieren.

»Wie hält der denn das Messer«, sagte er laut, worauf Franz blutrot anlief, Messer und Gabel hinlegte und nicht weiteraß. Alexander sah seinen Bruder wütend an, aber bevor er etwas sagen konnte, rief Aglaia aufgebracht: »Was ist das denn für ein Benehmen einem Gast gegenüber, Ellart! Du entschuldigst dich sofort bei Franz, hörst du?«

Keiner sprach, alle sahen Ellart an, aber der schob nur schmollend die Unterlippe vor.

»Nun, was ist?« Eberhards Stimme klang bedrohlich. »Wir warten.«

Eine Minute herrschte absolute Stille, dann sagte Aglaia ruhig: »Geh sofort auf dein Zimmer, Ellart. Du wirst heute ohne Essen auskommen.«

Wütend stieß der Junge seinen Stuhl zurück, sodass er mit lautem Krach hintenüberfiel und rannte aus dem Speisezimmer.

»So, Franz, jetzt entschuldige ich mich für meinen Sohn«, sagte Aglaia freundlich, »und bitte iss weiter. Ich verspreche dir, so etwas wird nicht wieder vorkommen.«

Franz hatte von diesem Vorfall gelernt, und bald hatte er vollendete Tischmanieren. Aufmerksam beobachtete er, wie die anderen das Besteck hielten, sah, dass man beim Essen nicht den Arm aufstützte und wie man sich mit der Serviette den Mund abwischte. Und noch etwas hatte er gelernt: Ellart und er würden nie Freunde werden.

1861

Im Januar des Jahres erlag König Friedrich Wilhelm seiner schweren Krankheit. Eine Weile sorgte sein Tod für Gesprächsstoff, aber erwartungsgemäß folgte ihm sein Bruder Wilhelm auf den Thron, und unter dem Motto ›Der König ist tot, es lebe der König‹ ging man wieder zur Tagesordnung über.

Kurz darauf schlug die Nachricht von Gustav Goelders Verlobung im ganzen Landkreis ein wie eine Bombe. Eberhard erfuhr die Neuigkeit von Leopold von Troyenfeld, den er eines Morgens auf der Bank in Insterburg getroffen hatte.

»Stellt euch vor«, erzählte er sofort nach seiner Rückkehr der erstaunten Familie, »Leopold war mit Mathias und Gustav auf einer Hochzeit in Tilsit, und da hat sich Gustav Hals über Kopf in eine Agathe von Kliering aus Riga verliebt. Sie wollen so bald wie möglich heiraten.«

»Na, das is ja en Ding!«, rief Jesko. »So schnell kann's gehen!«

»Was sagt denn Leopold? Wie sieht sie aus, diese Agathe, die einen unserer eisernsten Junggesellen so schnell rumgekriegt hat?«, fragte Elvira neugierig.

»Sie soll sehr hübsch sein und äußerst elegant. Ihr Vater ist Diplomat in Riga, fabelhafte Familie, meint Leopold.«

»Und was hält Mathias davon?«, fragte jetzt Aglaia.

Eberhard musste lachen. »Mathias und Leopold meinen

beide, es sei wohl doch ein bisschen plötzlich. Wieder einer weniger im Kreise ihrer Saufkumpanen. Von den anderen Dingen will ich gar nicht reden!« Über Leopolds wilde Feste auf Schloss Troyenfeld kursierten die wüstesten Gerüchte.

»Irgendwann werden auch diese beiden Kerle in das Joch der Ehe gezwungen.« Ferdinand, der wieder mal auf Birkenau zu Besuch war, nickte bedächtig mit dem Kopf. »Ich kenne keinen, dem dieses Los erspart geblieben ist.«

Bereits zwei Wochen später traf die Einladung zur Hochzeit auf Birkenau ein. »Na dann, auf nach Riga! Das lassen wir uns doch nicht entgehen«, beschloss Eberhard vorfreudig.

Elvira und Aglaia riefen wie aus einem Munde: »Wir brauchen unbedingt etwas Neues zum Anziehen.« Und Elvira meinte ganz ernst: »Wir wollen doch neben der eleganten Braut nicht aussehen wie zwei ostpreußische Landpomeranzen, findest du nicht auch, Aglaia?«

Und Jesko sagte: »Nur zu, meine Damen, gebt der reizenden Frau Klühspieß mal ordentlich was zu verdienen. Wo sie doch jetzt in den höchsten Kreisen verkehrt!«

Kurz darauf erhielt Aglaia einen Brief von ihrem Vater. »Papa möchte, dass wir ihn so bald wie möglich in Berlin besuchen, Eberhard. Er schreibt, es gehe ihm nicht gut, sein Herz macht ihm zu schaffen. Hierherzukommen sei ihm im Moment zu beschwerlich. Findest du das nicht merkwürdig?«

»In der Tat«, bestätigte Eberhard. »Aber ich kann hier zurzeit unmöglich weg, wir sind mitten in der Ernte.«

»Dann werde ich Aglaia begleiten!« Ferdinand ließ seine Zeitung sinken und blickte Eberhard über den Rand seiner Brille an. »Natürlich nur, wenn du mir deine Frau anvertraust.«

»Danke, Onkel Ferdinand, selbstverständlich tue ich das. Du nimmst mir eine Last von der Seele. Meinem Schwiegervater scheint es tatsächlich nicht gut zu gehen. Und irgendetwas muss er auf dem Herzen haben.«

»Nun, dann sollten wir keine Zeit verlieren, Aglaia. Wann gedenkst du zu reisen?«

»Am liebsten gleich morgen, Onkel Ferdinand.« Sie sprang auf. »Ich werde Helma bitten, mir beim Packen zu helfen.«

»Und ich veranlasse sofort eine Depesche an deinen Vater«, sagte Eberhard.

»Warte, Aglaia«, auch Elvira stand auf. »Ich werde dir behilflich sein.« Während sie gemeinsam die Sachen heraussuchten, die Aglaia wohl in Berlin brauchen würde, sprachen sie über Horsts Brief.

»Papa schreibt, er möchte etwas mit uns besprechen. Was mag das bloß sein? Ach Elvira, ich mache mir große Sorgen um ihn.«

»Nun beruhige dich doch, Kind. Vielleicht hat dein Vater ja einfach nur Sehnsucht nach seiner einzigen Tochter. Ihr habt euch ja schon wieder ewig lange nicht gesehen. Und sieh es einfach mal so – ein paar Tage in Berlin, das ist doch was. Großstadtluft, Theater, schöne Restaurants ... und weißt du was?« Elvira wurde ganz aufgeregt. »Geh doch mit deinem Vater zu Gerson und kleide dich dort für Gustavs Hochzeit ein. Was hältst du davon? Gerson ist das führende Modehaus in Berlin und berühmt für seine Eleganz.«

»Ach Tante Elvira, du bist so lieb. Aber neue Kleider sind wirklich das Letzte, an das ich im Moment denken kann.«

»Dann werde ich Ferdinand bitten, dich daran zu erinnern!«, sagte Elvira lachend.

Eine Droschke brachte Aglaia zum Stadtpalais ihres Vaters

am Tiergarten. Bevor sie den Türklopfer betätigen konnte, öffnete ihr ein befrackter Diener. »Frau Gräfin werden erwartet«, sagte er förmlich und gab einem anderen Diener ein Zeichen, sich um Aglaias Gepäck zu kümmern. »Ich werde Sie in den Salon begleiten«, sagte er, aber da kam ihr schon ihr Vater mit ausgebreiteten Armen entgegen. Sie fiel ihm um den Hals. »Papachen, was ist mit dir? Ich habe mir solche Sorgen gemacht!«

»Es tut mir leid, wenn mein Brief dich beunruhigt hat.« Er reichte ihr den Arm und führte sie in den Salon. »Erstens wollte ich dich endlich mal wieder in die Arme schließen, und zweitens habe ich etwas Wichtiges mit dir zu besprechen.« Er drückte ihre Hand. »Eigentlich wollte ich ja Eberhard dabeihaben, aber nun werden wir es eben allein machen. Übrigens, was hältst du davon, wenn wir den Tee auf der Terrasse nehmen? Es ist schrecklich heiß heute.«

»Gern, Papa.« Staunend schritt sie durch den riesigen, prachtvoll ausgestatteten Salon hinaus auf die überdachte Terrasse, wo ein anderer Diener bereitstand, ihnen den Tee zu servieren.

Aglaia nahm ihren Hut ab und fächelte sich Luft zu. »Es ist wirklich sehr warm heute«, sagte sie und betrachtete aufmerksam ihren Vater. Er kam ihr ein wenig blasser vor als sonst, um die Augen waren ein paar Falten hinzugekommen, und sein Atem ging etwas unregelmäßig. Aber besorgniserregend sah er nicht aus. Erleichtert atmete sie auf. Elvira hatte recht behalten. Wahrscheinlich hatte sie sich zu viele Sorgen gemacht.

»Du kannst gehen, Jakob«, sagte Horst zu dem Diener, der den Tee eingießen wollte. »Meine Tochter wird das übernehmen.«

Aglaia wartete, bis der Diener sich entfernt hatte, dann sagte sie: »Es ist wunderschön hier, Papa. Das Haus ist wirklich prachtvoll, und dieser Garten ...« Staunend betrachtete sie die weißen Kieswege, gesäumt von Blumenrabatten in leuchtenden Farben, die hohen, Schatten spendenden Bäume und den leise plätschernden Springbrunnen in der Mitte des großen Grundstücks.

»Ja, es ist schön, mein Kind. Aber ich habe es gerade verkauft. Ich werde, wenn alles abgewickelt ist, nach Wallerstein zurückkehren. Vielleicht kann ich schon mit dir nach Hause reisen.«

Erstaunt sah Aglaia ihn an. »Willst du denn deine Arbeit im Parlament aufgeben?«

»Ja, mein Herz macht mir zu schaffen. Du bist mir das Liebste auf der Welt, und ich habe Enkel, die ich kaum kenne. Das möchte ich ändern, bevor es zu spät ist.« Sein Atem ging stoßweise, und er lockerte sein Halstuch, um sich Luft zu verschaffen. »Wie geht es den Jungen überhaupt? Erzähl doch mal.«

»Sie sind tüchtig gewachsen. Alexander ist ja schon elf, und Ellart wird elf im Oktober. Beide gehen in Insterburg auf das Gymnasium, übrigens zusammen mit Franz Basedow, dem Jüngsten von Eberhards Oberinspektor.«

»Nanu, wieso denn das?«

»Franz ist außergewöhnlich begabt. Alexander und er sind seit frühester Kindheit dicke Freunde, sehr zum Leidwesen von Ellart. Er scheint mir ein bisschen eifersüchtig.«

»Sollte Alexander nicht zu den Kadetten?«, fragte Horst erstaunt.

»Eberhard hat ihm Aufschub gegeben bis nach der Matura.« Aglaia zuckte mit den Schultern. »Den Jungen zieht es nicht so sehr zum Militär. Ich glaube, er würde sehr viel lieber Landwirt werden.« Sie schwiegen eine Weile.

»Vielleicht solltet ihr ihn gewähren lassen«, meinte Horst nachdenklich. »Ach, und Eberhard depeschierte mir, dass er unabkömmlich sei und Ferdinand dich begleitet. Wo ist er? Ich hatte ihn hier erwartet.«

»Er hat eine kleine Wohnung in der Clausewitzstraße. Dort logiert er immer, wenn er in Berlin ist. Er meint, das sei für ihn und vor allem für dich kommod. Übrigens möchte er uns morgen Mittag im Restaurant Diener's treffen. Ich hoffe, es ist dir recht, Papa?«

Horst lächelte. »Eine gute Wahl, mein Kind, hervorragende Küche. Dort verkehrt die so genannte ›feine Berliner Gesellschaft‹, reiche Geschäftsleute, Herren vom diplomatischen Korps und sehr elegante Frauen. Und hin und wieder auch mal ein paar Parvenüs, na ja, du weißt schon. Aber damit muss man heutzutage ja überall rechnen. Die Zeiten haben sich eben geändert.«

Aglaia drückte seine Hand. »Ich soll dich übrigens ganz herzlich von allen grüßen, besonders von Tante Elvira.« Ihr Gesicht umwölkte sich. »Sie ist wie eine Mutter zu mir. Du weißt, zu Mama habe ich kaum Kontakt.«

»Ich weiß, mein Kind. Aber das ist für uns beide ein so unerfreuliches Thema. Was gibt es denn so Neues?«

Aglaia berichtete von Ferdinands regelmäßigen, aber nie sehr langen Besuchen auf Birkenau und wie sehr er immer alle mit den Klatschgeschichten aus der großen Welt unterhielt. »Bismarck soll eine Geliebte haben«, berichtete Aglaia errötend, »hast du das gewusst? Wir wollten es alle gar nicht so recht glauben.«

»Ja, jeder wusste davon. Es war, als er Gesandter in Paris

war. Eine Fürstin Katharina Orlow. Ich habe sie einmal getroffen, eine sehr schöne Frau. Aber seit er zurück in Berlin ist, scheint es vorbei zu sein. Man sagt, seit er Preußens Ministerpräsident geworden ist, interessiert er sich für nichts mehr anderes als die Politik.«

Aglaia wechselte das Thema. »Stell dir vor, Papa, Gustav Goelder hat sich verlobt und heiratet bald in Riga. Wir sind eingeladen, und Tante Elvira findet, ich solle mir bei Gerson dafür etwas Elegantes kaufen. Was meinst du, würdest du mich dorthin begleiten?«

Horst strahlte. »Das wird mir ein ganz besonderes Vergnügen sein, mein Liebling, wirklich eine große Freude. Morgen nach dem Mittagessen haben wir einen Termin bei meinem Notar, und übermorgen gehen wir zu Gerson. Es ist ein sehr eleganter Salon am Hausvogteiplatz. Ich werde uns gleich dort anmelden.«

Es war dämmrig geworden, und bevor Aglaia fragen konnte, was sie um Himmels willen bei einem Notar sollte, erhob sich ihr Vater. »Bitte entschuldige mich jetzt, mein Kind, es ist schon spät. Ich habe noch einige wichtige Dinge zu erledigen. Jakob wird dir dein Zimmer zeigen. Du musst erschöpft sein von der langen Reise. Wir sehen uns morgen zum Frühstück.«

Es dauerte lange, bis Aglaia in einen unruhigen Schlaf fiel. Trotz der weit geöffneten Fenster kühlte die Luft kaum ab, und ihre Gedanken kamen nicht zur Ruhe. War ihr Vater doch kränker, als es den Anschein hatte? Und was sollte bloß der Besuch bei einem Notar? Als eine nahe gelegene Kirchturmuhr zehn schlug, trat sie an das Fenster und suchte Tanyas Stern. »Ich habe Angst um unseren Vater, geliebte Schwester«, sagte sie leise. »Vielleicht kannst du ihn von da oben ja beschützen.«

Das Diener's war wie immer gut besucht. Aglaia gefiel der herrschaftliche Raum, in dem fast alle Tische besetzt waren mit Offizieren in Uniform und elegant gekleideten Frauen und Männern jeden Alters, die sich angeregt unterhielten. Einige von ihnen begrüßten Horst mit »Hallo, lieber Wallerstein« oder auch nur mit einem höflichen Kopfnicken. Er schien hier sehr bekannt zu sein, und leises Tuscheln und erstaunte Blicke zeigten, dass man sich fragte, wer wohl die schöne Unbekannte an seiner Seite war. ›Es ist genau, wie Papa es beschrieben hat‹, dachte Aglaia, während ein Ober sie in den hinteren Teil des Lokals geleitete, wo Ferdinand mit einem Herrn saß.

»Ach, mein lieber Strehlen«, rief Horst, »schön, Sie zu sehen!« Und zu Ferdinand gewandt: »Ich danke dir, alter Freund, dass du meine Tochter hierher begleitet hast. Aglaia, darf ich dir Josef von Strehlen vorstellen? Er ist ein sehr bedeutender Mann, ein enger Vertrauter des Königs.«

»Sie schmeicheln mir, lieber Wallerstein«, sagte Strehlen und begrüßte Aglaia mit einem Handkuss. »Ich gratuliere Ihnen zu Ihrer schönen Tochter.«

Horst rückte Aglaia den Stuhl zurecht, bevor er sich setzte. »Danke, danke, mein Lieber. Essen Sie mit uns?«, fragte er.

»Nein.« Strehlen zuckte bedauernd mit der Schulter. »Ich traf den guten Kaulitz zufällig vor der Tür, und er fand, ich müsse unbedingt seine schöne Nichte kennenlernen.« Er blickte auf seine Taschenuhr. »Um Himmels willen, ich muss gehen.« Er sprang auf. »Seine Majestät erwartet mich. Machen Sie mir doch die Freude und essen Sie alle mit mir übermorgen zu Abend. Ich erwarte Sie um acht Uhr bei mir zum Souper.« Mit fliegenden Rockschößen verließ er eilig das Lokal.

»Na, was erzählt denn Strehlen so?«, fragte Horst, nachdem er das Essen bestellt und mit viel Sorgfalt den Wein ausgesucht hatte.

»Es kriselt gewaltig zwischen Preußen und Österreich«, berichtete Ferdinand.

»Das ist mir bekannt …« Horst kostete den Wein, gab dem Ober ein Zeichen, die Gläser zu füllen, und fuhr fort. »Und was meint er, wird es Krieg geben?«

»Bismarck ist wild entschlossen, eine Einigung herbeizuführen. Strehlen ist sich sicher, wenn es gar nicht anders geht, wird es wohl dazu kommen.«

Aglaia, die mit dem Rücken zur Tür saß, hörte der Unterhaltung der beiden Männer nur mit halbem Ohr zu. Politik interessierte sie nicht sehr, viel lieber betrachtete sie die anwesenden Damen. Wie elegant sie waren! Was würde sie Elvira nicht alles erzählen können. Plötzlich wurde sie aus ihren Gedanken gerissen. Ihr Vater hatte sein Glas fallen lassen und griff sich ans Herz. Seine Augen waren weit aufgerissen und das Gesicht aschfahl. »Aglaia, sieh doch, da ist Tanya!«

Als Aglaia sich umdrehte, sah sie nur noch, wie ein älterer, korpulenter Herr mit einer zierlichen jungen Frau, unter deren Strohhut üppige rote Locken hervorquollen, das Lokal verließ. »Aber Papa«, besorgt griff sie nach seiner Hand. »Tanya ist tot, das weißt du doch. Sie kann es gar nicht gewesen sein. Es war nur ein junges Mädchen mit roten Haaren. Vielleicht hat sie Tanya ein wenig ähnlich gesehen.«

»Nein … nein, diese Ähnlichkeit war frappant! So glaub mir doch.« Sein Gesicht war schweißnass, und der Atem ging stoßweise. Er zerrte an seiner Krawatte. »Es geht mir nicht gut«, stammelte er. »Ich bekomme keine Luft, ich muss mich hinlegen.«

Ferdinand machte ein Zeichen, die Rechnung zu bringen,

und gab dem Ober leise Order, eine Droschke zu rufen. Unter den erstaunten Blicken der Gäste führten er und Aglaia den kraftlosen Mann aus dem Lokal.

Ferdinand schickte sofort nach Horsts Hausarzt, während Aglaia am Bett ihres Vaters saß und seine Hand hielt. Er hatte das Bewusstsein verloren. Seine Augenlider flatterten, und hin und wieder murmelte er Worte, die Aglaia nicht verstand. Er schien ihr etwas sagen zu wollen, aber was nur? Aglaia weinte nicht. Sie war wie erstarrt. Das Einzige, was ihr einfiel, war zu beten. »Lass ihn nicht sterben, lieber Gott, nicht jetzt. Lass ihn doch noch ein bisschen leben.« Nach einer halben Stunde – für Aglaia eine gefühlte Ewigkeit – kam endlich der Arzt.

»Ihr Vater hat einen Herzinfarkt erlitten«, sagte er nach einer kurzen Untersuchung. »Er ist schon seit längerem herzkrank. Jede Aufregung ist Gift für ihn. Irgendetwas muss diesen Anfall ausgelöst haben. Und dazu noch diese Hitze ...« Er schüttelte bedauernd den Kopf. »Ich kann Ihnen leider keine große Hoffnung machen, ich fürchte, dass Ihr Vater diese Nacht nicht überleben wird.« Er gab Aglaia ein Fläschchen. »Wenn er noch einmal zu sich kommt, geben Sie ihm davon zehn Tropfen. Das wird ihm Erleichterung verschaffen.« Er verabschiedete sich mit einer Verbeugung. »Ich werde mir erlauben, später noch einmal nach ihm zu sehen. Mehr kann ich leider nicht für ihn tun.«

Aglaia wachte am Bett ihres Vaters, tupfte ihm mit einem feuchten Tuch den Schweiß von der Stirn und sprach leise auf ihn ein. Ab und zu sah Ferdinand nach ihnen, strich Aglaia zärtlich über den Kopf und ging wieder zurück in den Salon. Zweimal noch kam der Arzt, setzte sein Hörrohr an und fühlte Horst den Puls. »Es wird nicht mehr lange dauern«, sagte er leise zu Ferdinand, der ihn zur Tür begleitete.

Kurz vor Mitternacht öffnete Horst noch einmal die Augen, und ein Strahlen überzog sein Gesicht. »Aglaia, mein geliebtes Kind, wie schön, dass du bei mir bist«, sagte er mit klarer Stimme. Ein letztes, tiefes Aufatmen, dann entwich das Leben aus seinem Körper.

»Papa ist tot.« Aglaia stand in der Tür des Salons, in dem Ferdinand in einem Sessel eingenickt war. »Würdest du mir helfen, Onkel Ferdinand, ihn nach Hause zu bringen?«

Ferdinand bewunderte Aglaia für ihre Haltung. Sie weinte nicht, aber er wusste, die Trauer würde sie einholen. Jetzt waren unendlich viele Dinge zu erledigen, Dokumente zu unterschreiben und Depeschen zu verschicken. Der Majordomus wurde beauftragt, das Dienstpersonal zu entlassen, wenige noch offene Rechnungen zu begleichen und das Haus dem neuen Besitzer zu übergeben. All das erledigte Aglaia, ohne auch nur einmal die Fassung zu verlieren. Ferdinand sowie der Bankier Herzberg, der zufällig gerade in Berlin weilte, waren ihr bei all dem behilflich. Am zweiten Tag saßen sie im Salon bei einer Tasse Tee. Aglaia war völlig erschöpft. Sie hatte die letzten beiden Nächte kaum geschlafen und fast nichts gegessen.

»Es sind da noch einige Legate an altgedientes Personal«, sagte der Bankier, »und es gibt ein Konto für Ihre beiden Söhne, auszuzahlen an ihrem einundzwanzigsten Geburtstag. Soll ich mich darum kümmern?«

»Ja, tun sie das, lieber Herzberg«, sagte Aglaia, die kaum noch wahrnahm, was um sie herum vorging.

»Übrigens …«, fuhr er fort, »ich hatte für Ihren Vater bei einem Notar einen Termin gemacht. Wissen Sie eigentlich, dass er sein Testament zu Ihren Gunsten ändern wollte? Das war der Grund, warum er Sie nach Berlin gebeten hat. Er wollte Sie unbedingt dabei haben.« Er schüttelte bedauernd den Kopf. »Er hatte das schon seit langem vor. Aber immer kam etwas dazwischen. Und nun ist es dazu leider nicht mehr gekommen.«

»Ach, das war der Grund … Aber wozu denn?« Aglaia erhob sich leicht schwankend. »Ich glaube, ich muss mich ein wenig hinlegen. Mir ist nicht gut.« Sie hatte offensichtlich gar nicht begriffen, was Herzberg da eben gesagt hatte. Als Ferdinand mit dem Bankier allein war, goss er zwei Cognacgläser ein.

»Ich glaube, die brauchen wir jetzt, alter Freund.« Er prostete seinem Gegenüber zu. »Ich nehme an, Wilhelmine hat nun die ganze Verfügungsgewalt über Horsts Vermögen.«

»Ja, das denke ich auch. Er hat mit mir darüber gesprochen, es ging ihm ja schon eine ganze Weile nicht sehr gut. Und er wollte das unbedingt verhindern. Sie kennen ja ihre Verschwendungssucht.«

»Werden Sie sie denn weiter in finanziellen Dingen beraten?«, fragte Ferdinand.

»Selbstverständlich, wenn sie das will.«

»Na, dann kann ich nur hoffen, dass Wilhelmine Ihren Rat auch annimmt. Und noch einmal herzlichen Dank für Ihre Hilfe. Ich weiß wirklich nicht, wie wir das hier ohne Sie geschafft hätten.«

Am nächsten Tag fuhren Aglaia und Ferdinand zurück nach Ostpreußen, mit Horst von Wallerstein in einem eichenen Sarg.

Wie nicht anders zu erwarten, spielte Wilhelmine die trauernde Witwe. Laut schluchzend stand sie am offenen Grab und bejammerte den tragischen Tod ihres geliebten Gatten. Nach der

Trauerfeier hatte Elvira kurz Gelegenheit, allein mit ihrer alten Freundin zu sprechen. »Sag mal, Wilhelmine, schämst du dich denn gar nicht, wie du dich hier benimmst? Wo doch schließlich jeder weiß ...«

»Was weiß jeder? Horst wollte zu mir zurückkommen, offensichtlich weißt du das nicht.«

Elvira starrte sie entgeistert an. »Wie kommst du denn darauf? Bist du noch ganz bei Trost?«

»Er hatte vor, wieder ganz auf Wallerstein zu leben, und ich bin mir absolut sicher, zusammen mit mir.« Elvira hatte ihre Fassung zurückgewonnen.

»Was du anscheinend nicht weißt, meine Liebe, Horst wollte sein Testament zu Gunsten von Aglaia ändern. Du solltest lediglich ein lebenslanges bescheidenes Legat bekommen. Nur sein plötzlicher Tod hat das verhindert.«

Wilhelmine schnappte kurz nach Luft. Dann sagte sie spitz, und ihre Augen funkelten böse. »Na, da habe ich ja noch einmal Glück gehabt.«

»Dieser Satz«, beteuerte Elvira später immer wieder, »hat das Band unserer Freundschaft für immer zerschnitten.«

Wilhelmine zog zurück nach Wallerstein. Jedem, ob er es hören wollte oder nicht, versicherte sie, wie sehr sie doch das Landleben vermisst habe. Die Renovierungsarbeiten wurden wieder aufgenommen, weit pompöser, als Horst es geplant hatte. Als seine Witwe und rechtmäßige Erbin verfügte sie jetzt allein über ein beträchtliches Vermögen und gab das Geld mit vollen Händen aus. Sie bestellte neue Möbel und Teppiche, ein Künstler wurde engagiert, den großen Speisesaal und das Frühstückszimmer mit Trompe-l'œil-Malerei auszustatten, und ein Landschaftsgärtner bekam den Auftrag, den Park neu zu gestalten. Natürlich sorgte das für Gerede. Elvira schüttelte nur verständnislos den Kopf. Aber als Wilhelmine noch vor Ablauf der Trauerzeit anfing, große Gesellschaften zu geben, sagte sie: »Jetzt hat sie endgültig den Verstand verloren.«

Aglaia besuchte einmal in der Woche das Grab ihres Vaters. Wenn sie ihrer Mutter begegnete, was manchmal unvermeidlich war, wechselten sie ein paar belanglose Worte. Man wahrte die Form. Ein paarmal bat Wilhelmine ihre Tochter, doch einen Tee mit ihr zu trinken und sich die neu ausgestatteten Räume anzusehen, aber stets lehnte Aglaia höflich ab.

»Ich muss wieder nach Hause, Mama. Man erwartet mich.« Irgendwann gab Wilhelmine ihre Bemühungen auf.

Frühjahr 1866

»Preußen macht mobil.« Jesko ließ die Depesche sinken, die Willi ihm eben gebracht hatte.

»Also lag Strehlen gar nicht so falsch mit seiner Prophezeiung«, stellte Ferdinand fest. »Ich traf ihn an Horsts Todestag im Diener's. Er deutete an, dass es Krieg geben würde, wenn Bismarcks Verhandlungen mit Österreich weiterhin scheitern sollten.«

»Die Depesche ist von Moltke, er will mich in seinem Stab haben.«

»Was?« Elvira ließ den Stickrahmen sinken und sah ihren Mann fassungslos an. »Du willst doch wohl nicht noch einmal in den Krieg ziehen – in deinem Alter?«

Jesko richtete sich zu voller Größe auf. »Was heißt denn in meinem Alter? Moltke ist zwei Jahre älter als ich, das dürfte dir ja bekannt sein. Und du wirst doch wohl nicht glauben, dass ich mich weigere, dem Vaterland zu dienen, wenn man mich ruft.«

»Und was ist mit Eberhard? Er wird hier doch dringend gebraucht.«

»Ja was soll denn mit ihm sein? Er ist Reserveoffizier.« Jesko schüttelte ungläubig den Kopf. Frauen konnten manchmal wirklich Fragen stellen … »Aber zu deiner Beruhigung: Preußen ist mit seinen Verbündeten Österreich weit überlegen. Also werden wir diesen Krieg sehr schnell gewinnen. Und für diese kurze Zeit sind ja Basedow und Plenzrat da.«

Aber zu Minchens Entsetzen meldete sich ihr Mann freiwillig. »Wie soll dat denn gjehen, Herbertchen, du nich da und der Gjraf och nich …« Sie rang verzweifelt die Hände.

»Mäxchen kennt sich inzwischen ganz gut aus, schließlich ist er fast achtzehn, und auch Franz mit seinen sechzehn kann schon mächtig zupacken«, redete Basedow beruhigend auf seine Frau ein. »Und schließlich ist ja auch noch der Plenzrat da.«

»Der hat wohl keene Lust nich, Krieg zu spielen?« Minchen sah ihren Mann wütend an.

»Doch«, sagte der schmunzelnd, »aber den nehmen se nich, dem hab'm die Dänen 61 das rechte Knie zerschossen.«

Der Abschied von Jesko und Eberhard war tränenreich.

»Ich will nicht noch einmal Witwe werden«, schluchzte Elvira, und Aglaia sagte immer wieder: »Pass auf dich auf, Eberhard«, mit Tränen in den Augen. Am Abend vor ihrer Abreise hatten Jesko und Ferdinand noch lange zusammengesessen.

»Hör zu, Ferdi«, hatte Jesko ernst gesagt, »tu mir die Liebe und halt hier die Stellung, bis wir zurück sind. Es kann wirklich nicht lange dauern. Und sollte mir etwas passieren, kümmere dich um meine Frau.«

»Nu mal man nicht den Teufel an die Wand, alter Lorbass. Du und Helmuth Moltke, ihr werdet das Kind schon schaukeln.« Er, der wegen seiner diplomatischen Tätigkeit der kriegerischen Auseinandersetzung entkommen war, teilte Elviras Meinung. Jesko war zu alt, um in den Krieg zu ziehen. Andererseits wusste er, sein Bruder hatte keine andere Wahl. Wenn sein alter Freund Helmuth von Moltke, Generalstabschef der Preußischen Armee, ihn rief, musste er folgen. Das verlangte sein Ehrenkodex. »Du kannst dich auf mich verlassen, Bruderherz. Aber seht zu, dass ihr beide möglichst schnell und vor allem gesund wieder nach Hause kommt.«

Jesko sollte recht behalten. Der Krieg begann am dreiundzwanzigsten Juni und war bereits nach fünf Wochen mit dem Sieg Preußens zu Ende. Täglich berichtete die *Hartungsche Zeitung* über die Schlachten und Siege Preußens, und Helmuth von Moltke wurde mit Lob überschüttet für seine überaus erfolgreiche Strategie.

»Seht ihr«, sagte dann Ferdinand, wenn er Elvira und Aglaia die Berichte vorgelesen hatte, »ihr macht euch unnötige Sorgen. Ihr werdet eure beiden Männer bald wieder wohlbehalten in die Arme schließen können. Einmal kam ein Brief von Jesko.

Königgrätz, 4. Juli 1866

Ihr Lieben zuhause, nur kurz ein paar Zeilen. Eberhard und ich sind wohlauf, auch Basedow. Eberhard hat dafür gesorgt, dass der in seiner Einheit ist. Richtet doch seiner Frau Grüße von ihm aus. Gestern haben wir dem Feind den entscheidenden Schlag versetzt. Moltke glaubt, der Krieg kann nun nicht mehr lange dauern.

Alfred von Harvich ist gefallen. Ferdi, würdest du nach Buchenhain reiten und dem alten Harvich die traurige Nachricht überbringen? Er ist ja ganz allein. Soweit ich weiß, ist sein zweiter Sohn Hanno in der deutschen Botschaft in Rom. Aber macht Euch um uns keine Sorgen, wir sind sicher bald wieder mit Euch vereint.

Von Eberhard und mir die herzlichsten Grüße, seid umarmt

Euer Jesko

Ferdinand hatte den Brief lauf vorgelesen und Elvira atmete erleichtert auf. »Na, das klingt ja ganz vielversprechend, was denkst du, Ferdi?«

»Ich bin ganz deiner Meinung. Jeskos Brief deckt sich ja auch mit dem, was die Zeitungen berichten.«

»Und du, Aglaia, warum schaust du denn so verzagt?« Elvira streichelte die Hand ihrer Schwiegertochter. »Hast du denn nicht zugehört?«

»Doch, natürlich. Aber der Krieg ist schließlich noch nicht vorbei.«

Am 27. Juli wurde Aglaias düstere Vorahnung in Form einer Depesche auf Birkenau bestätigt.

Eberhard und Basedow sind gestern Seite an Seite in der Schlacht bei Üttingen gefallen – Stop – Bin untröstlich – Stop – Jesko.

Es war die letzte Schlacht in diesem Krieg. Preußen hatte gesiegt.

Es war ein heißer Tag Anfang August, als Eberhard zu Grabe getragen wurde. Die Fahne auf Birkenau wehte auf Halbmast, und von überall her strömten die Menschen herbei, um Abschied zu nehmen von dem jungen Kaulitz. Alle Freunde der Familie waren gekommen, Gutsbesitzer und Bauern aus der Nachbarschaft, Geschäftsleute aus Insterburg und Gumbinnen sowie die gesamte Dienerschaft von Birkenau, Linderwies und Aschruten. Die Frauen trugen Kirchgangskleider und die Männer lange schwarze Röcke. Kameraden aus Eberhards Regiment waren da, in Uniform mit Orden, und auch Wilhelmine hatte den Weg nach Birkenau gefunden.

»Mein armes Kind, es tut mir unendlich leid.« Ihre Worte klangen aufrichtig, das fand sogar Elvira. Eberhards Sarg stand in der Kapelle. Man hatte ihn geschlossen. Sein Kopf war von einer Kugel getroffen worden, doch die Menschen sollten ihn so in Erinnerung behalten, wie sie ihn gekannt hatten. Am Morgen war Elvira allein in ihren Rosengarten gegangen, hatte Hunderte von Rosen geschnitten und damit den Sarg und die Kapelle geschmückt. Viele Menschen fanden keinen Platz mehr in der Kirche und verharrten vor dem weit geöffneten Portal. Aglaia saß in der ersten Bank, neben sich ihre beiden Söhne, die sich eng an sie drängten. Ihr Gesicht war verschleiert, und auf ihrem Schoß lag eine langstielige rote Rose. Nachdem die Trauergemeinde *Jesus meine Zuversicht* gesungen hatte, hielt Pastor Küster eine herzergreifende Rede. Hin und wieder hörte man ein leises Schluchzen der anwesenden Damen, und auch mancher Herr zückte sein Taschentuch, um sich die feuchten Augen zu wischen. Nachdem der Pastor geendet hatte, trugen Ferdinand, die Goelder-Brüder und Leopold von Troyenfeld den Sarg unter leisen Harmoniumklängen zu dem offenen Grab hinaus, das von unzähligen Kränzen und Blumengebinden umgeben war. Als der Sarg langsam hinabgesenkt wurde, verlor Aglaia zum ersten Mal die Fassung. Sie schlug den Schleier zurück, warf die Rose auf den Sarg und rief schluchzend »Leb wohl, mein Geliebter. Ich …«, sie drückte die beiden weinenden Jungen an sich, »… wir werden dich niemals vergessen.«

Jesko war ein gebrochener Mann. Äußerlich bewahrte er Haltung und hielt sich aufrecht, aber wer ihn kannte, ahnte, wie sehr er litt. Elvira wusste nicht, wie sie ihn trösten sollte. Ihr eigener Kummer über das entsetzliche Geschehen und die unendliche Trauer Aglaias machten sie hilflos. Tagsüber schien die junge Witwe gefasst und versuchte ihren Söhnen Trost zu spenden. Aber nachts hörte Elvira ihr verzweifeltes Schluchzen, und wenn sie morgens übernächtigt und mit geröteten Augen zum Frühstück erschien, sah man ihr den Kummer an.

Das gemeinsame Leid schweißte Aglaia und Minchen Basedow zusammen. Wenn sie in Linderwies in der Küche saßen, weinten sie um ihre Männer und ließen ihren Tränen freien Lauf. »Wat soll bloß aus uns werden, jetzt wo mein Herbertchen nich mehr is«, jammerte Minchen verzweifelt, und Aglaia fiel nichts weiter ein, als zu sagen: »Kommt Zeit, kommt Rat, Minchen. Es wird sich alles finden.«

Und auch die Freundschaft zwischen Alexander und Franz war durch das schreckliche Geschehen noch enger geworden. Verzweifelt fragten sie nach dem Warum und fanden Gott, der doch die Menschen beschützen sollte, nur ungerecht. Noch waren Ferien, die Ernte musste eingefahren werden, und jede Hand wurde gebraucht. Alexander und Franz packten an, wo sie nur konnten, und lenkten sich mit der Arbeit von ihrem Kummer ab. Mehrmals forderte Alexander seinen Bruder auf, doch auch mitzuhelfen. Aber Ellart lehnte strikt ab und schloss sich in seinem Zimmer ein. Elvira, die immer eine Entschuldigung für ihren Liebling fand, schob es auf den Kummer um seinen Vater. In Wahrheit aber hasste Ellart nichts mehr als körperliche Betätigung. Überhaupt war ihm jegliche Art von Arbeit ein Gräuel, und das sollte sein Leben lang so bleiben.

Jesko, der in den letzten Jahren die Verwaltung der Gutsbetriebe weitgehend Eberhard und den Inspektoren überlassen hatte, nahm jetzt wieder Eberhards Stelle ein. Er handelte mit den Einkäufern für Getreide und Kartoffeln die Preise aus, besprach mit den Förstern das Abholzen einiger Waldstriche und inspizierte die Felder, oft in Begleitung von Alex. »Ich bin immer wieder erstaunt, wie viel das Jungchen bereits über die Landwirtschaft weiß«, berichtete er dann abends Elvira. »Er kommt ganz nach mir und Eberhard.« Und in seiner Stimme schwang Stolz mit und auch ein wenig Glück darüber, einen solchen Enkel zu haben.

»Wir werden einen Ersatz für Basedow suchen müssen«, kündigte Jesko eines Tages an. »Plenzrat arbeitet wie ein Kümmeltürke. Er geht wirklich an seine Grenzen, wir können nicht warten, bis er uns zusammenbricht.«

Aglaia, die schon lange befürchtet hatte, dass das kommen würde, sah ihren Schwiegervater entsetzt an. »Und was wird aus Minchen und ihren Kindern?«

»Bis wir einen neuen Mann gefunden haben, kann sie selbstverständlich in Linderwies wohnen bleiben. Aber dann wird sie wohl zu ihrer Familie nach Kalitken zurückgehen müssen.«

»Das ist ja schrecklich!« Aglaia war den Tränen nahe. »Die arme Frau, und denk bloß an Alexander und Franz – sie sind doch unzertrennlich.«

»Tja … das ist in der Tat bedauerlich. Aber wie stellst du dir das denn vor?«

»Ich habe eine Idee«, rief Aglaia aufgeregt. »Warum bin ich bloß nicht schon früher darauf gekommen? Seit die alte Hertha nicht mehr ist, haben wir schon zwei Mal die Mamsell gewechselt, und die neue ist ja auch nicht gerade doll.«

»Nee, wirklich nicht«, warf Ferdinand ein. »Wenn ich an die Königsberger Klopse von gestern denke …« Er rollte in komischer Verzweiflung die Augen.

»Minchen Basedow ist eine fabelhafte Köchin«, fuhr Aglaia aufgeregt fort. »Sie könnte doch für uns als Mamsell arbeiten. Was haltet ihr denn davon?«

»Eine wunderbare Idee«, rief Elvira.

Und Jesko meinte: »Na, dann fahr man morgen gleich rüber. Von mir aus kann sie sofort anfangen.«

Minchen Basedow war überglücklich. Fast wäre sie Aglaia vor Freude um den Hals gefallen. »Ach, Frau von Kaulitz, wat Sinse doch fürn gjuter Mensch! Mein Franzchen war schon gjanz bedripst. Ich hab die Kinderchens in der letzten Zeit ja schon drauf vorbereitet, dat wir bald hier wegmüssen, und nu dürfen wir nach Birkenau!« Sie schüttelte den Kopf, als könne sie nicht glauben, was sie da eben gehört hatte. »Nu ne nich … was is dat aber auch 'ne Freude. Mein Lenchen, die is ja schon sechzehn, die kocht schon fast so gut wie ich. Die kann feste mit anpacken in der Küche. Der Herr Gjraf wird mit uns zufrieden sein, gjanz bestimmt.«

»Da bin ich mir ganz sicher, Minchen, wir alle werden das.« Minchens Gesicht wurde mit einem Mal ernst. »Was mein Franzchen is, der gjeht ja noch zwei Jahre inne Schule. Dann will er Inspektor werden wie sein Vatche selig. Aber das Mäxchen würd ja so gjern in Linderwies bei seine Tiere bleiben. Meinen Se, er könnt hier 'ne Anstellung bekommen? Fleißig is er, der Jung, da leg ich meine Hand für ins Feuer.«

»Da bin ich mir ganz sicher«, beruhigte Aglaia die aufgeregte Frau. »Mein Mann hat immer gesagt, der Max hat ein Händchen für die Tiere, besonders für die Pferde. Ich werde nachher gleich mit meinem Schwiegervater darüber sprechen.«

»Danke, Frau von Kaulitz, danke!« Aglaia hatte Minchen Basedow seit Wochen nicht mehr so strahlen sehen, und auch sie spürte das erste Mal seit Eberhards Tod wieder so etwas wie ein kleines Gefühl der Freude.

Ein paar Tage später übernahm Minchen Basedow das Regiment in der Birkenau'schen Küche, unter tatkräftiger Hilfe von Lenchen, und bald waren beide daraus nicht mehr wegzudenken. Auf Wunsch von Ferdinand kochte sie als Einstand Königsberger Klopse.

»Ich dachte immer, die von Hertha seien nicht zu übertreffen«, rief der begeistert, »aber ich muss gestehen, diese sind mindestens genauso gut, wenn nicht noch besser. Lasst diese Frau bloß nie wieder gehen!«

Die nächsten Jahre führten die Kaulitzens ein sehr zurückgezogenes Leben. Ihnen stand weder der Sinn danach, große Gesellschaften zu besuchen, noch welche zu geben. Auch als nach dem Tod des alten Baron Harvich Hanno und seine Frau Carla überstürzt aus Rom zurückkamen, um sich um das verwaiste Gut zu kümmern, nahmen sie an deren Begrüßungsempfang nicht teil. Lange Zeit veranstalteten sie keine Jagden, auch lehnten sie Einladungen dazu ab. Sie besuchten weder Hochzeiten noch Taufen. Bei Goelders war bereits im Jahr nach der Hochzeit der erste Junge angekommen und in Lindicken bei den Lackners inzwischen das fünfte Kind. Selbstverständlich gestattete man aber Alexander und Ellart nach dem Trauerjahr, wieder Einladungen anzunehmen. Sie waren jung und konnten und sollten nicht ewig trauern. Auch Ferdinand, dessen Ausflüge »in die große Welt«, wie er es nannte, immer seltener und kürzer wurden, nahm wieder am gesellschaftlichen Leben teil. Nur Aglaia, Elvira und Jesko stand der Sinn nicht nach lärmendem und ausgelassenem Feiern. Was aber nicht hieß, dass sie vereinsamten. Für Freunde stand bald ihre Tür wieder offen. Dank Minchen speiste man hervorragend, spielte Whist, Rommé oder Schach, und Ferdinand musizierte wie früher mit Ursula und Philine. Nur Aglaia sang nicht mehr. Ganz selten, wenn sie glaubte, niemand würde sie hören, spielte sie auf dem Klavier Eberhards Lieblingsstücke.

Gleich nach dem Tod ihres Vaters hatte sie einen Stern neben Tanyas, der am hellsten leuchtete, für ihn ausgesucht, und nun waren es drei, zu denen sie jeden Abend sprach. War der Himmel einmal bedeckt, zündete sie drei dicke weiße Kerzen an und hielt ihre Zwiesprache mit ihnen.

Der Kontakt zu Clemens war in all den Jahren nie abgebrochen. Kurz vor Eberhards Tod hatte er geschrieben, er plane eine längere Reise nach Übersee. Man möge sich nicht wundern, wenn er eine Weile nichts von sich hören ließe. Es verging mehr als ein Jahr, bis eine Karte von ihm eintraf. Sie war monatelang unterwegs gewesen.

»Dein Patenonkel macht sich ja wirklich ein schönes Leben«, sagte Jesko zu Alex, nachdem er die Karte vorgelesen und dann herumgereicht hatte. »Sag mal, Jungchen, willst du ihn nach deiner Matura nicht endlich einmal in England besuchen, bevor du bei den Ulanen eintrittst? Er hat dich nun schon so oft eingeladen. Was hältst du davon?«

»Ich weiß nicht so recht … Würdet ihr mich bitte jetzt entschuldigen, ich muss noch etwas für die Schule tun. Wir schreiben morgen eine wichtige Prüfung.« An der Tür hielt er noch einmal inne. »Ach Großvater, hättest du nachher einen Moment Zeit für mich? Ich würde gern etwas mit dir besprechen.«

»Selbstverständlich, mein Junge. Komm vor dem Abendessen zu mir in die Schreibstube. Sagen wir um sechs.«

»Weißt du, was er hat?«, fragte Aglaia Ellart, der teilnahmslos zugehört hatte.

»Keine Ahnung«, sagte der patzig. »Frag doch Franz. Mit mir teilt mein Bruder keine Geheimnisse.«

»Was ist denn das für ein Ton, und wie redest du überhaupt mit deiner Mutter?« Jesko war ärgerlich. Ellarts Art brachte ihn manchmal zur Weißglut. »Wie wäre es denn, wenn auch du etwas für die Schule tun würdest? Schaden könnte es sicher nicht!«

»Wenn du meinst, Großvater.« Mürrisch verließ auch er das Zimmer.

»Was soll bloß aus dem Jungen werden?«, polterte Jesko weiter. »Seine Noten sind saumäßig, und was ich so höre, hat er nur Unsinn im Kopf. Eberhard würde ihm die Hammelbeine langziehen. Aber ich bin dafür leider zu alt.«

»Ach, nu reg dich man nicht so auf, Jesko«, beschwichtigte Elvira. »Ellart ist noch jung und manchmal eben ein bisschen übermütig.« Gott sei Dank wusste niemand, dass sie Ellart schon öfter kleine Summen zugesteckt hatte, wenn er, wie sie meinte, mit seinem Taschengeld nicht ausgekommen war.

»Ach, liebstes Omamachen«, schmeichelte er dann, »wenn ich erst Großpapa Wallersteins Erbe antrete, verwöhne ich dich nach Strich und Faden.«

»Ach, Jungchen, du weißt doch, wie lieb ich dich hab.« Elvira konnte ihm einfach nicht widerstehen.

Eine Weile herrschte Schweigen. »Ellart bräuchte eine starke Hand«, unterbrach Aglaia die Stille. Sie sah zu Ferdinand hinüber, der sich während der ganzen Debatte hinter seiner Zeitung verschanzt hatte. »Was meinst du, Onkel Ferdi, kannst du nicht mal mit ihm reden?«

»Nun lasst ihn erst mal die Schule fertig machen. Dann werde ich, wenn es sein muss, mein Möglichstes tun.«

Punkt sechs betrat Alexander die Schreibstube seines Großvaters. Jesko erwartete ihn schon. »Nun, mein Jungchen, was gibt es denn Wichtiges? Komm, sprich von der Leber weg.« Mit einer Handbewegung bot er Alexander einen Platz an.

»Danke Großvater, ich möchte lieber stehen.« Er holte tief Luft. Offensichtlich fiel es ihm nicht leicht, das zu sagen, was er schon längst hatte tun wollen. »Es ist … also, Großvater … ich weiß, was von mir erwartet wird. Es ist schließlich Kaulitz'sche Tradition. Aber ich möchte nicht zum Militär.« Nun war es heraus, endlich! Wieder atmete er tief auf. »Ich möchte Landwirt werden, wie Vater. Ich fühle mich dazu berufen, Großvater. Das Land, unser Land, liegt mir am Herzen. Die Tiere, der Wald, das alles ist mein Leben. Ich will nicht exerzieren, Rekruten drillen und ansonsten untätig im Kasino herumsitzen, bis die Herren in Berlin mal wieder entscheiden, dass irgendwo Krieg ist. Und seit Vaters Tod … ist mir Krieg einfach zuwider.« Er schwieg einen Moment. »Kannst du mich verstehen, Großvater?«

Jesko hatte zwei Cognac eingegossen. »Nun setz dich doch, mein Junge.« Er reichte Alexander ein Glas und prostete ihm zu. Eine Welle der Zärtlichkeit durchströmte ihn. Was war das doch für ein prachtvoller Junge, sein Enkel. »Wenn dich jemand versteht, dann bin ich das. Wer sein Land liebt, wird es in Ehren halten, pflegen und dafür sorgen, dass es nicht verkommt. Aber das verlangt viel Arbeit und Opferbereitschaft. In den letzten Jahren waren wir gesegnet mit guten Ernten, aber es wird auch wieder Rückschläge geben, darüber musst du dir im Klaren sein.«

»Ich bin mir dessen voll bewusst. Vater hat oft mit mir darüber gesprochen«, sagte Alexander. »Aber glaub mir, Großvater, ich werde arbeiten wie ein Pferd. Es gibt nichts, was mir mehr am Herzen liegt als unser Land, unser Ostpreußen.«

»Und ich möchte nichts weiter, als dass du glücklich wirst.

Vielleicht ist Ellart dazu bereit, die Kaulitz'sche Tradition fortzusetzen. Jedenfalls wird niemand dich oder auch deinen Bruder dazu zwingen, zum Militär zu gehen.«

Alexander war aufgesprungen und küsste seinem Großvater die Hand. »Danke! Ich danke dir so sehr.« Sein Gesicht, das dem seines Vaters so ähnlich war, strahlte.

»Setz dich wieder, Jungchen«, sagte Jesko. »Es gibt da noch einiges zu bereden. Wenn du nach der Schule ein paar Monate nach England gehen möchtest, habe ich nichts dagegen. Aber dann musst du dir in einer fremden Wirtschaft den Wind um die Ohren wehen lassen, wenigstens ein Jahr lang. Hier in Linderwies oder Schernuppen wirst du immer der junge Graf sein, da lernst du nichts. Dann solltest du noch ein wenig studieren. Die landwirtschaftliche Fakultät an der Königsberger Universität hat einen ausgezeichneten Ruf. Und ja, danach könntest du hier die Wirtschaft übernehmen. Also wenn dir das recht ist.«

»Aber natürlich, Großvater.« Alexander hielt es nicht auf seinem Stuhl, er lief jetzt wieder aufgeregt hin und her. »Ich bin mit allem einverstanden. Nur nach England möchte ich nicht unbedingt. Onkel Clemens ist ein völlig Fremder für mich, ich kenne ihn ja kaum. Am liebsten würde ich wirklich gleich nach der Schule mit meiner Ausbildung beginnen.«

»Nun gut, das soll mir recht sein.« Jesko sah auf seine Taschenuhr. »Meine Güte, es ist schon spät. Man erwartet uns längst zum Essen. Komm, mein Junge, dann lass uns mal der Familie deinen Entschluss mitteilen.«

1868

Ellart hatte keine Einwände gehabt, anstelle seines Bruders zum Militär zu gehen. Er hatte keinerlei Ambitionen, einen Beruf zu ergreifen, nur eines war ihm klar: Untätig auf Birkenau herumzusitzen, bis er sein großväterliches Erbe antreten konnte, kam nicht in Frage. Da schien ihm das Militär noch die angenehmste Lösung. Und als Ferdinand vorschlug, ihn in Berlin bei den Gardeulanen unterzubringen, schien seine Zukunft genau den richtigen Weg einzuschlagen. Weg von Birkenau und seinem Großvater, der ihn ständig mit seinem fleißigen Bruder verglich, das war genau das, was er wollte!

»Mein alter Freund, Prinz Kraft zu Hohenlohe-Ingelfingen, ist dort Kommandeur«, sagte Ferdinand. »Du hast Gardemaß, bist ein exzellenter Reiter und siehst auch noch blendend aus. Es wird kein Problem sein, dich dort unterzubringen, Ellart.«

»So weit weg, muss das denn sein?«, jammerte dagegen Elvira. »In Königsberg gibt es doch genug Militär. Wie wäre es denn mit den Grenadieren, die liegen in Königsberg, Jungchen?«

»Lass man, Omachen, Berlin ist schon in Ordnung. Ich komme euch so oft es geht besuchen«, wehrte Ellart ab. Das fehlte noch, dass man ihn in der Nähe in ein Regiment steckte. Er wollte in die Welt hinaus!

Ein paar Monate später hatte Ellart mit Ach und Krach die

Matura bestanden. Alexander war bereits vor vier Wochen zu seiner Lehre nach Allenstein aufgebrochen, und nun verließ auch Ellart Birkenau in Richtung Berlin.

Elvira weinte bitterlich. »Pass auf dich auf, Jungchen, und komm uns möglichst bald besuchen.« Heimlich steckte sie ihm ein Couvert mit Geld zu. »Damit du dich mal amüsieren kannst.«

Auch Aglaia hatte Tränen in den Augen. Sie umarmte ihren Sohn fest. Ihr fehlten die Worte. Nun ging auch noch ihr zweites Kind aus dem Haus, das Schloss würde leer sein. Wo war nur die Zeit geblieben?

Sein Großvater schlug ihm auf die Schulter. »Hals- und Beinbruch, und dass mir keine Klagen kommen.« Dann zog er ihn in seine Arme und sagte: »Sieh zu, dass du mit deinem Sold auskommst. Wenn es mal ganz knapp wird, lass es mich wissen.«

»Danke, Großvater«, war alles, was Ellart herausbrachte. Ein wenig mulmig war ihm schon zumute. Schließlich war er zum ersten Mal weg von zuhause und war ganz auf sich allein gestellt. Wie würde wohl sein zukünftiges Leben aussehen? Ferdinand begleitete ihn zur Bahn nach Insterburg. »Mach mir keine Schande, Junge«, sagte er zum Abschied. »Hohenlohe wird ein Auge auf dich haben.« Dann gab er ihm einen Umschlag. »Da drin sind Adresse und Schlüssel für meine Berliner Wohnung. Vielleicht willst du ja mal in der Stadt übernachten. Etwas Geld ist auch dabei, für alle Fälle. Und noch etwas, Ellart. Lass der Portiersfrau, sie heißt Frau Zielke, nach deinen Besuchen immer ein paar Mark da. Sie wird die Wohnung in Schuss halten.«

Ellart sah seinen Onkel erfreut an. Das überstieg tatsächlich all seine Erwartungen. »Das ist wirklich außerordentlich großzügig von dir, Onkel Ferdi. Ich danke dir tausend Mal.«

Der Schaffner hatte schon mehrmals in seine Trillerpfeife geblasen und zum Einsteigen gemahnt. Die Lok stieß jetzt dicke Dampfwolken aus und tutete, dass man kaum noch sein eigenes Wort verstand. Eine kurze Umarmung, dann sprang Ellart auf den anfahrenden Zug. »Leb wohl, Onkel Ferdi, und noch einmal danke für alles.«

Ferdinand schwenkte seinen Zylinder, bis der Zug seinen Blicken entschwunden war.

Das 3. Gardeulanenregiment war nahe Berlin in der kleinen Garnisonsstadt Potsdam stationiert. Die kürzlich neu erbaute Kaserne lag in der Jägerallee, unweit des königlichen Schlosses. Als Erstes wurde Ellart eingekleidet. Die Uniform, eine dunkelblaue frackähnliche Jacke, Kollett genannt, mit rotem Kragen, goldenen Epauletten und gelben Knöpfen, sowie der blaue, rot eingefasste breite Gürtel und die engen grauen Hosen schienen wie für ihn gemacht. Ellart fühlte sich großartig, als er gleich anschließend dem Kommandeur vorgestellt wurde, der ihn mit einem anerkennenden Blick musterte.

»Sie sind also der junge Kaulitz. Willkommen bei den Ulanen. Wie geht es meinem alten Freund Ferdinand?« Nach ein paar allgemeinen Floskeln war die Audienz beendet, und Ellart sollte seinen Kommandeur in Zukunft nur noch aus der Ferne zu sehen bekommen.

Seine Stube teilte er mit Meinhard von Ehrenfels. »Also aus Ostpreußen kommst du! Ich bin aus Pommern, genauso schlimm, beides tiefste Provinz. Ich bin schon eine Weile hier, stehe kurz vor der Beförderung zum Leutnant. Wenn du willst, führe ich dich hier richtig ein.«

»Mit dem größten Vergnügen.«

»Mach es dir doch erst mal bequem. Meine Freunde nennen mich übrigens Meini. Aber nun zieh erst mal dein Kollett und die Stiefel aus, hier auf der Stube haben wir es leger.« Meinhard war ein paar Jahre älter als Ellart. Groß, breitschultrig und schmal in Hüfte und Taille war er ein Bild von einem Mann. Sein markantes Gesicht war bis auf schmale Koteletten glatt rasiert und wurde von einer etwas zu großen Nase und wachen braunen Augen beherrscht, die immer etwas spöttisch blitzten. Er schien nichts und niemanden richtig ernst zu nehmen. Ellart war sichtlich beeindruckt von seiner neuen Bekanntschaft. Wie sah der Kerl erst in der prachtvollen Uniform aus?

Meinhard schenkte ihnen Whisky ein. »Also willkommen in der großen Welt.« Er prostete Ellart zu. »Wenn es dir recht ist, gebe ich dir ein paar nützliche Tipps, wie du hier deine Rekrutenzeit ohne allzu große Blessuren überstehen kannst. Wenn du es erst zum Fähnrich gebracht hast, wird es ein wenig leichter.« Um das morgendliche pünktliche Erscheinen kam keiner herum, das machte Meinhard ihm unmissverständlich klar. »Egal wann und wie betrunken du am Abend ins Bett gefallen bist, zum Appell um fünf hast du strammzustehen. Nach zweimaligem Fehlen fliegst du. Da helfen auch keine Beziehungen zum Kommandeur.« Meinhard füllte erneut die Gläser. »Sei nicht zu arrogant zu deinem jeweiligen Vorgesetzten. Man schikaniert dich sonst bis zum Umfallen. Und noch etwas – solltest du einmal den Zapfenstreich verpassen, kleine Zuwendungen an den Wachmann lassen diese Verfehlung ohne nennenswerte Folgen bleiben.« Er lachte. »Und glaub mir, es passiert öfter. Komm, wir müssen in die Messe. Es gibt gleich Essen, und danach musst du wohl oder übel deinen Einstand geben.«

Die ersten Monate waren hart für Ellart. Seine Ausbildung

begann mit dem Stalldienst. Um halb fünf in der Früh hieß es aufstehen, um fünf war Appell im Hof, und dann ging es gleich los. Erst musste er den Stall ausmisten, dann sein Pferd tränken und füttern, und danach hieß es striegeln, bis das Fell glänzte. Die Mähne und der Schweif mussten gebürstet werden, bis beides wie Seide schimmerte, und wehe, der Berittführer entdeckte an dem Tier eine Stelle, die nicht seinen Vorstellungen entsprach. Dann setzte es eine Standpauke, die damit endete, dass er brüllte: »Dienst is Dienst, und Schnaps is Schnaps. Also ran an die Buletten, Rekrut Kaulitz. Aber en bissken plötzlich!«

»Stell dich gut mit dem Berittführer«, hatte Meinhard ihm geraten. »Eigentlich ist er eine Seele von Mensch. Wenn du ohne Murren machst, was er dir aufträgt, lässt er es bald langsamer angehen.« Es dauerte nicht lange, da kannte Ellart dank Meinhard jedes Lokal und Café in und um Potsdam. Besonders das Holländische Viertel mit seinen verwinkelten Gassen und verschwiegenen Kneipen hatte es ihm angetan. Überall gab es willige hübsche Mädchen, die den feschen Ulanen keinen Wunsch abschlugen, und bald hatte Ellart den Ruf als Herzensbrecher weg.

An ihren freien Wochenenden fuhren sie nach Berlin. »Was für eine großartige Bleibe«, rief Meinhard begeistert, als sie zum ersten Mal Ferdinands Wohnung in der Clausewitzstraße betraten. »Das ist wahrlich was anderes als die üblen Absteigen, in denen ich sonst nach einer durchzechten Nacht immer gelandet bin.«

Auch Ellart war beeindruckt. Die beiden kleinen Salons waren elegant eingerichtet. Vor einem marmornen Kamin gruppierten sich bequeme Sessel sowie ein breites Sofa, auf dem zur Not einer nächtigen konnte. Ein dicker Smyrnateppich und schwere, weinrote Samtvorhänge vor den Fenstern verschluckten alle Geräusche. Kleine Petroleumlampen und unzählige Kerzen in schweren silbernen Leuchtern würden abends für gemütliches Licht sorgen. In einer Glasvitrine standen Kristallgläser und diverse, noch nicht geöffnete Flaschen mit alkoholischen Getränken. Durch eine breite, halboffene Tür sah man in das Schlafzimmer mit einem großen Bett, dessen Baldachin von dunklen Pfosten aus gedrechseltem Holz getragen wurde. Das Bett schien frisch bezogen. Die Decke war zurückgeschlagen, offensichtlich hatte Ferdinand die Portiersfrau auf das Kommen seines Neffen vorbereitet. Meinhard öffnete eine Cognacflasche. »Komm, lass uns auf deinen Onkel, unseren Wohltäter, trinken. Das erste Prosit gebührt ihm.«

Meinhard kannte sich aus in Berlin. Er wusste, in welchem Ballett die hübschesten Tänzerinnen tanzten, wo es die besten Theaterstücke gab und welches Varieté sich zu besuchen lohnte. Überall wurde er freudig begrüßt, und meistens endeten ihre nächtlichen Ausflüge in der Clausewitzstraße, oft in Begleitung eines oder mehrerer hübscher Mädchen. Die Wohnung glich nach jedem Besuch einem Schlachtfeld. Aber dank des gut gefüllten Couverts, das Ellart jedes Mal für die Portiesfrau zurückließ, war bei ihrem nächsten Besuch wieder alles in allerbester Ordnung.

Auf Meinhards Rat trugen sie bei ihren Berlinbesuchen meistens Zivil. »In Uniform sehen wir fraglos viel besser aus. Allerdings steht man auch ständig unter Beobachtung. Überall begegnet man Offizieren, die man grüßen muss. Die Handschuhe haben blütenweiß zu sein, und der Tschako hat gerade zu sitzen, was nach ein paar Bieren nicht immer ganz einfach ist.« Er rollte die Augen. »Und benimmst du dich mal daneben, kann das verheerende Folgen haben. Glaube mir, ich weiß, wovon ich spreche.«

»Am kommenden Wochenende ist Ausgehuniform angesagt«, rief Meinhard eines Abends, als Ellart völlig erledigt von seinem Dienst auf die Stube kam. »Mein Vater kommt nach Berlin. Er will dich kennenlernen und lädt uns ein, ihn zu einer Soiree zu begleiten.«

Ellart machte ein skeptisches Gesicht. »Einen Abend nur mit alten Leuten ... ich weiß nicht.«

»Komm, alter Knabe, wir werden uns mit Anstand ein oder zwei Stunden langweilen, und dann verdrücken wir uns heimlich. Aber du verstehst, ich kann meinem alten Herrn die Bitte unmöglich abschlagen.«

»Natürlich. Sicher gibt es Champagner und auch was Anständiges zu essen. Der Kasinopampf hängt mir allmählich zum Hals raus.«

»Mir auch, mein Lieber, das kannst du mir glauben. Also, wir treffen meinen Vater um halb acht im Hotel Bristol. Und sieh zu, dass deine Stiefel geputzt und die Handschuhe sauber sind.«

Fast alle Tische in der großen Halle des Hotels waren mit elegant gekleideten Männern und Frauen unterschiedlichen Alters besetzt. Der Schmuck der Damen und die Orden einiger Herren funkelten um die Wette. Kleine Lampen mit gelben Schirmchen verbreiteten ein schummeriges Licht, und das leise Stimmengewirr wurde untermalt von einem Klavierspieler im hinteren Teil der Halle. Der Rauch von Zigaretten und schweren Zigarren hing in der Luft. Befrackte Ober jonglierten mit vollen Tabletts zwischen den eng beieinanderstehenden Tischen. Es dauerte eine Weile, bis Meinhard seinen Vater entdeckte. Manch bewundernder Blick traf die beiden jungen Ulanen, wie sie sich, ihre Tschakos unter dem linken Arm, ihren Weg zu dem alten Herrn bahnten. Als er seines Sohnes ansichtig wurde, sprang er auf und lief ihm mit ausgebreiteten Armen entgegen. »Was für eine Freude, dich zu sehen, mein Junge«, rief er und zog ihn an die Brust. Dann begrüßte er Ellart mit einem Handschlag. »Sie sind also der junge Kaulitz. Meinhard hat mir viel von ihnen geschrieben. Es ist mir ein großes Vergnügen, Sie endlich persönlich kennenzulernen.«

»Ergebensten Dank, Baron von Ehrenfels«, sagte Ellart mit einer Verbeugung. »Die Freude ist ganz meinerseits.« Während Vater und Sohn angeregt miteinander plauderten, hatte Ellart Gelegenheit, den alten Herrn eingehend zu betrachten. Er wusste von Meinhard, dass er bereits Anfang sechzig war, machte aber auf ihn einen wesentlich jüngeren Eindruck. Er war so groß wie sein Sohn, mit dem gleichen markanten Kopf und der etwas zu großen Nase. Sein bartloses Gesicht war leicht gebräunt, und nur die vollen grauen Haare, kleine Falten um die Augen und der leichte Bauchansatz ließen sein wahres Alter ahnen.

»Du hast ja ganz schön zugelegt, Papachen. Pass nur auf, dass die Knöpfe deiner Weste nicht abspringen und jemandem ein Auge ausschießen.«

»Komm du mal in meine Jahre, Jungchen.« Der Baron schien in keinster Weise beleidigt. »Als ich so jung war wie du, spannte bei mir auch noch nichts.« Der Ober hatte inzwischen Champagner serviert. »Na denn man prost!« Der Baron erhob sein Glas. »Auf einen schönen Abend.« Dann wandte er sich an Ellart. »Wie geht es Ihrem Onkel Ferdinand? Wir haben früher viel zusammen gejagt.«

»Danke der Nachfrage. Es geht ihm gut. Er lebt seit einiger Zeit wieder auf Birkenau.«

»Ich hörte, Ihre Mutter ist eine geborene Wallerstein«, fragte Ehrenfels weiter. »Ich kannte Ihren Großvater sehr gut. Wir waren gemeinsam in verschiedenen Aufsichtsräten. Ich habe seinen plötzlichen Tod sehr bedauert.«

Ellart setzte eine traurige Miene auf. »Ja, es war ein schwerer Schlag für die ganze Familie, vor allem für meine Mutter.« Dass er seinen Großvater kaum gekannt hatte, behielt er für sich.

»Ich weiß nicht, ob ich es erwähnt habe, aber unser Gastgeber heute Abend ist Finanzminister August von Heydt«, klärte der Baron sie auf. »Er ist ein alter Freund von mir. Übrigens hat er zwei reizende Töchter. Es wird also nicht allzu langweilig für euch werden.«

»Gottlob, Papa, Ellart und ich hatten schon die größten Bedenken.«

Ellart sah seinen Freund entsetzt an. »Ich bitte dich, Meinhard …«

»Ach lass man, mein Vater kann ein offenes Wort vertragen, stimmt's, Papachen?«

»Du sagst es, mein Jungchen.« Er winkte dem Ober, die Rechnung zu bringen. »Es ist Zeit, wir müssen.« Er stand eilig auf. »Ich denke, mein Wagen wartet bereits. Übrigens, nach der Soiree lade ich euch dann bei Diener's zum Souper ein. Ihr macht mir doch das Vergnügen?« Keiner der beiden wagte es, zu widersprechen.

Die Heydts bewohnten eine prachtvolle Residenz direkt am Tiergarten. Die mit weißem Kies bedeckte Zufahrt war durch mannshohe Fackeln beleuchtet, was einigen neugierigen Berlinern die Möglichkeit gab, die ankommenden Gäste zu betrachten und ihre Kommentare abzugeben. »Kiek ma ... die beeden jungen Offiziere, schnieke, wa?«, hörte Ellart eine weibliche Stimme, als sie die Freitreppe hinaufschritten, und sein Herz klopfte vor Stolz. Vielleicht sollten sie doch öfter in Uniform ausgehen. Schon vorhin in der Halle des Bristol hatten ihm die bewundernden Blicke der Damen außerordentlich gefallen. Ein Lakai in schwarzen Escarpins und grüner, gold betresster Samtjacke nahm ihnen ihre Tschakos und Baron von Ehrenfels den Zylinder ab. Die große Halle und die Salons waren bereits halb gefüllt mit eleganten, sich angeregt unterhaltenden Menschen. Ein mittelgroßer, leicht fülliger Herr in Frack mit einer Fülle von Orden an der Brust kam ihnen mit ausgebreiteten Armen entgegen. »Mein lieber Ehrenfels«, rief er überschwänglich, »eine wirkliche Freude, dich endlich wiederzusehen.«

»Ganz meinerseits, mein Lieber! Darf ich dir meinen Sohn Meinhard vorstellen? Und das ist Ellart Graf Kaulitz. Sie sind Stubenkameraden in Potsdam.«

»Zwei schmucke Ulanen, das wird meine Mädchen freuen. Ich werde Sie Ihnen gleich vorstellen, meine Herren.« Plaudernd betraten sie den Salon. An der geöffneten Tür zu einer großen Terrasse stand eine Gruppe junger Leute. »Ah, da sind sie ja.« Der Minister winkte einem etwa neunzehnjährigen, blonden Mädchen zu. »Das ist Lizzy, meine jüngste Tochter. Lizzy, das sind Meinhard von Ehrenfels und Ellart von Kaulitz. Würdest du sie mit deinen Freunden bekannt machen?«

»Aber natürlich gern, Papa. Kommen Sie, meine Herren?«

Die Gruppe hatte aufgehört, sich zu unterhalten, und blickte Lizzy und den beiden Neuankömmlingen interessiert entgegen. Lizzy stellte die beiden vor. »Und das ist meine Schwester Ilse mit ihrem Verlobten Friedrich Stumm. Das ist Christine, Friedrichs Schwester, und diese junge Dame ist Christines und meine beste Freundin Amalie …« Die restlichen Namen rauschten an Ellart vorbei. Fasziniert starrte er diese Amalie an. Was war das bloß für eine außergewöhnliche Schönheit. Klein, zart, mit einer weißen, fast durchsichtigen Haut schien sie zerbrechlich wie kostbares Porzellan. Über der hohen Stirn türmten sich feuerrote, kunstvoll frisierte Locken, in die lindgrüne, zu dem Abendkleid passende Schleifen gebunden waren. An den Ohren trug sie geschliffene, mit Brillanten besetzte Smaragde und um den zarten Hals eine passende Kette. Unter fein geschwungenen Brauen leuchteten grüngrau gesprenkelte Augen, die Ellart über den Fächer hinweg spöttisch anblickten.

»Stimmt etwas nicht, Herr von Kaulitz?«, fragte sie lächelnd.

»Nein … nein, natürlich nicht, verzeihen Sie. Sie erinnern mich nur an jemanden.«

»Das ist ganz unmöglich«, rief einer der Herren, dessen Namen Ellart nicht behalten hatte. »Fräulein Trautschke ist einmalig! Kommen Sie, Amalie, lassen Sie uns etwas zu trinken holen. Die Lakaien scheinen mir ein wenig unaufmerksam.«

Ellart einen amüsierten Blick zuwerfend, nahm sie den Arm des jungen Mannes und rauschte davon. Bei dem Namen Trautschke war Ellart zusammengezuckt. Was für ein schrecklich profaner Name. Aber er musste versuchen, mehr über dieses rätselhafte Wesen zu erfahren. Meinhard würde ihm dabei sicher behilflich sein.

Der war hingerissen von Christine Stumm, und auch sie schien sehr angetan von ihrem neuen Verehrer. Sie hatte ihm verraten, dass sie bei schönem Wetter sonntagnachmittags immer mit ihren Freundinnen im Lustgarten, einem Teil des

Stadtschlosses, spazieren ging, wo sie dann zum Abschluss im kleinen Pavillon ihren Tee nahmen.

»Was meinst du, ist dieses Fräulein Trautschke ...«, Ellart machte ein Gesicht, als hätte er auf eine Zitrone gebissen, »wirklich ein schrecklicher Name, wie kann man nur so heißen? Aber meinst du, sie wird auch dabei sein?«

Meinhard zuckte die Achseln. »Keine Ahnung. Aber komm doch einfach mit, dann weißt du es.« Am folgenden Sonntag, es war ein warmer Spätsommertag, flanierten Meinhard und Ellart, wieder in Uniform, über die Kieswege des Lustgartens. Es herrschte ein reges Treiben. Reiter, zahllose Spaziergänger, alle im Sonntagsstaat, die Damen mit ausladenden Hüten und zierlichen Sonnenschirmen und herumtobende Kinder jeden Alters schienen einen der letzten warmen Tage dieses Jahres genießen zu wollen. Hin und wieder begegneten ihnen Offiziere, die man je nach Dienstgrad zu grüßen hatte.

»Mach mir einfach alles nach«, hatte Meinhard Ellart geraten. »Man hat mir eingeschärft, bei falscher Front, also wenn man falsch grüßt, gibt es eine Rüge, und das sollten wir tunlichst vermeiden.« Einmal glaubten sie, auf einer der am Wegesrand aufgestellten Bänke die jungen Damen entdeckt zu haben. Aber von Nahem erkannten sie den Irrtum, zogen höflich ihre Tschakos und betraten schließlich den Pavillon. Und tatsächlich, da waren sie: Lizzy und Ilse von Heydt, Christine Stumm und Amalie. Ellarts Herz begann laut zu pochen. Sie saß mit dem Rücken zu ihnen, aber er erkannte sie sofort an dem zarten langen Hals und den roten Locken, die unter ihrem Hut hervorquollen. »Ich muss diese Frau haben!«, schoss es ihm durch den Kopf. »Koste es, was es wolle.«

Lizzy entdeckte die beiden zuerst. Eifrig winkend forderte

sie die jungen Männer auf, sich zu ihnen zu setzen. Meinhard flirtete heftig mit Christine, und Ellart versuchte sein Glück bei Amalie. Die aber zeigte sich nicht interessiert, war einsilbig und versteckte sich hinter ihrem kostbaren Fächer.

Nach einer Stunde sah Meinhard auf seine Taschenuhr. »Wir müssen uns leider verabschieden. Einer der Offiziere hat Geburtstag und hat uns zu einem Umtrunk eingeladen. Zu spät kommen wird schwer geahndet!«

»Wir empfangen immer samstags«, sagte Christine noch schnell, als er sich bereits mit einem Handkuss verabschiedete.

»Ach, was für ein ungewöhnlicher Tag.« Meinhard sah sie erstaunt an.

»Das liegt daran, dass zwei meiner Brüder beim Militär sind und einer studiert«, erklärte Christine. »Meine Eltern haben gern junge Leute um sich, und so geht es eben nur am Wochenende. Also wenn Sie Lust haben, kommen Sie und Ellart doch einmal vorbei.«

»Meinhard, wir müssen ...« Ellart war schon vorausgegangen, und Meinhard fügte noch eilig hinzu: »Danke für die Einladung, wir nehmen gern an. Bis bald, meine Damen.«

Sie fanden eine Droschke, die sie zum Bahnhof brachte. Ellart war die ganze Fahrt über ungewöhnlich schweigsam.

»Was ist los mit dir, alter Knabe?«, fragte Meinhard, »ist dir eine Laus über die Leber gelaufen?«

»Nein ... Nur diese Amalie, sie war so merkwürdig heute, fandest du nicht?«

»Du bist gut! Nur weil sie dir nicht sofort verfällt wie alle anderen weiblichen Wesen, findest du sie merkwürdig. Vielleicht gehört sie zu den wenigen, die dir widerstehen können. So etwas soll es ja geben ... Vielleicht ist es ja besser für sie. Du hältst es ja sowieso bei keiner lange aus.«

Ellart schwieg eine Weile. Dann sagte er: »Kannst du herausfinden, woher sie kommt, ich meine, aus was für einer Familie? Sie muss vermögend sein, ohne Zweifel. Kleider und Schmuck, all das scheint mir, soweit ich das beurteilen kann, sehr kostbar.«

»Bist du etwa auf der Suche nach einer guten Partie?«, frotzelte Meinhard.

»Ach Quatsch! Mich interessiert dieses Mädchen einfach.«

»Na gut, ich werde Christine bei Gelegenheit über sie ausfragen.«

Bereits am nächsten Samstag besuchten sie den Empfang der Stumms. Zu Ellarts Enttäuschung konnte er Amalie nirgends entdecken.

»Suchen Sie Amalie?«, fragte Lizzy, die bemerkte, dass er unruhig durch die Salons strich.

»Ja, kommt sie heute nicht?«

»Eigentlich müsste sie schon längst hier sein. Aber ich fürchte, ihrem Vater geht es mal wieder nicht gut. Dann sagt sie alles ab und bleibt bei ihm zuhause. Seitdem ihre Mutter gestorben ist, kümmert sie sich rührend um ihn.« Sie lächelte schelmisch. »Aber ich werde ihr ausrichten, dass Sie nach ihr gefragt haben.«

Was Ellart dann am Abend von seinem Freund erfuhr, erschütterte ihn in seinen dünkelhaften Grundfesten. »Emil Trautschke ist ein neureicher Fabrikant«, berichtete Meinhard. »Er fabriziert Jauchepumpen, Schmier- und Kernseife. Er muss damit ein Vermögen gemacht haben. Amalie ist seine einzige Tochter. Christine sagt, er vergöttert und verwöhnt sie nach Strich und Faden. Sie war mit Lizzy im Töchterpensionat, und seitdem sind die beiden die dicksten Freundinnen.« Meinhard musste lachen. »Na, Prost Mahlzeit! Deine Angebetete ist die Tochter eines Parvenüs. Ich fürchte, das gefällt dir gar nicht.«

»Ach, was heißt hier Angebetete. Ich finde sie sehr interessant, das ist alles.«

»Na dann ist es ja gut.«

Vor den Herbstmanövern besuchten sie noch einmal die Stumms. Wieder war Amalie nicht da. Aber ehe sie nach Potsdam zurückfuhren, kehrten sie bei Belling ein, einem typischen Berliner Lokal.

»Mir ist nach Eisbein mit Sauerkraut, bevor wir wochenlang aus Konserven verköstigt werden«, hatte Meinhard gemeint. Als sie das Lokal betraten, entdeckten sie an einem der blank gescheuerten Tische Amalie, zusammen mit einem älteren, korpulenten Herrn. Sein schütteres graues Haar war in der Mitte gescheitelt, und das starke Doppelkinn wurde von einem engen weißen Kragen nach oben gedrückt. Die hängenden Wangen und das glatt rasierte Gesicht wirkten fahl. Der Mann sah nicht gesund aus. Als Amalie zu ihnen hinüberblickte, grüßten die beiden jungen Männer mit einer Verbeugung. Aus den Augenwinkeln sah Ellart, dass der Herr Amalie fragte, wer sie da gerade gegrüßt hatte. Sie sah immer wieder zu ihnen hinüber, und ihre Augen blickten den zwei Männern nach, bis sie im hinteren Teil des Lokals verschwunden waren.

Ellart lebte schon seit einiger Zeit weit über seine Verhältnisse. Das Geld von seiner Großmutter und Ferdinand war längst aufgebraucht, und sein Sold reichte hinten und vorne nicht. Ein paarmal hatte er Meinhard angepumpt. Aber beim dritten Mal hatte dieser freundlich gesagt: »Hör zu, Ellart, nichts für ungut. Aber meine Mittel sind leider auch begrenzt.

Du musst entweder besser haushalten oder dir eine andere Geldquelle suchen.«

Von zuhause kamen beunruhigende Nachrichten von Jesko:

Schon im letzten Jahr war die Ernte nicht besonders gut, aber in diesem Jahr herrscht seit Mai eine anhaltende Hitze. Das Korn verdörrt auf den Feldern, wir warten verzweifelt auf Regen. Wir überlegen bereits, Schernuppen zu verkaufen. Es ist eine Katastrophe.

Dann kam die nächste Hiobsbotschaft. Seine Großmutter schrieb ihm einen herzzerreißenden Brief:

Mein geliebtes Jungchen,

stell Dir vor, nicht nur dass die ganze Ernte kaputt zu gehen scheint, bei uns überall im Land herrscht Typhus. Vor ein paar Tagen ist Lenchen, die Tochter von Minchen, gestorben. Wir trauern alle sehr mit ihr. Ich bin so froh, dass Du weit weg bist. Hoffentlich ist alles vorbei, wenn Du Deinen Heimaturlaub bekommst.

Ferdinand hatte einige Tage in Königsberg verbracht. Noch in Reisekleidung stürzte er in den Salon, wo Jesko und Fritz von Eyersfeld über das Schachbrett gebeugt saßen, während den Damen in der Kaminecke gerade von Hannes der Tee serviert wurde. Hannes war zum Ersten Diener aufgerückt, nachdem Willi, inzwischen weit über siebzig, in den wohlverdienten Ruhestand gegangen war.

»Ihr glaubt ja gar nicht, was ich heute erfahren habe«, rief Ferdinand.

»Du wirst es uns sicher gleich erzählen, aber lass mich vorher die Partie zu Ende spielen.« Jesko war kurz davor, Eyersfeld im Schach zu schlagen.

Hannes nahm Ferdinand Mantel und Zylinder ab, und Elvira goss ihm eine Tasse Tee ein. »Komm, setz dich zu uns«, sagte sie. »Schön, dass du wieder da bist.«

»Schachmatt«, rief Eyersfeld in dem Moment, und Jesko knurrte: »Ich will später aber ein Remis!«

Sie gesellten sich zu den Damen, und Elvira sagte jetzt neugierig: »Na los, Ferdi, nun erzähl schon. Was gibt es denn so aufregendes Neues?«

»Also erstens, Leopold von Troyenfeld hat geheiratet!«

»Was?«

»Ha, wen denn?«

»Und wann, warum wissen wir nichts davon?« Alle redeten jetzt durcheinander.

»Woher weißt du das überhaupt?«, fragte jetzt Jesco.

»Nun mal der Reihe nach«, lachte Ferdinand. »Heute vor meiner Abreise traf ich Hanno von Harvich und Horst Kölichen im Berliner Hof. Ihr wisst, die beiden trifft man dort ständig. Also stellt euch vor, Leopold hat in Petersburg eine Russin geheiratet. Natascha, Tochter eines Fürsten Orlowski. Carla ist außer sich.«

»Hat sie denn gar nichts von Leopolds Plänen gewusst?«, fragte Elvira. »Schließlich ist er ihr Bruder.«

»Nein, sie hatte keine Ahnung. Als sie ihn auf Troyenfeld besuchen wollte, stellte er sie ihr als seine Frau vor. Sie ist aus allen Wolken gefallen, sagt Hanno.«

Ursula von Eyersfeld verzog spöttisch den Mund. »Leopold war ja schon immer ihr Augenstern. Für den scheint nicht mal eine Fürstentochter gut genug zu sein. Aber eigentlich schade, diese Heimlichkeit. Eine Hochzeit in Petersburg, dann noch orthodox und bei Fürstens, das hätte ich mir nicht entgehen lassen.«

»Ich kann dich trösten«, sagte Ferdinand. »Es wird demnächst noch eine protestantische Hochzeit auf Troyenfeld geben. Der Fürst wird dazu erwartet, gemeinsam mit seiner ganzen Entourage. Hanno sträuben sich jetzt schon die Haare, wenn er nur daran denkt. Dieser Orlowski muss ja ein ganz wilder Kerl sein.«

»Jetzt ist von den begehrten Junggesellen ja nur noch Mathias Goelder auf dem Markt. Ich bin gespannt, wann es den erwischt«, lachte Ferdinand. »Kölichen erzählte, dass auf dessen Hof inzwischen ein ganzes Rudel rothaariger Bastarde herumspringt.« Jesco sah seinen Bruder fragend an. »Sagtest du vorhin nicht ›erstens‹? Was ist denn das Zweite, was du uns berichten wolltest?«

Ferdinand wandte sich an Aglaia, die neben ihm auf der Chaiselongue saß: »Was ich gehört habe, wird dir wohl nicht gefallen. Man munkelt, deine Mutter will Wallerstein verkaufen.«

»Nein, Onkel Ferdi, das kann nicht sein!« Aus Aglaias Gesicht war alle Farbe gewichen. »Warum sollte sie das tun?«

»Laut Kölichen hat deine Mutter in den letzten Jahren das Geld zum Fenster hinausgeworfen.«

»Na ja, nicht nur dass sie mit dem Geld geaast hat«, mischte sich Jesko jetzt ein. »Ständig hat sie die Verwalter gewechselt, sie soll sie furchtbar schlecht behandelt haben. Ich hab da so einiges gehört. Die Wirtschaft ist dadurch in den letzten Jahren nicht sehr ertragreich gewesen, und nun auch noch die schlechten Ernten.«

»Jedenfalls gibt die Bank ihr jetzt kein Geld mehr. Man sagt, sie hatte auch falsche Berater«, nahm Ferdinand den Faden wieder auf.

»Das wundert mich gar nicht«, schaltete sich nun Ursula ein. »Als vor einiger Zeit der alte Herzberg starb, hat die Klühspieß ihr ihren Finanzberater empfohlen.« Sie legte ihre Stirn in Falten und dachte angestrengt nach. »Wie hieß er man noch … Mein Gott, ich war doch dabei … Ja, jetzt fällt es mir wieder ein, Hofrat Schmolz! ›Er erledigt alle meine Angelegenheiten zu meiner vollsten Zufriedenheit, Frau Gräfin‹, hat die Klühspieß geflötet, ›den Hofrat kann ich ihnen nur wärmstens ans Herz legen‹.«

»Ach du meine Güte! Dieser Schmolz hat nun wirklich nicht den allerbesten Ruf!«, entfuhr es Jesko.

»Das hat Kölichen auch gesagt. Er meint, der feine Hofrat dürfte sich mit der Verkaufsprovision von Wallerstein eine goldene Nase verdienen.«

»Und wahrscheinlich bekommt die saubere Schneiderin davon auch noch was ab.« Fritz von Eyersfeld sah seine Frau missbilligend an. »Ein feines Pack, mit dem du da verkehrst.«

Ursula presste wütend ihre Lippen zusammen, aber bevor sie eine passende Antwort geben konnte, rettete Elvira die aufgeheizte Stimmung. »Es tut mir wirklich sehr leid für dich, Liebes«, sagte sie und streichelte Aglaias Hand.

Aber die schien sich wieder gefasst zu haben. »Ach weißt du, Tante Elvira, nach dem, was in den letzten Jahren passiert ist, kann mich eigentlich nichts mehr erschüttern. Mein Zuhause ist Birkenau, ihr seid meine Familie. Im Grunde sollte ich mich nicht mehr darum kümmern, was aus Wallerstein wird.« Sie überlegte einen Augenblick und wechselte dann dieses unschöne Thema. »Übrigens bekam ich heute Post von Clemens. Er trägt sich mit dem Gedanken, nach Ostpreußen zurückzukehren.«

»Weiß er denn schon, wann?« – »Das ist aber eine Freude!« Wieder redeten alle durcheinander.

»Er schreibt, es würde noch eine Weile dauern, bis er seine Angelegenheiten in England geregelt hat. Sobald es so weit ist, lässt er es uns wissen.«

»Ist er denn eigentlich inzwischen verheiratet?«, fragte Ursula. Aglaia schüttelte den Kopf. »Ich weiß es nicht. Jedenfalls erwähnte er bisher nichts dergleichen.«

Die Herbstmanöver waren vorüber. Meinhard war erwartungsgemäß zum Leutnant befördert worden und Ellart zum Fähnrich.

»Findest du nicht auch, Ellart«, sagte Meinhard, nachdem sie ihre neuen Uniformen abgeholt hatten, »dass das gebührend gefeiert werden sollte?«

Ellart überlegte einen Moment. Er hatte keinen Groschen mehr und den festen Vorsatz, vor Weihnachten keine neuen Schulden mehr zu machen. ›Was soll's‹, dachte er und sagte laut: »Bin ganz deiner Meinung. Was schlägst du vor?«

Sie beschlossen, ihr letztes freies Wochenende vor dem Heimaturlaub in Berlin zu verbringen. »Ich habe übrigens Christine ins Diener's zum Souper eingeladen«, verkündete Meinhard ein paar Tage später. »Und sie gebeten, Amalie mitzubringen.« Er sah seinen Freund von der Seite an. »Ich nehme an, es ist dir recht.«

»Ja, ja … natürlich.« Ellarts Gesicht zeigte keinerlei Regung, aber sein Herz klopfte so laut, dass er befürchtete, man könnte es hören. »Und haben sie zugesagt?«

»Ja, mit dem größten Vergnügen. Wir treffen sie zum *Jour Fixe* bei den Stumms und gehen anschließend ins Diener's. Als Anstandswauwau müssen wir allerdings Christines älteren Bruder ertragen. Ach, und noch etwas, vergiss nicht, der Zielke Bescheid zu geben, dass sie die Wohnung einheizt. Das Barometer fällt. Es könnte am Wochenende Schnee geben, und ich habe keine Lust, mir nachts den Hintern abzufrieren.«

Es war ein milder Samstag im Oktober. Noch war nichts zu spüren von einem Wetterumschwung. Meinhard und Ellart legten zur Feier des Tages ihre neuen Uniformen an. Als sie den Salon der Stumms betraten, empfing sie lautes Stimmengewirr.

Frau Stumm, eine elegante Dame Ende vierzig, begrüßte sie als Erste. »Herzlich willkommen, meine Herren, und Glückwunsch zur Beförderung.« Sie winkte einem Diener, der ihnen auf einem silbernen Tablett eisgekühlten Champagner servierte. »Darauf sollten wir anstoßen! Übrigens haben wir auch etwas zu feiern. Unser Sohn Winfried hat letzte Woche sein juristisches Staatsexamen mit *summa cum laude* bestanden. Ich glaube, Sie kennen ihn noch gar nicht.« Sie deutete in Richtung des Fensters. »Dort steht er mit Christine und Amalie. Er wird sie heute Abend begleiten.« Sie sah zur Tür. »Ah, da kommen neue Gäste. Sie entschuldigen mich, meine Herren …«

Christine winkte ihnen bereits zu, und so gingen sie, nach rechts und links grüßend, langsam auf die kleine Gruppe zu. »Meinhard, Ellart, darf ich euch meinen Bruder vorstellen? Frischgebackener Doktor der Jurisprudenz und unser Anstandswauwau für heute Abend.«

Winfried Stumm, ein großer sympathischer Mann Mitte zwanzig, lachte laut auf. »Nun verschreck die jungen Offiziere doch nicht so. Ich werde jedenfalls Mama fragen, wann ihr im Bettchen sein müsst.« Er zwinkerte seiner Schwester zu. »Und pass nur auf, ich nehme meine Aufgabe sehr ernst.«

Ellarts Herz klopfte wieder wie wild, als er Amalie die Hand küsste. »Sie sehen bezaubernd aus, Fräulein Amalie … Ich darf sie doch so nennen?« Der Name Trautschke wollte ihm einfach nicht über die Lippen.

»Natürlich … gern.« Sie öffnete kurz ihren Fächer, schloss ihn aber gleich wieder. »Ich bin entzückt, dass sie unserer Einladung folgen konnten. Es ist das erste Mal, dass ich allein ausgehe … ich meine am Abend.« Sie senkte ihren Blick. »Mein Vater ist da sehr streng.«

»Er wird es schon nicht erfahren«, mischte sich Christine jetzt ein. »Wie sollte er auch. Schließlich übernachtest du ja bei mir.«

»Und ich passe auf euch auf wie ein Schießhund«, rief Winfried. »Aber jetzt muss ich mich noch um unsere anderen Gäste kümmern. Meine Herren, die Damen, dann also bis später.«

Eine Droschke brachte sie zum Restaurant. Zu ihrer Überraschung bat Winfried den Kutscher, einen Moment zu warten. »Ich will euch den Abend nicht mit meiner Anwesenheit verderben«, sagte er mit einem frechen Grinsen. »Ich habe euch sicher hierhergebracht, und für den Rücktransport haben die Herren Offiziere zu sorgen. Aber nur unter einer Bedingung – dass Ihr mich nicht verratet. Und meine Herren, machen Sie mir keine Schande.«

»Ehrensache!«, rief Meinhard. Aber da war Winfried schon in der Droschke verschwunden.

Der Oberkellner geleitete sie an ihren Tisch, eine Nische im hinteren Teil des Lokals.

»Wir sind nur zu viert, würden Sie bitte ein Gedeck abräumen lassen?«, wies Meinhard an.

»Aber selbstverständlich, Herr Baron.« Während er den

Damen beflissen die Stühle zurechtrückte, fragte er: »Darf ich den Herrschaften zum Aperitif ein Gläschen Champagner anbieten?«

»Ach, bringen Sie gleich eine ganze Flasche«, sagte Meinhard, »und die Weinkarte bitte.«

Ellart zuckte innerlich zusammen. War sein Freund übergeschnappt? Das Diener's war eines der teuersten Lokale der Stadt.

Noch waren nicht alle Tische besetzt. Aber ununterbrochen kamen neue, elegant gekleidete Gäste herein, und bald war kein Platz mehr frei. Während Meinhard und Ellart die Bestellung aufgaben, (Ellart wurde fast übel, als er die Preise sah), flüsterten die beiden Mädchen hinter ihren geöffneten Fächern. Ihre Augen wanderten zwischen den Tischen hin und her, aber zu ihrer Erleichterung sahen sie keine engen Bekannten ihrer Eltern, die sie hätten verraten können. Das Licht war schummrig, und in kurzer Zeit durchzogen dichte Rauchschwaden den Raum, sodass kaum noch Gefahr bestand, in ihrer Nische entdeckt zu werden. Nach dem zweiten Glas Champagner verlor Amalie ihre Schüchternheit. Ihre Nervosität war wie weggeblasen. Sie lachte, kokettierte mit ihrem Fächer, und ihr zartes, engelhaftes Gesicht bekam eine rosige Farbe. Es dauerte nicht lange, da begann sie heftig mit Ellart zu flirten.

Das Essen war hervorragend. Zu jedem Gang gab es einen neuen schweren Wein, der seine Wirkung nicht verfehlte. Noch nie hatten die beiden Mädchen so viel Alkohol getrunken. Die vier wurden immer ausgelassener, und man ging zum Du über. Es war bereits nach elf, als Meinhard fragte: »Wann müssen wir die Damen denn zuhause abliefern?«

Christine und Amalie kicherten hinter ihren Fächern. »Ein

kleines bisschen Zeit haben wir noch, wo uns unser Anstandswauwau so plötzlich abhandengekommen ist …«

»Wunderbar! Ich kenne da ein kleines Lokal, da kann man tanzen und noch einen Schlummertrunk nehmen.« Meinhard erbat die Rechnung. Ellart zückte seine Geldbörse, aber Meinhard winkte ab. »Lass man, das erledigen wir morgen.«

Während ihres Abendessens war das Wetter umgeschlagen. Ein eisiger Wind wirbelte dicke Schneeflocken durch die Luft. Der Droschkenplatz an der Ecke war leer. Einzelne Fahrzeuge fuhren vorbei, aber alle waren besetzt.

»Was machen wir denn jetzt?« Meinhard war ratlos.

»Es ist viel zu weit, um zu laufen. Wir holen uns ja den Tod.«

Ellart hatte seine Uniformjacke ausgezogen und der vor Kälte zitternden Amalie um die Schultern gelegt. »Meine Wohnung ist um die Ecke. Was haltet ihr davon, wenn wir schnell dorthin laufen und uns erst einmal aufwärmen. Dann werde ich eine Droschke suchen.«

Als Ellart die Haustüre aufschloss, zögerte Amalie kurz. Die frische Luft hatte sie ernüchtert. »Christine, sollten wir nicht doch nach Hause gehen? Mir ist nicht wohl dabei.«

»Ach, du siehst doch, keine Droschke weit und breit. Wir wärmen uns ein bisschen auf, dann gehen wir wieder.«

In der Wohnung waren die Kamine eingeheizt, es herrschte eine wohlige Wärme. »Das ist deine Wohnung?«, fragte Amalie erstaunt.

»Wenn ich ehrlich bin, gehört sie meinem Großonkel. Aber ich darf sie benutzen, wenn ich in Berlin bin.«

Meinhard hatte eine Flasche Cointreau geöffnet und vier Gläser damit gefüllt. »Danke, ich möchte nicht.« Amalie hob abwehrend die Hände. »Mir ist schon ganz schwindlig.« Sie drückte sich tief in die Sofakissen. »Und außerdem ist mir immer noch kalt.«

»Dann musst du erst recht etwas Cointreau trinken«, sagte Ellart. »Der wird dich wärmen.«

»Das stimmt.« Christine schüttelte sich. »Es schmeckt zwar scheußlich, aber es hilft.«

Widerwillig trank Amalie ihr Glas mit einem Schluck aus. Sie verzog ihr Gesicht. »Ekelhaft ... wirklich!« Kurz darauf begann sich alles um sie zu drehen. Sie bemerkte nicht, dass Meinhard und Christine im Salon nebenan verschwunden waren, und als Ellart sie in sein Schlafzimmer trug, schwanden ihr die Sinne. Sie erwachte durch einen stechenden Schmerz. Ellart war in sie eingedrungen und bewegte sich auf ihr, keuchend und heftig stoßend. »Was tust du da? Ellart, nein! Bitte, Ellart, nicht!« Sie versuchte ihn wegzudrücken, aber in diesem Moment sank er mit einem Stöhnen zusammen.

»Ellart, wie konntest du das nur tun?« Amalie starrte ihn entsetzt an. Er rollte sich zur Seite.

»Stell dich nicht so an. Einer muss immer der Erste sein.« Amalie schloss die Augen. Ihr Gesicht war leichenblass. Dann sagte sie mit kalter Stimme: »Ellart von Kaulitz, ich will Sie nie wieder sehen.«

Seit einigen Wochen war ganz Birkenau in heller Aufregung. Zu Weihnachten wurden die ›Kinder‹ erwartet. Obwohl inzwischen neunzehn Jahre alt, waren sie immer noch die Kinder. Alexander und Ellart hatten das erste Mal Urlaub bekommen, und auch Franz hatte seinen Arbeitgeber gebeten, ihn zu seiner Mutter fahren zu lassen, die schrecklich unter dem Tod seiner Schwester litt. Schweine und Hühner waren geschlachtet worden, und Jesko hatte extra ein paar Hasen geschossen, damit Alexander seine Leibspeise, Hasenlapatten mit Schmant, bekommen konnte. In der Küche wurde gebacken, gebraten und geräuchert, und bald waren die Kühlkammern gefüllt mit Würsten, Sülzen, Pasteten und kaltem Braten. Denn nicht nur die Kinder wurden erwartet. Das Schloss würde kurz nach Weihnachten wieder einmal voll mit Gästen sein, das erste Mal nach Eberhards Tod.

»Die Zeiten sind schlecht«, hatte Jesko gesagt. »Überall herrscht Trauer und Verzweiflung. Aber wir lassen uns nicht unterkriegen. Wir wollen all das Schreckliche für ein paar Tage vergessen und unsere Freunde um uns scharen.«

Alle hatten ihm zugestimmt, und so waren die Einladungen verschickt worden. Heimlich hatte Elvira auch eine an Clemens nach London gesandt. Sie fand, es war an der Zeit, dass der Junge sich mal wieder blicken ließ. Aglaia hatte Minchen gefragt, ob sie die ganze Belastung mit den vielen Gästen denn schaffen würde. »Du kannst zu deiner Familie nach Kalitken fahren, wenn dir das etwas Trost gibt, Minchen.«

Aber die war fast entrüstet. »Ich lass Ihnen doch nich im Stich, Frau von Kaulitz. Das Lenchen fehlt mir gjanz schrecklich, aber es is nu man so, wie es is, da kann mir keener nich helfen. Und die Arbeit lenkt mir ab. Nischt nich hilft mir mehr als Arbeit.«

Als dann der Brief von Franz kam, dass auch er zu Weihnachten Urlaub bekommen hatte, strahlte sie zum ersten Mal seit langem wieder. »Dat Jungchen kommt, um mir zu trösten. Was für eine Freude aber auch.«

Am Tag vor Heiligabend trafen die Jungen ein. Josef holte sie mit dem Schlitten vom Bahnhof ab. Alexander kam mit einem Zug aus Allenstein, und Ellarts Zug aus Posen würde eine Stunde später in Insterburg ankommen. Es wehte ein eisiger

Ostwind. Die Pelzmütze tief ins Gesicht gezogen, stapfte Alexander durch die verschneiten Straßen zum Café am Marktplatz, wo er und Franz sich treffen wollten, damit Josef die Fahrt nicht mehrmals machen musste und die beiden Freunde noch eine ruhige Minute alleine hatten. Überall herrschte emsige Betriebsamkeit. Menschen hasteten an ihm vorbei, um noch die letzten Dinge für das Fest zu besorgen. Das Café, sonst immer überfüllt, war nur mäßig besucht. Franz erwartete ihn bereits, vor sich ein großes Bier und einen Teller heißer Erbsensuppe. Die beiden Freunde begrüßten sich mit einer herzlichen Umarmung.

»Wie geht es dir, alter Junge?«, fragte Alexander. »Es tut gut, dich mal wieder zu sehen.«

»Gleichfalls!«, lachte Franz. Man sah ihm seine Freude an.

»Für mich genau das Gleiche«, bestellte Alexander bei der Bedienung. »Diese Suppe, wie die riecht …« Er schloss genießerisch die Augen. »Wie lange habe ich schon nichts Anständiges mehr zu essen bekommen!«

»Was, du auch nicht?« Franz schüttelte ungläubig den Kopf. »Ich dachte, nur ich als gewöhnlicher Eleve werde schlecht behandelt.«

»Bei mir sind Unterkunft und Essen unter aller Kanone, und wenn mir eine der Mägde nicht ab und an mal ein Stück Speck oder Wurst zustecken würde, wäre ich schon längst vom Fleisch gefallen. Die Arbeit geht ganz schön in die Knochen. In aller Herrgottsfrüh den Stall ausmisten, dann gleich an den Pflug – knochentrocken war der Boden bei der Hitze. Und die trübe Stimmung, einfach furchtbar! Schließlich schon wieder ein Jahr mit einer schlechten Ernte. Am Abend spüre ich meine Knochen nicht mehr«, fuhr Alexander fort. »Wenn ich morgens mal fünf Minuten zu spät erscheine, kriege ich eine Rüge. »Dienstjahre sind keene Herrenjahre nich. Ejal, ob man Gjraf is oder Bauer«, machte Alexander seinen Vorarbeiter nach.

»Mir geht es nicht anders«, erzählte jetzt Franz. »Mein Vorarbeiter schikaniert mich, wo er nur kann. Der Mann ist ein Sadist. Und das Essen … einfach grauenhaft. Ob du es glaubst oder nicht, manchmal könnte ich heulen.« Sie prosteten sich mit ihrem Bier zu. »Hast du eigentlich jemals daran gedacht, dir eine andere Lehrstelle zu suchen, Alex?«, fragte Franz.

»Nein, du etwa?« Alexander grinste seinen Freund verschwörerisch an. »Wir sind ja schließlich keine Weicheier.«

Und Franz meinte: »Diese Blöße würde ich mir nie geben.« Sie waren sich einig, da musste man durch.

»Übrigens, in Linderwies und Schernuppen sind die Ernten auch wieder miserabel ausgefallen«, erzählte Alexander weiter. »Großvater trägt sich mit dem Gedanken, Schernuppen zu verkaufen. Zwei Jahre Missernten verkraftet Birkenau nicht. Hast du schon davon gehört?«

Franz schüttelte den Kopf. »Das ist wirklich traurig. Aber wenigstens ist es nicht Linderwies.«

Alexander machte der Bedienung ein Zeichen, die Rechnung zu bringen. »Ich glaube, wir müssen uns auf den Weg machen. Ellarts Zug kommt in ein paar Minuten.«

Am Bahnhof erwartete sie bereits Josef mit dem Schlitten. »Tachjen und willkommen, die Herren«, sagte er strahlend, den Bowler mit beiden Händen vor der Brust. »Alle im Schloss sin schon mächtich aufgjerecht. Auch dein Muttchen, Franz. Gjanz aus'm Häuschen is se.«

In dem Moment fuhr, laut prustend und weiße Dampfwolken ausstoßend, der Zug ein. »Iiiinsterburch …«, rief der

Stationsvorsteher. Der Bahnsteig war voller Menschen. Man hörte Rufe wie »Gjute Fahrt und gjrüß man Ohmchen« – »Erbarmerche, was is der Koffer schwer« – »Ei, was biste gjroß gjeworden, Jungchen« – »Wir müssen einsteijen, das Schaffnerchen hat schon zwei Mal gjepfiffen!« Alexander sah sich suchend nach seinem Bruder um. In seiner eleganten Uniform mit dem pelzbesetzten Mantel tauchte er aus dem Nebel der Dampfwolken auf. Alexander erschien er zwischen dem ganzen Landvolk wie von einem anderen Stern. »Willkommen zurück in der Provinz.« Er umarmte seinen Bruder. »Du siehst ja fabelhaft aus in dieser Aufmachung. Direkt erwachsen kommst du mir vor.«

Franz schüttelte Ellart freundschaftlich die Hand, und Josef war so beeindruckt, dass er rot anlief und stotterte: »Tachchen, Herr Leutnant ... habn Se 'ne gjute Reise gjehabt?«

Alexander und Franz mussten grinsen, und Ellart lächelte amüsiert. »Nu lass man, Josef, zum Leutnant habe ich es noch nicht gebracht. Fähnrich bin ich, und für dich immer noch der Ellart.«

Josef atmete sichtlich erleichtert auf, und auch Alexander dachte: ›Gott sei Dank ist er noch nicht total übergeschnappt, mein kleiner Bruder.‹

Nachdem die Gepäckstücke verstaut und die drei Fahrgäste in Felldecken gepackt waren, ging die Fahrt los. Bald waren sie aus der Stadt heraus, und die Fahrt ging durch das tief verschneite Land. Nur das leise Läuten der Glöckchen am Pferdegeschirr unterbrach die lautlose Stille. Ab und an war das Heulen eines hungrigen Wolfes aus den nahe gelegenen Wäldern zu hören. Es hatte zu schneien begonnen, und der eisige Ostwind machte eine Unterhaltung unmöglich. Jeder hing seinen Gedanken nach.

Doch niemand konnte ahnen, was Ellart bewegte. Wie würde er es bloß schaffen, an Geld zu kommen? Er hatte hohe Schulden bei einem Geldverleiher. Das Leben in Berlin war teuer, irgendwie musste er das seiner Großmutter klarmachen.

Es war bereits dunkel, als sie auf Birkenau ankamen. Die Freude, ihre Jungen gesund und munter in die Arme schließen zu können, trieb Aglaia die Tränen in die Augen. »Schmal bist du geworden, mein Alex«, sagte sie. »Kriegst du nicht genug zu essen?« Und zu Ellart: »Und du, mein Kleiner, du scheinst mir gewachsen zu sein.«

»Nicht nur größer, auch erwachsener kommt er mir vor.« Elvira sah ihren Liebling stolz an. »Was sagst du, Jesko, sieht er nicht fabelhaft aus in seiner Uniform?«

»Doch, zweifellos.« Auch Jesko war überrascht von seinem jüngsten Enkel. ›Vielleicht wird ja doch noch was aus ihm. Es wäre zu schön, wenn ich mich in ihm getäuscht hätte‹, dachte er bei sich.

Eine Stunde später traf sich die Familie wieder im Salon. Zur Feier des Tages wollte man vor dem Abendessen eine Flasche Champagner trinken. Selbstverständlich war für den heutigen Abend große Toilette angesagt.

Elvira erschien in Aglaias Boudoir, als diese dabei war, in ihr schwarzes Abendkleid zu schlüpfen. »Eberhard ist jetzt über zwei Jahre tot. Du bist noch eine junge Frau, gerade mal siebenunddreißig. Jetzt ist Schluss mit der Trauerkleidung.« Sie ging an den Kleiderschrank und zog ein rotes Samtkleid heraus. »Das ziehst du jetzt an«, sagte sie energisch. »Das Leben geht weiter, so schrecklich das auch für dich klingen mag. Sieh mich an. Ich war viel älter als du, als ich ein neues Glück gefunden habe. Warum soll dir das nicht auch beschieden sein?« Sie musste über sich selbst lachen. »Nun, vielleicht nicht gerade heute Abend. Aber mit der Kleidung können wir ja schon mal anfangen.«

Aglaia zögerte, doch Elvira gab der Zofe ein Zeichen, und schon waren die Haken des schwarzen Kleides gelöst, und Aglaia schlüpfte widerspruchslos in das rote Samtkleid, während Elvira in der ledernen Schmuckschatulle nach den passenden Juwelen suchte. »Hier, das ist genau das Richtige.« In der Hand hielt sie mit Brillanten eingefasste Rubinohrringe und das passende Collier. Aglaia stiegen Tränen in die Augen. »Das hat mir Eberhard zu Ellarts Geburt geschenkt ... Ach Tante Elvira, niemals werde ich über seinen Tod hinwegkommen.«

»Du sollst ihn ja auch nicht vergessen, Liebes«, sagte Elvira tröstend, »aber langsam musst du wieder Freude am Leben bekommen.« Stolz betrachtete sie ihre Schwiegertochter, die sie so sehr liebte. »Wunderschön siehst du aus. Komm, jetzt überraschen wir mal unsere Männer.«

Und die Überraschung gelang. »Aglaia, du siehst wunderbar aus!« Mit ausgestreckten Armen ging Jesko ihr entgegen und küsste ihre beiden Hände. »Seht bloß, Jungchens, was ihr für eine schöne Mutter habt«, rief er. Dankbar sah er seine Frau an. Er wusste, dass das ihr Werk war. Niemals hätte Aglaia von allein die Trauerkleidung abgelegt. Schon seit längerem hatte Elvira zu ihm gesagt: »Wir sollten einen neuen Mann für sie suchen, Jesko. Findest du nicht auch?«

Der hatte sie skeptisch angesehen. »Bin ganz deiner Meinung, mein Schatz. Aber wie soll das denn gehen?«

»Ach, das Schicksal geht manchmal seltsame Wege«, hatte sie gesagt und dabei geheimnisvoll gelächelt.

Hannes servierte eisgekühlten Champagner. »Zum Wohl,

Mamachen.« Stolz prostete Alexander seiner schönen Mutter zu, und Ellart sagte: »Großvater hat Recht, Mama, du siehst wirklich umwerfend aus.«

Ferdinand setzte gerade zu einem Kompliment an, als er aufhorchte. »Täuschen mich meine Ohren, oder höre ich da einen Schlitten. Erwarten wir noch jemanden?« Jesko sah Elvira fragend an. Sie schüttelte den Kopf, als Hannes in der Tür erschien. Aufgeregt stotterte er: »Lord Ashleighton ... also, der Herr von Mühlau, sind soeben eingetroffen.«

»Ja Clemens, mein Junge, wo kommst du denn plötzlich her?«, rief Jesko und zog ihn an seine Brust.

Elvira küsste ihn auf beide Wangen. »Ach Jungchen, es ist wirklich schön, dich zu sehen.«

Aglaia hatte sich im Hintergrund gehalten, trat aber jetzt dazu und streckte ihm beide Hände entgegen. »Clemens, mein lieber alter Freund. Wie lange ist es her, dass wir uns gesehen haben?«

»Achtzehn Jahre«, sagte er laut und beugte sich über ihre Hand, und dann leise, nur für ihre Ohren bestimmt, »achtzehn Jahre voller Sehnsucht.«

Aglaia überspielte ihre Verlegenheit, indem sie Alexanders Hand ergriff und sagte: »Das ist nun dein Patenonkel, mein Junge. Du warst noch kein Jahr alt, als er nach England ging.« Die beiden Männer schüttelten sich die Hand.

»Und das ist Ellart. Du erinnerst dich sicher, seine Geburt hast du ja gerade noch miterlebt.«

»Was für wunderbare Jungen du hast, Aglaia. Ich kann dir nur gratulieren.«

Während der Begrüßung hatte Elvira Hannes einen Wink gegeben. »Lass das blaue Zimmer heizen«, trug sie ihm leise auf, »und es muss noch ein Gedeck aufgelegt werden.«

»Is schon gjeschehen, Frau Gjräfin. Minchen weiß och schon, dass es wohl noch en bisschen dauert mit em Essen.«

»Danke Hannes, auf dich ist wirklich Verlass.«

Stolz und mit durchgedrücktem Kreuz fragte der Diener nun laut: »Darf ich den Herrschaften noch nachgjießen?«

»Wenn ihr erlaubt, werde ich schnell meine Kleidung wechseln«, entschuldigte sich Clemens, nachdem er mit allen angestoßen hatte. »Es wird nicht lange dauern.«

In der kurzen Zeit, die sie im Salon allein waren, redeten alle durcheinander. »So eine freudige Überraschung!« Jesko konnte sich gar nicht beruhigen, und Ellart sagte zu seinem Bruder: »Fraglos ein Mann von Welt, dein Patenonkel. So was sieht man hier in der Provinz nicht oft.«

»Was einen Mann von Welt ausmacht, da scheinst du dich ja gut auszukennen.« Alexander blickte Ellart spöttisch an. »Ich gebe zu, er sieht sehr gut aus. Aber er muss ja wohl auch nett sein, sonst würden sich hier nicht alle so über sein Kommen freuen.«

Da erschien Clemens auch schon wieder. Er war im Frack, mit blütenweißer Weste. In der kunstvoll gebundenen Krawatte trug er die Perle, die Aglaia ihm vor achtzehn Jahren zu Weihnachten geschenkt hatte.

»*À la bonheur*«, flüsterte Ellart seinem Bruder zu. »Vom allerbesten Schneider, dieser Frack. Das sieht man, arm scheint er nicht zu sein, dieser Lord.«

Alexander wurde langsam ärgerlich. Was redete sein Bruder da nur für ein dummes Zeug? Doch Hannes' »Es ist angerichtet« enthob ihn einer Antwort.

Elvira ließ sich von Clemens zu Tisch führen. »Schön, dass du da bist, Jungchen«, flüsterte sie ihm zu. »Es wurde auch langsam Zeit!« Nachdem die Suppe, eine Consommé mit Einlage und dazu ein leichter Riesling, serviert worden war, waren alle neugierig. »Nun sag bloß, Clemens, wie kommt es, dass du so plötzlich hier auftauchst?«, fragte Jesko.

»Wie ihr sicher von Aglaia gehört habt«, er sah ihr einen Moment lang tief in die Augen, sodass sie errötete und den Blick senkte, »zieht es mich wieder zurück nach Hause.« Er nahm einen Schluck von dem Wein. »Ein wunderbarer Tropfen, Jesko.« Er lächelte seinem Gegenüber zu, der ihm zuprostete. »Eigentlich hatte ich vor, erst im Frühjahr zu kommen. Aber als ich eure Einladung zur Hasenjagd erhielt, habe ich meine Pläne über den Haufen geworfen.«

Jesko sah seine Frau überrascht an. Gab es da etwas, was er nicht wusste? Sie schüttelte unmerklich den Kopf, was heißen sollte ›Frag jetzt bloß nichts!‹.

Hannes und zwei weitere Diener servierten nun Rebhuhn mit Weinkraut, und das Gespräch stockte für einen Moment. Dann nahm Clemens den Faden wieder auf. »Als Erstes wollte ich eigentlich nach Pommern, die Gräber meiner Familie besuchen. Aber als ich in Calais ankam ...«, er schüttelte sich, »... die Überfahrt war einfach schrecklich, ich werde nämlich immer seekrank, da packte mich dermaßen die Sehnsucht nach euch und nach Birkenau, tja, und da bin ich einfach direkt gekommen.« Er sah Jesko fragend an. »Ich hoffe sehr, ich komme nicht ungelegen?«

»Unsinn Clemens!« Elvira strahlte ihn an. »Viel zu lange schon haben wir auf deine Rückkehr gewartet, stimmt's, Jesko?«

»Du sprichst mir aus der Seele.« Er erhob sein Glas. »Dann lasst uns alle auf die Heimkehr des lieben Jungen anstoßen.«

Der nächste Gang, Hasenlapatten mit Schmant und Rotkohl, wurde herumgereicht, und Alexanders Augen leuchteten. »Hast du die extra für mich geschossen, Großvater?«

»Ja, was denkst du denn, Jungchen? Schließlich ist das dein Leibgericht, wenn ich mich recht erinnere.«

»Danke, Großpapa! Lord Ashleighton, Sie müssen wissen, für Hasenlapatten lasse ich alles andere stehen.«

»Ich übrigens auch. Aber willst du nicht du zu mir sagen? Schließlich bin ich dein Patenonkel. Und für dich, Ellart, gilt natürlich das Gleiche. Eure Mutter hat mir in all den Jahren so viel über euch geschrieben, dass ich das Gefühl habe, euch genau zu kennen.«

»Wenn du London den Rücken kehren willst«, fragte Ellart nun, »wo gedenkst du dich dann niederzulassen?«

»Möglicherweise hier ganz in der Nähe. Ich werde mir in der nächsten Zeit Verschiedenes ansehen.«

»Ach Gottchen, zurück in die Provinz.« Ellart verzog das Gesicht. »Na ja, das ist wohl Geschmacksache.«

»Ich will zurück in meine Heimat«, korrigierte Clemens ihn freundlich.

Doch Jesko bemerkte etwas irritiert: »Unser junger Fähnrich scheint mir ein wenig überheblich.«

Nach dem vorzüglichen Essen wurden wie üblich im Salon Mokka, Liköre und Schnäpse serviert. Man ließ sich am warmen Feuer des Kamins nieder. Nur Aglaia stand am Fenster und blickte hinaus in das wilde Schneetreiben. Clemens war neben sie getreten und sagte leise: »Du bist noch schöner geworden, Aglaia.«

»Ach Clemens, du übertreibst … Aber ich sehe, du trägst immer noch meine Perle.«

»Erinnerst du dich nicht? Ich sagte dir seinerzeit, ich werde sie bis an mein Lebensende tragen.«

Aglaia musste an Hannchen Severins Worte vor über achtzehn Jahren bei Alexanders Taufe denken. »Er liebt dich, Aglaia, merkst du das denn gar nicht?«

Aglaia zog sich bald zurück. Sie musste allein sein und über all das, was heute auf sie eingestürmt war, nachdenken. Der Himmel war bedeckt, und so zündete sie die drei Kerzen an, um mit ihren Lieben zu sprechen. »Stellt euch vor, meine Jungen sind seit langem wieder zu Besuch. Alexander ist ganz schmal geworden, man scheint ihm nicht genug zu essen zu geben. Und Ellart ist schon Fähnrich, aber Berlin steigt ihm wohl ein wenig zu Kopf.« Bei dem Gedanken an Clemens begann ihr Herz wie wild zu rasen. »Eberhard, Liebster, Clemens ist wieder da, nach so vielen Jahren ... Es ist eine große Freude, aber irgendwie beunruhigt es mich auch. Ach, mein Geliebter, könntest du doch nur zu mir sprechen ...«

Es dauerte lange, bis sie in dieser Nacht in einen unruhigen Schlaf fiel. Mehrmals wachte sie schweißgebadet auf, und ihr erster Gedanke war Clemens. Sie sah ihn vor sich, wie er sie anblickte mit seinen warmen blauen Augen, voller Liebe und Sehnsucht.

Auch Elvira und Jesko hatten lange nicht einschlafen können. »Ist es nicht eine Fügung, dass Aglaia ausgerechnet heute das erste Mal nicht in Trauerkleidung war, ohne das schwarze Häubchen auf ihrem herrlichen Haar, das sie trotz ihrer Schönheit aussehen ließ wie eine Trauerweide?«

»Nun, bei dieser Fügung hast ja wohl du deine Hand im Spiel gehabt, meine Liebe.«

»Was das Kleid betrifft. Aber ich konnte doch wirklich nicht ahnen, dass Clemens bereits heute hier auftaucht. Das meine ich mit Fügung! Und sag mal, sieht er nicht blendend aus? Ich hatte schon ganz vergessen, was für ein schöner Mann er ist.«

»Apropos«, Jesko lag bereits im Bett, während sich Elvira die Haare bürstete, »wieso wusste ich eigentlich nichts von deiner Einladung an Clemens zur Hasenjagd?« In seiner Stimme lag ein leiser Vorwurf.

»Es sollte eine Überraschung werden, für euch alle! Deshalb habe ich Clemens auch gebeten, mir nicht schriftlich zuzusagen, sondern einfach zu kommen. Ich würde in jedem Fall das blaue Zimmer für ihn freihalten.« Sie setzte ihre Nachthaube auf, löschte die Kerzen, kroch zu Jesko unter die Decke und kuschelte sich an ihn. »Du bist mir doch nicht böse, Schatz, oder?«

»Ach, wie könnte ich denn! Du sagst ja schon seit geraumer Zeit, Aglaia braucht einen neuen Mann. Wenn ich mich nicht täusche, müssen wir da gar nicht mehr lange suchen.«

Heiligabend war sehr stimmungsvoll. Clemens hatte jedem ein kostbares Geschenk mitgebracht. Alexander bekam eine kunstvoll verarbeitete Jagdflinte und Ellart eine goldene Taschenuhr, die er in Berlin sofort zu Geld machen wollte. Wenn er an seine Schulden dachte, wurde ihm übel. Die fünfhundert Mark, die er seiner Großmutter mühsam aus der Tasche gezogen hatte, waren nur ein Tropfen auf den heißen Stein. Elvira erhielt ein vierundzwanzigteiliges Teeservice aus feinstem Porzellan und Jesko und Ferdinand wertvolle, in Safranleder gebundene Erstausgaben berühmter Autoren. Während alle ihre Geschenke bewunderten und Jesko und Ferdinand in ihren Büchern blätterten, überreichte Clemens Aglaia ein rotes Lederetui.

Niemand achtete auf sie, als Clemens leise sagte: »Ich fand

diese Kette im Nachlass meines Onkels mit einem Zettel. *Dieses Schmuckstück gehörte deiner Tante. Schenke es nur einer ganz besonderen Frau.*«

Aglaia öffnete das Etui. Auf rotem Samt lag eine Perlenkette aus großen, matt schimmernden Südseeperlen. »Aber Clemens ... so etwas Kostbares kann ich doch gar nicht annehmen.«

»Bitte, Aglaia, ich habe niemanden sonst, dem ich sie schenken könnte.«

Beim Abendessen erhob sich Jesko zu einer kleinen Rede. »Mein lieber Junge«, wandte er sich an Clemens, »du hast uns so reich beschenkt, nicht nur mit deinem überraschenden Besuch, sondern auch noch mit so überaus kostbaren Gaben. Da keiner von uns darauf vorbereitet war, wir also mit leeren Händen dastehen, möchte ich, dass du dir ein Pferd aus unserer Zucht aussuchst. Alexander, würdest du in den nächsten Tagen deinen Patenonkel nach Linderwies begleiten?«

»Aber natürlich, Großpapa! Onkel Clemens«, sagte er, »ich denke da an einen einjährigen Vollblüter, ein herrliches Tier. Es hat einen wunderschönen Hals und eine lange Schulter ...«

»Nun man langsam, Jungchen«, unterbrach ihn Jesko. »Ich habe gesagt, Clemens soll sich ein Pferd aussuchen.«

»Verzeih, Großpapa.« Alexander lief vor Verlegenheit rot an.

Aber Clemens rettete die Situation. »Ich bin dir für jeden Rat dankbar, Alexander, wirklich. Für Vollblüter habe ich ein besonderes Faible. Und dir, Jesko, danke ich sehr, lieber Freund.«

»Also dann trinken wir auf unsere Besucher, die ein wirkliches Weihnachtsgeschenk für uns alle waren«, rief nun Ferdinand, und alle erhoben ihre Gläser.

Zum Abschluss des Abends sang Aglaia von Ferdinand am Klavier begleitet zum ersten Mal wieder seit Eberhards Tod einige Lieder von Schumann. Elvira sagte nichts. Sie drückte nur glücklich Jeskos Hand. Sie wusste, Aglaia war dem Leben wiedergegeben.

Weihnachten war vorbei und Birkenau wenige Tage später voll mit fröhlichen Gästen zur Hasenjagd. Die Eyersfelds waren die Ersten. Kurz darauf erschienen Dühnkerns, die wie immer Louise von Golze mitbrachten, und schließlich fuhr auch schon ein Schlitten nach dem anderen vor. Nachdem das Dienstpersonal die Neuankömmlinge auf ihre Zimmer begleitet hatte, erschienen die Gäste bald darauf in den Salons, freudig begrüßt von ihren Gastgebern und den bereits anwesenden Gästen. In den endlosen ostpreußischen Wintern war jede Abwechslung willkommen.

Es war eine bunt gemischte Gesellschaft aus Jung und Alt. Manche hatten ihre Kinder dabei, wie die Lackners, und auch Hannchen Severin, die inzwischen längst verheiratet war. Einer der zahlreichen Räume des Schlosses war als Spielstube hergerichtet, wo die mitgebrachten Kindermädchen sich mit den Kleinen beschäftigten, damit ihre Eltern sich den gesellschaftlichen Vergnügungen widmen konnten. Clemens' Anwesenheit war für viele eine große Überraschung. Trotz seiner jahrelangen Abwesenheit war er den meisten durch Aglaias regelmäßige Berichte in lebhafter Erinnerung geblieben.

Es war ein herrlicher Tag. Das junge Volk vergnügte sich im Park. Die Kleinen bauten Schneemänner und lieferten sich Schneeballschlachten, die Größeren liefen Schlittschuh auf dem seit Wochen zugefrorenen See. Die älteren Herrschaften saßen in Grüppchen verteilt in den Salons, spielten Whist, Rommé oder unterhielten sich. Vor dem Kamin hatten sich einige Damen niedergelassen. Ursula von Eyersfeld, inzwischen Anfang sechzig, beobachtete aus den Augenwinkeln Clemens, der sich angeregt mit Mathias Goelder unterhielt. »Was für ein Mannsbild, dieser Clemens«, sagte sie zu Philine von Dühnkern. »Der war ja schon früher ein Leckerbissen. Aber jetzt … mein Gott, man müsste noch mal jung sein. Als er mir die Hand küsste, wurde mir ganz heiß.«

»Das sah man, meine Liebe. Wie ein Hummer sahst du aus!«

»Ach wirklich?« Ursula zuckte mit den Schultern. »Ich hab wenigstens noch Gefühle …«

»Der mit den roten Haaren da drüben bei Clemens, ist das nicht der Goelder aus Aschruten?« Eine ältliche Cousine Elviras deutete mit ihrem Fächer hinüber zu den beiden Männern. »Bei dem sollen ja unzählige rothaarige Bastarde auf dem Hof herumspringen.«

»Ach ja«, seufzte die Kommerzienrätin Heller und warf ihrer noch immer kinderlosen Schwiegertochter Anneminchen einen vorwurfsvollen Blick zu. »Den Seinen gibt's der Herr im Schlaf.«

»Im Beischlaf wäre wohl treffender, Frau Heller«, sagte Anneliese Hartmann trocken.

»Ich muss doch sehr bitten, Frau Hartmann!« Der gewaltige Busen der Kommerzienrätin wogte vor Empörung, und ihre gichtigen Hände bewegten sich in ihrem Schoß, als bearbeiteten sie noch immer das ehemals unvermeidliche Strickzeug.

»Nu echauffieren Sie sich man nicht. Dem einen gibt's der Herr eben, dem anderen nicht.« Ohne sich weiter um die nach Luft ringende Kommerzienrätin zu kümmern, wandte sich

Anneliese Hartmann an Elvira. »Stimmt es, dass ihr die Harvichs mit Leopold und seiner russischen Frau erwartet?«

»Zugesagt haben sie jedenfalls. Aber ob sie kommen? Man sagt, die junge Frau sei sehr launisch und kapriziös.«

»Sie soll schön sein wie Aphrodite«, warf Philine ein. »Friedrich sah sie kürzlich in Königsberg. Er war ganz aus dem Häuschen.«

»Aphrodite ... wer ist das, kenne ich sie?«, fragte Antonia von Saalfeld, wie Frau Heller bereits an die siebzig und leicht schwerhörig. »Ist sie von Familie? Was ist sie für eine geborene?«

»Was für eine geborene – das weiß ich nicht. Ich fürchte gar keine. Sie ist schon seit Ewigkeiten tot.«

»Ja was soll das denn! Warum erwähnst du sie dann überhaupt, Philine?«

Die rollte die Augen. »Ach Gottchen, Antonia. Sie gilt als Sinnbild der Schönheit ... darum.«

»Sie war mit Verlaub gesagt ein Flittchen«, meldete sich jetzt Frau Professor Koch zu Wort, deren inzwischen pensionierter Gatte am Insterburger Gymnasium Altgriechisch gelehrt hatte. »Ich kann Ihnen sagen ... mit wem die alles ein Verhältnis hatte!«

»Ersparen Sie uns bitte die Einzelheiten, Frau Koch.« Antonia fächerte sich empört Luft zu. »Die Schlüpfrigkeiten anderer Leute interessieren mich nicht. Egal ob tot oder lebendig.« Beleidigt schwieg die Frau Professor und nahm noch eine von den dampfenden und köstlich riechenden Waffeln.

Philine verwickelte nun Ursula in ein Gespräch über die neueste Opernaufführung in Königsberg, während Elvira sich Louise zuwandte. »Was sagst du denn dazu, dass deine Schwester Wallerstein verkaufen will?«

»Was soll ich dazu sagen? Mich wundert's nicht. Wilhelmine hat jahrelang das Geld zum Fenster rausgeschmissen. Ich sehe sie hin und wieder in Königsberg. Dann jammert sie mir immer die Ohren voll. Dass sie kein Geld mehr hat und Aglaia nichts mehr von ihr wissen will.«

»Das stimmt. Wilhelmine war ein paarmal hier, aber Aglaia hat sich geweigert, sie zu sehen, und jedes Mal Unwohlsein vorgetäuscht. Also haben Jesko und ich uns notgedrungen eine Weile mit ihr abgequält – man will ja schließlich nicht unhöflich sein.«

»Was sagt denn Aglaia dazu, dass Wallerstein verkauft werden soll?«

»Sie behauptet, es sei ihr egal. Aber sag mal, Louise, hast du etwas gehört, gibt es überhaupt Interessenten?«

»Nun, die Zeiten sind weiß Gott nicht rosig, also wahrlich kein guter Moment für den Verkauf eines solchen Objekts. Soviel ich weiß, hat sie noch keinen Käufer gefunden.«

Aglaia, deren Verlangen nach frischer Luft in all den Jahren nicht nachgelassen hatte, machte währenddessen mit ihrer alten Freundin Hannchen Severin einen Spaziergang im Park. Untergehakt gingen sie Richtung Rosengarten, weg von den lärmenden Kindern. Sobald sie außer Hörweite waren, fragte Hannchen: »Seit wann ist Clemens denn wieder da? Hast du gewusst, dass er kommt?«

»Nein, vor ein paar Tagen stand er vor unserer Tür.«

»Ja und … was sagt er?«

Aglaia sah ihre Freundin erstaunt an. »Was soll er denn sagen?«

»Ich meine, hat er sich schon erklärt?«

»Sag mal, Hannchen, bist du noch bei Trost?« Aglaia war stehengeblieben. »Wie kommst du denn darauf?«

»Also er liebt dich, das sieht doch ein Blinder mit Krückstock! Schon vor mehr als achtzehn Jahren habe ich dir das gesagt. Vielleicht erinnerst du dich daran. Meine Güte, wie er dich anhimmelt! Jeder hier kriegt das mit. Nur du anscheinend nicht.«

»Natürlich, Hannchen, merke ich das. So ganz weg aus dieser Welt bin ich ja nun wieder auch nicht.«

»Aber was ist mit dir, magst du ihn denn nicht?«

»Doch … sehr. Aber ich brauche noch etwas Zeit. Es kommt alles so plötzlich für mich. Und Clemens spürt das. Er ist wirklich sehr feinfühlig und rücksichtsvoll.«

»Ach Gottchen!« Hannchen rollte die Augen. »Er sitzt seit Jahren in der Warteschleife, und du bist seit über zwei Jahren Witwe. Ich finde, ihr könntet jetzt mal langsam zu Potte kommen. Schließlich seid ihr keine Kinder mehr.«

Aglaia musste lachen und nahm wieder den Arm ihrer Freundin. »Nu mach du dir man keine Gedanken. Es kommt alles, wie es kommen muss. Und jetzt lass uns noch ein paar Schritte gehen.«

Einige Herren hatten es sich in der Bibliothek gemütlich gemacht. Hannes reichte die Kisten mit Zigarren herum und servierte Cognac und Schnäpse. »Das tut gut nach dem ganzen süßen Zeug«, sagte Fritz von Eyersfeld, der mehr von den Waffeln gegessen hatte, als ihm guttat. »Sag mal Jesko, stimmt es, dass du Schernuppen abstoßen willst?«

»Ja, leider. In den letzten zwei Jahren haben wir dort kein Dittchen verdient. Nicht nur die schlechten Ernten haben uns zu schaffen gemacht, auch die niedrigen Preise für Vieh und Getreide treiben uns in den Ruin.«

»Na na, so schlimm wird es doch wohl noch nicht sein.«

»Doch, es ist mehr als schlimm. Ich habe mit meiner Bank

gesprochen. Die Hypothekenanträge häufen sich. Mit dem Verkauf von Schernuppen könnte ich Linderwies halten, vorläufig wenigstens.«

Ellart war hereingekommen, und die Aufmerksamkeit wandte sich ihm zu.

»Ah, der junge Fähnrich!«, rief Friedrich von Dühnkern. »Wie ist es denn so in Berlin? Früher war ich sehr oft dort, aber jetzt, in meinem Alter ... Ja, ja, man wird bequem. Gehst du denn viel aus?«

»Ab und zu. Berlin ist sehr teuer und der Sold nicht gerade doll.« Ellart sah zu Ferdinand hinüber. Ob er wohl die Anspielung verstanden hatte? »Aber Gott sei Dank werden wir öfter abkommandiert, wenn Tänzer gebraucht werden. Unser Kommandeur ist der Meinung, junge Offiziere sind hauptsächlich dazu da, Dienst zu tun und zu tanzen.«

»Köstlich«, kicherte Eyersfeld, »wirklich köstlich! Abkommandiert zum Tanzen.« Aber sofort war er wieder bei seinem Lieblingsthema, der Politik. »Seit Bismarck Ministerpräsident ist, tanzen ja alle nach seiner Pfeife. Sogar der König soll ihn außerordentlich schätzen. Aber kann mir einer sagen, wieso er diese Sozis nicht in Schach halten kann?« Er putzte umständlich sein Monokel, wie immer, wenn ihn etwas aufregte. »Sieben Abgeordnete haben die Kerle nun bereits im Reichstag. Das ist doch einfach unbegreiflich!«

»Man wird den sozialen Fortschritt nicht aufhalten können«, Friedrich von Dühnkern zog bedächtig an seiner Zigarre. »Und wir alten Dackel schon gar nicht, die wir hier in der Provinz auf unseren Gütern sitzen und über miserable Ernten lamentieren.«

»Es ist die Zeit der Industrialisierung, meine Herren«, mischte sich jetzt Steuerrat Kollmann in die Diskussion ein.

»Heutzutage verdient man sein Geld besser mir Aktien als mit Weizen und Kartoffeln.«

»Nee, nee, nicht mit mir«, rief Jesko. »Das haben wir schon vor Jahren von Herzberg gehört. Und dann ging alles den Bach runter.«

Baron Iffelsdorf, ein kleiner, beleibter Mann mit einem Zwicker auf seiner rot geäderten Nase, die von reichlich Burgunder zeugte, fragte leise: »Sag mal, Friedrich, wer ist denn das, der da eben so wichtig über Aktien redet?«

»Steuerrat Kollmann, soweit ich weiß, ein neuer Freund des Hauses.«

Der Baron sah aus, als hätte er Zahnschmerzen. »Soso, ein Steuerrat ... nicht von Adel, nehme ich an. Na ja Geschmackssache, so ein Umgang.«

»Was echauffierst du dich, Iffelsdorf. Dein Dünkel erinnert mich stark an Fritz, lächerlich.« Verärgert goss sich Friedrich von Dühnkern noch einen Cognac ein. »Dich zwingt ja keiner, mit ihm zu verkehren. Ich persönlich habe Hochachtung vor Beamten. Die arbeiten wenigstens für ihr Geld, während wir uns mit unseren ererbten Titeln für was Besseres halten. Die geben von dem, was sie verdienen, vielleicht die Hälfte aus. Bei mir war das früher leider umgekehrt. Wenn ich tausend Mark verdient habe, gab ich zweitausend aus. Was zur Folge hatte, dass ich ständig knapp bei Kasse war.«

Ferdinand hatte derweil Ellart zur Seite genommen. »Sag mal, Junge, hast du etwa Schulden gemacht?«

»Na ja Onkel Ferdinand, Berlin ist unheimlich teuer, das weißt du doch.« Er blickte verlegen zu Boden. Ferdinand holte tief Luft.

»Wie viel!?«

Ellart wand sich, sollte er die Wahrheit sagen? »Zweitausend«, sagte er dann, was nicht ganz stimmte, ihm aber erst einmal etwas Luft verschaffen würde.

»Gut, ich werde sie dir geben. Aber kein Wort zu deinem Großvater.« Er sah seinen Großneffen ernst an. »Er hat im Moment genug Sorgen, das dürfte dir ja wohl nicht entgangen sein. Also reiß dich in Zukunft zusammen. Es ist das erste und letzte Mal, dass ich dir aus der Patsche helfe.«

»Ja, natürlich. Und danke, Onkel Ferdinand.«

Hanno und Carla Harvich waren angekommen, ohne Leopold und Natascha von Troyenfeld, was allgemein sehr bedauert wurde, war man doch so gespannt gewesen auf die schöne Russin. »Meine Schwägerin ist äußerst kapriziös, um es gelinde auszudrücken«, erklärte Carla achselzuckend. Doch ihr Gesichtsausdruck verriet, dass sie nicht viel von der Frau ihres Bruders hielt. Viele der Anwesenden hatten die Harvichs seit ihrer Rückkehr aus Rom noch nicht gesehen und bestürmten sie jetzt mit Fragen über ihre Zeit im Ausland, und bald waren Leopold und Natascha vergessen.

Das Barometer zeigte konstant schönes Wetter an. Mit fünf Grad minus war es nicht zu kalt, und so fand zwei Tage später die Hasenjagd statt. Mehrere Hundert Hasen waren geschossen worden, genug für die Jäger, Jagdgehilfen und die Kühlkammern des Schlosses.

Wenige Tage später fand anlässlich des Endes der Jagd und zu Silvester, ein *Dîner Dansant* statt. Der Speisesaal war festlich gedeckt, und die üppigen Blumengestecke aus den hauseigenen Treibhäusern verbreiteten einen betörenden Duft. Hunderte von Kerzen tauchten alle Räume in ein warmes Licht und ließen manche der Damen, natürlich alle in großer Toilette, schöner aussehen, als sie waren. Aglaia trug heute zum ersten Mal Clemens' Perlen. Dazu passte perfekt das dunkelblaue, tief dekolletierte Pansamtkleid mit langen Ärmeln und eng geschnürter Taille. Ihre Haare waren zu einer kunstvollen Hochfrisur aufgetürmt, was die prachtvollen Perlen an ihrem schlanken Hals besonders zur Geltung brachte. Sie betrat als eine der Letzten den Salon. Man wartete auf den Gong, der zum Essen rief. Clemens' Herz machte einen Sprung, als sie ihn anlächelte. Er wusste, er war am Ziel seiner Wünsche!

Bei Tisch unterhielt man sich angeregt über Pferde, faule Landarbeiter und unfähige Inspektoren. Es wurde gelacht und geflirtet, und Ferdinand charmierte mit Ursula und Philine, die trotz ihres fortgeschrittenen Alters immer noch seine liebsten Tischdamen waren. Gerade wurde das Dessert serviert, als Hannes Jesko ein Zeichen machte. Der erhob sich und schlug an sein Glas. Die Gespräche verstummten, und alle Blicke richteten sich auf ihren Gastgeber.

»Liebe Freunde! Bevor das Jahr zu Ende geht, ein Jahr, das Elend und Trauer über unser geliebtes Ostpreußen gebracht hat, lasst mich noch ein paar Worte zu euch sprechen. Es ist viel passiert in diesem Jahr. Alexander und Ellart, meine geliebten Enkel, sind aus dem Haus gegangen, um ihre Ausbildung zu beginnen. Alexander wird in die Fußstapfen seines Vaters, unseres unvergessenen Eberhards, treten ...« Er schluckte kurz, ehe er weitersprach, »... und Ellart setzt die Tradition der Kaulitzens fort und wird Offizier. Clemens – fast alle von euch kennen ihn ja noch – ist aus England zurück und will sich wieder in der Heimat niederlassen.

Nach einer traurigen, schweren Zeit und nach über zwei Jahren der Stille feiern wir heute das erste Mal wieder zusammen. Lasst uns darauf trinken, dass das kommende Jahr uns verschonen möge von Seuchen, Tod und Missernten.« Allgemeines Stühlerücken, und alle erhoben ihre inzwischen von den Dienern nachgefüllten Gläser. Die Fenster wurden geöffnet, und da läuteten bereits alle Kirchenglocken des Landes das neue Jahr ein. Es erklang ein lautes »Prosit Neujahr«, und Elvira führte die Polonaise in den Ballsaal hinein an, wo die Musik bereits zu spielen begonnen hatte.

Etwas abseits von den anderen nahm Clemens Aglaia in den Arm. »Ich liebe dich«, sagte er leise.

»Ich weiß, Clemens.« Er hielt sie einen Moment fest umschlungen. Dann sagte er: »Ich wünsche dir, dem Menschen, den ich am meisten liebe, für das neue Jahr alles Glück dieser Welt. Und nun komm. Der erste Walzer gehört mir.«

In dieser Nacht kam Clemens zu ihr. Sie stand am Fenster und blickte hinauf zu ihren Sternen, als er leise das Zimmer betrat. Langsam drehte sie sich um. Nur einen Moment lang blickten sie sich an, dann fielen sie sich wortlos in die Arme. Er hob sie hoch und trug sie zum Bett. Aglaia lag ganz still. Sie erschauerte, als er zart die Bänder ihres seidenen Negligees löste. Sanft streichelte er ihr Gesicht, küsste erst zärtlich ihre Augen, dann fand er ihre Lippen, die sich sehnsüchtig öffneten. Zart strich er über ihre Brust, küsste ihre Brustwarzen. Er ließ jedes Drängen vermissen, tat alles ohne Hast. Er hatte keine Eile. Weiter suchten seine Hände, strichen über ihren flachen Bauch, verweilten dann zwischen ihren Schenkeln. Als sie ihre Scham fanden, begann Aglaia zu seufzen, und als er zu ihr kam, meinte sie zu vergehen. »Ich liebe dich, Aglaia, so lange ich denken kann«, flüsterte er immer wieder.

Sie liebten sich, bis der Morgen graute. Als das Schloss erwachte, huschte Clemens geräuschlos aus Aglaias Zimmer, eine wunschlos glückliche Frau zurücklassend. Am nächsten Morgen hielt Clemens bei Jesko um Aglaias Hand an.

1869

Zwei Tage später war auf Birkenau wieder eine behagliche Ruhe eingekehrt. Nach und nach hatten alle Gäste das Schloss verlassen. »Ist es euch recht, wenn ich noch ein wenig bleibe?«, hatte Clemens gefragt.

»So lange du willst«, versicherte man ihm.

Hin und wieder bekam Clemens Post. Dann bat er, von Josef nach Insterburg gefahren zu werden. Jeder wusste, er suchte nach einem neuen Zuhause. Manchmal blieb er mehrere Tage weg, und wenn er nach seiner Rückkehr gefragt wurde, wo er denn gewesen sei und ob seine Reise erfolgreich gewesen war, antwortete er ausweichend. »Ich weiß noch nicht … es scheint mir doch noch nicht so ganz das Richtige zu sein.« Irgendwann fragte niemand mehr.

»Schließlich ist es seine Sache«, befand Jesko.

Ein paar Wochen später überraschte Clemens die Familie mit der Nachricht, dass er in den nächsten Tagen abreisen würde. »Ich werde ein paar Monate brauchen, um in England alles abzuwickeln und meine Zelte dort abzubrechen.« Er sah Aglaia an. »Wenn ich zurückkomme, möchte ich, dass wir so schnell wie möglich heiraten. Ist dir das recht?«

»Natürlich, Liebster.«

»Ja hast du denn schon etwas Passendes gefunden?«, fragte Jesko, als er mit Clemens allein war. »Oder wollt ihr bei uns im Schloss wohnen? Es ist schließlich groß genug.«

»Danke, Jesko, das ist überaus großzügig von dir. Aber ich habe etwas gefunden. Bitte verzeih, wenn ich noch ein kleines Geheimnis darum mache. Es wird mein Hochzeitsgeschenk für Aglaia.«

»Ich will ja nicht neugierig sein, aber ist denn eine Landwirtschaft dabei? In den heutigen Zeiten sollte man autark sein.«

Clemens lächelte. »Wie du weißt, bin ich kein Landwirt. Aber für den Eigenbedarf wird es reichen.«

Mehr war aus ihm nicht herauszukriegen. Zum großen Ärger von Elvira. Als sie am Abend allein mit Jesko einen Schlummertrunk in der Bibliothek nahm, sagte sie: »Verstehst du, warum Clemens nicht sagen will, wo er sich eingekauft hat?«

»Er hat doch deutlich gesagt, dass er Aglaia damit überraschen will!«

»Aber findest du das nicht albern? Aglaia könnte doch während seiner Abwesenheit das Haus nach ihren Bedürfnissen gestalten. Schließlich findet man nie etwas, das den eigenen Ansprüchen genügt. Schließlich hat sie ihr Leben lang in Schlössern gelebt.«

Jesko sah seine Frau kopfschüttelnd an. »Über was du dir bloß wieder mal Gedanken machst! Glaubst du, Aglaia braucht ein Schloss, um glücklich zu sein?«

»Natürlich nicht.«

»Warum regst du dich also auf?« Er gähnte.

»Komm, lass uns zu Bett gehen. Solche Diskussionen ermüden mich.«

Ein paar Tage nach Clemens' Abreise meldete Hannes die Ankunft der Gräfin Wallerstein. Aglaia war mit Ferdinand nach Insterburg gefahren, um ein paar Besorgungen zu machen.

»Es ist lange her, dass wir dich gesehen haben, Wilhelmine. Was kann ich dir anbieten, Tee oder Kaffee?«, fragte Elvira. »Und was führt dich zu uns?«

»Ich will mich verabschieden. Außerdem habe ich gehört, dass Aglaia wieder heiraten will. Einen englischen Lord.«

»Ja, das stimmt. Leider triffst du sie nicht an. Sie ist in Insterburg. Wir erwarten sie erst am Abend zurück.«

»Das ist wirklich sehr bedauerlich.« Wilhelmine schwieg, bis Hannes das Zimmer verlassen hatte. »Ja, es ist so weit. Ich bin Wallerstein endlich los … Mein Gott, es hat endlos gedauert. Aber übermorgen reise ich ab. Ich habe mich in ein Damenstift in Badenweiler eingekauft. Dort werde ich wohl den Rest meines Lebens verbringen.« Ihr Gesicht war hochrot, auf ihrer Stirn standen Schweißperlen, und sie atmete schwer.

›Sie sieht schrecklich aus, sie muss krank sein‹, dachte Elvira. Laut fragte sie: »Warum denn so weit weg, Wilhelmine? Hast du denn nichts in der Nähe gefunden?«

»Mir geht es gesundheitlich nicht besonders gut. Und in dem Bad kann ich kuren, vielleicht gibt es mir ein wenig Erleichterung. Außerdem war es für mich gerade noch erschwinglich.«

»Wie, erschwinglich?« Jesko sah sie fragend an. »Ich denke, du hast Wallerstein verkauft. Da musst du doch über reichlich Mittel verfügen.«

Wilhelmine lachte bitter. »Ich hatte Schulden, mein lieber Jesko. Gut, die sind nun bezahlt. Aber sehr viel ist mir nicht geblieben.«

»Wer wird denn nun unser neuer Nachbar?«, fragte Jesko, um dem Gespräch eine andere Richtung zu geben. »Hoffentlich nicht irgendwelche Parvenüs. Davon gibt es ja heutzutage reichlich.«

Wilhelmine tupfte sich ihr schweißnasses Gesicht. »Ich weiß es nicht. Das Geschäft haben Hofrat Schmolz und ein Berliner Bankier abgewickelt.« Elvira und Jesko tauschten einen Blick. Beide dachten das Gleiche. Da war wohl die gute Wilhelmine kräftig über den Tisch gezogen worden. »Die Dienerschaft wurde übernommen, Gott sein Dank«, fuhr sie fort. »Man hat da ja schließlich eine Verantwortung.«

»Und wann wird der neue Besitzer erwartet?«, fragte Elvira und goss ihrem Gast Tee nach.

»Das weiß ich nicht, und ehrlich gesagt ist es mir auch herzlich egal.« Schwer atmend erhob sie sich. »Ich muss mich verabschieden. Sehr bedauerlich, dass ich meine Tochter nicht vorgefunden habe. Richtet ihr doch bitte aus, die letzte Gelegenheit, sich von mir zu verabschieden, sei morgen auf Wallerstein.«

»Sag, Wilhelmine, willst du nicht noch bis zum Kleinmittag bleiben?«, fragte Elvira halbherzig.

»Nein, danke, sehr freundlich. Es ist bei weitem nicht alles gepackt. Also lebt wohl. Ich denke nicht, dass wir uns noch einmal wiedersehen.«

Alexander und Franz waren mit Fresspaketen von Minchen zu ihren Lehrstellen zurückgekehrt und deren Versprechen, ihnen regelmäßig etwas Vernünftiges zu essen zu schicken.

Einen Tag später rückte Ellart wieder in seiner Garnison in Potsdam ein. Als er seine Stube betrat, fand er einen ihm fremden, etwa gleichaltrigen jungen Mann vor. »Nanu, wo ist Meinhard?«, fragte er erstaunt.

»Meinhard von Ehrenfels hat seinem Rang entsprechend eine eigene Stube bekommen«, erklärte der junge Mann, die Hacken knallend. »Ich bin Fähnrich Jakob Seliger. Man hat mir seinen alten Platz zugewiesen.«

»Aha.« Ellart war nicht begeistert. Während er seine Sachen auspackte, betrachtete er seinen neuen Stubenkameraden aus den Augenwinkeln. Er war zwar groß, hatte aber trotz seines jugendlichen Alters schon einen Bauchansatz. Das blasse Gesicht, in dem kleine listige Augen blitzten, war schwammig, und auf dem Kopf zeichnete sich eine beginnende Glatze ab. Bereits nach wenigen Minuten war sich Ellart sicher, dass er ihn nicht mochte.

»Ich gebe heute Abend meinen Einstand. Du kommst doch?«

»Ja, ja … natürlich.« Abzulehnen wäre ein unglaublicher Affront gewesen. Auf dem Weg ins Kasino traf er Meinhard. »Meinhard, altes Haus«, rief er erfreut. »Wie schade, dass man dich bei mir ausquartiert hat. Dieser Seliger, den ich jetzt auf der Bude habe … ich weiß nicht … Sehen wir uns gleich auf seinem Einstand?«

»Nein, ich esse mit Major von Revenburg im Offizierskasino.« Meinhard klang merkwürdig reserviert.

»Schade.« Ellart war enttäuscht. »Übrigens, ich habe auf den Dienstplänen gesehen, in vierzehn Tagen haben wir beide ein freies Wochenende bis zum Wecken. Wollen wir nicht mal wieder Berlin unsicher machen? Nach vierzehn Tagen Provinz muss doch mal wieder was passieren! Wir könnten zum Jour fixe bei den Stumms gehen …«

»Verzeih, dass ich dich unterbreche, Ellart.« Meinhards Stimme war ungewöhnlich kühl. »Christine hat mich wissen lassen, dass deine Anwesenheit im Hause Stumm nicht mehr erwünscht ist. Irgendetwas muss zwischen dir und Amalie vorgefallen sein … damals, an besagtem Abend. Ehrlich gesagt, will ich gar nicht wissen, was geschehen ist. Du entschuldigst mich, der Major erwartet mich.« Ellart war wie vor den

Kopf gestoßen. Sollte etwa wegen dieses kleinen Ausrutschers seine Freundschaft zu Meinhard in die Brüche gehen? Mehr als zwei Monate waren seitdem vergangen. Ab und zu hatte er daran gedacht. Ganz wohl war ihm nicht dabei gewesen. Aber irgendwie würde es sich schon wieder einrenken lassen. Eine förmliche Entschuldigung, und die Sache wäre aus der Welt. Schließlich hatte die junge Dame ja hemmungslos mit ihm geflirtet, ihm Avancen gemacht. Je länger er darüber nachdachte, umso unschuldiger fühlte er sich. Mit einem Mal sah er Amalies versteinertes Gesicht wieder vor sich. »Ellart von Kaulitz, ich will Sie niemals wieder sehen.«

An diesem Abend betrank sich Ellart bis zur Besinnungslosigkeit. Als am nächsten Morgen der Appell zum Wecken erklang, wollte ihm der Schädel platzen. Alles drehte sich, und er hatte rasende Kopfschmerzen. »Mir ist speiübel. Wie bin ich überhaupt ins Bett gekommen?«, murmelte er.

»Fähnrich von Marken und ich ... haben dich nach oben geschleppt. Ich kann dir sagen, wir hatten aber auch ganz schön getankt ...« Jakob grinste. »Bist ein guter Trinker, Kaulitz. Wir werden sicher noch viel Spaß miteinander haben.«

Meinhard war auch weiterhin äußerst reserviert. Einige Male fragte Ellart, ob sie nicht wie früher zusammen im Holländischen Viertel ein Bier trinken könnten, aber er lehnte jedes Mal höflich ab. »Ich bin heute schon vergeben, leider.«

Von Benno von Marken erfuhr Ellart, das Meinhard sich mit Christine Stumm verlobt hatte. »In drei Wochen findet anlässlich der Verlobung in Berlin eine große Soiree statt.«

»Woher weißt du das?«, fragte Ellart erstaunt.

»Christine ist meine Cousine.« Stolz zeigte er die Einladung. »Wieso bist du eigentlich nicht eingeladen, soweit ich weiß, hast du doch bei den Stumms verkehrt?«

»Vielleicht kommt die Einladung ja noch.« Ellart zermarterte sich den Kopf, was er tun könnte, um Amalie zu versöhnen. Ein paar Tage später gab er Meinhard einen Brief. »Würdest du den bitte an Amalie weiterleiten? Es liegt mir sehr viel daran.«

»Ich werde es versuchen. Aber mach dir mal keine große Hoffnung.«

Der Brief kam zurück mit dem Vermerk ›Annahme verweigert‹.

Jakob Seliger schien über unerschöpfliche Mittel zu verfügen. Auch seine Vorräte an alkoholischen Getränken gingen nie aus. An einem Abend in der gemeinsamen Stube, sie hatten bereits eine Flasche Whisky geleert und waren angetrunken, begann er zu erzählen: »Mein Vater besitzt einige Stofffabriken im Brandenburgischen. All die feinen Stöffchen, die wir hier tragen …«, fachmännisch strich er über den Stoff seiner Hose, »… sind von meinem Alten. Prosit Kaulitz!« Ellart fiel es schwer, seinen Widerwillen zu unterdrücken. Mit was für einem Parvenü hatte man ihn hier bloß zusammengesteckt! »Ich interessiere mich nicht besonders fürs Geschäft. Mein Bruder ist eher dafür geeignet«, fuhr Jakob fort. »Meine Mutter wollte unbedingt endlich einen Offizier in der Familie haben.« Er kicherte. »Muss meinen Alten eine ganz schöne Stange Geld gekostet haben, mich hier bei euch feinen Pinkeln unterzubringen. Und übrigens, Kaulitz, wenn du mal knapp bei Kasse bist, ich kann dir jederzeit was pumpen.«

Ellart ahnte nicht, dass sein neuer Stubenkamerad bereits wusste, dass er ständig in Geldnöten war und bei einigen Kameraden mit kleineren Beträgen und vor allem bei einem stadtbekannten Geldverleiher mit einer großen Summe in der Kreide stand. »Danke, Seliger, sehr freundlich … Werde gelegentlich darauf zurückkommen.«

Ellart hatte an seine Großmutter geschrieben, ob sie ihm noch einmal aushelfen könne. *»Ein letztes Mal, Großmamachen, wirklich!«* Postwendend kam ein Brief mit zwanzig Mark. *»Mehr hab ich nicht, Jungchen, und Großvater kann ich nicht bitten. Er hat große Sorgen.«* Achtlos legte er den Brief in die Schublade seines Spinds.

Am folgenden Wochenende war Urlaub bis zum Wecken. »Kommst du mit, Kaulitz?«, fragte Jakob. »Ich lade dich und ein paar Kameraden ein zum Essen ins Grote Huis.« Er wollte gefallen, der junge Seliger, vor allem Ellart.

»Nun ja, warum nicht.« Seliger tat, als hätte er Ellarts Zögern nicht bemerkt. Nach dem Essen, man hatte kräftig getrunken, fragte er: »Was haltete ihr von einem kleinen Spielchen? Ich kenne hier in der Nähe einen Club ... Habe da schon einige schöne Sümmchen gewonnen.«

Ellart horchte auf. Vielleicht würde das alle seine Probleme lösen. Aber er zögerte. »Ich habe nur noch zwanzig Mark.«

»Setz die ein und sieh, was passiert.«

»Gut, ich bin dabei, Seliger.« Die anderen verabschiedeten sich. »Wir ziehen noch ein bisschen um die Häuser, aber euch beiden viel Glück.«

Ellart gewann. Er war wie elektrisiert. Doch zwei Abende später verlor er bereits eine große Summe.

»Heute hast du eine Pechsträhne«, beruhigte ihn Seliger. »Ich pumpe dir was. Du wirst sehen, beim nächsten Mal holst du es wieder rein.« Als sie zurück auf die Stube kamen, legte er Ellart einen Schuldschein hin. »Nur der Ordnung halber, zeichne mir das doch bitte ab.«

Und so nahm das Unglück seinen Lauf. Bald bestimmte nur noch der Dienst, Spielen und Alkohol Ellarts Leben. Mal gewann, aber noch öfter verlor er. Seine Schulden bei Jakob Seliger stiegen schnell an. Manchmal, wenn er betrunken war, ließ er seinen Stubenkameraden spüren, wie sehr er ihn verachtete. Kleine spitze Bemerkungen, dumm und dünkelhaft.

Jakob Seliger tat, als bemerke er das nicht. Als Ellart Heimaturlaub bewilligt wurde, er musste versuchen, irgendwie an Geld zu kommen, kam es zum Eklat zwischen den beiden.

»Mensch, Kaulitz, willst du mich nicht mal mitnehmen? Ich würde zu gern deine Familie kennenlernen.«

Ellart war fassungslos. Was bildete sich der Kerl eigentlich ein? »Nein, Seliger, also wirklich nicht!«

Der Ton, die mitschwingende Verachtung – das war zu viel für Jakob Seliger. Er erstarrte. »Natürlich, ich bin dem Herrn Grafen nicht fein genug.« Seine Augen funkelten feindselig. »Aber mein Geld, das stinkt nicht!«

»Nein, Jakob, so war das nicht gemeint …« Jetzt merkte auch Ellart, dass er zu weit gegangen war.

»Doch, das war es.« Er wandte sich zum Gehen. »Ich werde darum bitten, in eine andere Stube verlegt zu werden. Dann musst du mich nicht mehr ertragen. Und noch etwas. Such dir einen anderen Goldesel!«

Es gelang Ellart nicht, auf Birkenau an Geld zu kommen. Sosehr er seine Großmutter umschmeichelte – sie gab ihm nichts. Nicht, weil sie nicht wollte, sie hatte nichts. Auch seine Hoffnung, von Ferdinand noch einmal etwas zu bekommen, zerschlug sich. Der war verreist und wurde erst in zwei Wochen zurückerwartet.

Als er in die Garnison zurückkam, war seine Stube bis auf seine Sachen leer. Er erschrak. Er hatte nicht damit gerechnet, dass Seliger Ernst machen würde. Also war er ihn tatsächlich los, den Parvenü – auch gut! Er vergaß für einen Augenblick seine Schulden, bis er in seiner Post einen Brief von Anton Trautschke fand.

Am kommenden Freitag, pünktlich um 15 Uhr, erwarte ich Sie in meinem Stadthaus in der Benderstraße. Ihr Nichterscheinen würde fatale Folgen für Sie haben.

Das war zweifelsohne eine Drohung. Was mochte er wohl von ihm wollen, der Herr Schmierölfabrikant? Ellart war beunruhigt. Die folgenden Nächte fand er kaum Schlaf. Was konnte schon passieren, wenn er den Brief ignorierte? Seine Gedanken überschlugen sich. Er beschloss, am Donnerstag um Ausgang zu bitten. Würde der ihm verwehrt, hätte das Schicksal entschieden.

»Schon wieder Ausgang, Fähnrich Kaulitz?«, fragte Oberfeldwebel Zwisel.

»Eine dringende Familienangelegenheit, Herr Oberfeldwebel.«

»Ausnahmsweise, Fähnrich Kaulitz. Zum Zapfenstreich sind Sie zurück.«

Um drei Uhr erschien Ellart in Ausgehuniform in der Benderstraße. Ein Diener führte ihn in einen großen, mit dunklen schweren Möbeln eingerichteten Salon. Es dauerte einem Moment, bis Ellart den kleinen alten Mann sah, der, ihm den Rücken zugewandt, an einem der Fenster stand. Langsam drehte er sich um. Er sah elend aus, abgemagert und fahl. »Machen wir es kurz«, sagte er, und seine feste Stimme strafte sein Aussehen Lügen. »Sie haben meiner Tochter im letzten Jahr auf das Schändlichste Gewalt angetan. Das ist leider nicht ohne Folgen geblieben.« Ellart erstarrte. Das konnte nicht sein!

»Ich habe hier ein Couvert.« In seiner Hand hielt er einen großen Umschlag. »Darin befinden sich, wenn ich richtig gerechnet habe, Schuldscheine über mehr als zehntausend Mark. Jakob, der Sohn meines Freundes Seliger, war so freundlich, mir die seinen zu überlassen und dabei behilflich zu sein, auch die restlichen käuflich zu erwerben.«

Ellart schwankte der Boden unter den Füßen. Ihm brach der kalte Schweiß aus. »Darf ich mich setzen?« Seine Stimme zitterte.

»Nein!« Wie ein Peitschenhieb klang das. »In meinem Haus gibt es keinen Platz für Sie, nicht einmal auf einem Schemel.« Er schwieg einen Moment. »Nun, ich will zur Sache kommen. Im Nebenzimmer wartet ein Beamter des Magistrats, zusammen mit meiner Tochter. Er wird Sie beide trauen. Zusammen mit der Trauungsurkunde erhalten Sie die Schuldscheine.«

»Aber Herr Trautschke, das geht doch nicht!« Ellart hob beschwörend die Hände und machte einen Schritt auf Amalies Vater zu.

»Kommen Sie mir nicht zu nahe! Sie sind mir zuwider. Es steht Ihnen frei, zu gehen.« Er ging zu einem großen Schreibtisch und deutete auf zwei beschriftete Couverts. »Das eine ist ein Schreiben an Ihren Kommandeur und dieses an Ihren Großvater. Er hat eine Woche Zeit, Ihre Schulden zu begleichen.« Er ging zur Tür. »Ich gebe Ihnen fünf Minuten, sich zu entscheiden. Und wagen Sie es nicht, mir oder meiner Tochter jemals wieder unter die Augen zu kommen.«

Die Zeremonie war kurz. Amalie, tief verschleiert und in Reisekleidung, würdigte ihn keines Blickes. Nach der Unterschrift unter die Trauungsurkunde verließ sie grußlos den Raum. »Der Herr Trautschke hat mich angewiesen, Ihnen mit der Urkunde dieses Couvert zu überreichen«, sagte der Beamte förmlich. »Der Diener wird Sie hinausbegleiten.«

Während der Bahnfahrt von Berlin nach Potsdam zerriss Ellart Schuldscheine und Trauungsurkunde in kleine Schnipsel und schmiss sie aus dem Fenster, als könne er damit alles ungeschehen machen. Er konnte keinen klaren Gedanken fassen. Dieses verdammte Schwein, dieses verschlagene Miststück, dieser Seliger, wie konnte er nur! Fordern würde er ihn, ja, das war die einzige Möglichkeit, es diesem Parvenü zu zeigen.

Gegen zehn Uhr betrat Ellart das Kasino. Es herrschte lautes Stimmengewirr, alle Tische waren besetzt. In der Nähe des Ausschanks saß Jakob Seliger, umgeben von seiner Entourage. Er bestellte lautstark eine neue Runde, als er Ellart erblickte. Er schien schon reichlich angetrunken. »Ah, der schöne Graf Kaulitz«, rief er und machte ein angeekeltes Gesicht. »Rieche ich da Kernseife, oder irre ich mich?«

Einige seiner Gäste lachten pflichtgemäß. Das eben noch laute Stimmengewirr wurde leiser. Man wurde aufmerksam. Irgendetwas Unangenehmes schien sich da anzubahnen. Jakob tat jetzt so, als hätte er auf dem Boden hinter Ellart etwas entdeckt. »Ja und was sehe ich denn da? Ist das etwa eine Schleimspur aus Schmieröl?«

Mit einem Mal herrschte gespenstische Stille. »Du bist ein widerliches Schwein, Seliger!« Ellart schlug ihm mit seinem Handschuh ins Gesicht. »Ich verlange Satisfaktion.«

Ellart bat Meinhard, ihm zu sekundieren. »Es wird das letzte Mal sein, dass ich dich um etwas bitte«, sagte er.

»Gibt es keine Möglichkeit einer Entschuldigung seitens Seligers?«, fragte Meinhard pflichtgemäß.

»Nein, meine Entscheidung ist unwiderruflich.«

»Ich bedauere das, Ellart, wirklich.« Am Spätnachmittag des nächsten Tages erwartete Meinhard Ellart bereits auf seiner Stube. »Ich habe deine Forderung überbracht. Benno von Marken sekundiert Seliger. Er ist nicht sehr glücklich darüber, konnte aber schlecht ablehnen. Übrigens, auch Seliger lehnt eine gütliche Beilegung des Streits ab. Du weißt, wir mussten das fragen.«

»Selbstverständlich. Was verlangt er, Pistole oder Säbel?«

»Pistole, drei Schuss, zehn Schritt.«

Ellart nickte. »Alles Weitere besprich bitte du mit Benno.«

Es war ein trüber, nebeliger Morgen Anfang März, als die Kontrahenten auf einer Lichtung in einem abgelegenen Wald außerhalb Potsdams aufeinandertrafen. Der Boden war aufgeweicht, vor ein paar Tagen hatte hier noch Schnee gelegen. Die gegnerischen Parteien begrüßten sich lediglich mit einem kurzen Nicken. Außer den beiden Sekundanten waren ein Arzt und als Unparteiischer Leutnant von Seelem dabei, der gemeinsam mit den Sekundanten die Aufgabe hatte zu prüfen, ob die Waffen identisch waren. Außerdem würde er die ordnungsgemäße Durchführung des Duells überwachen. Nachdem Leutnant von Seelem die zehn Schritt abgemessen und markiert hatte, öffnete er ein glänzendes, mit kostbaren Einlegearbeiten verziertes Mahagonikästchen. Auf rotem Samt lagen die beiden Waffen, blankgeputzt mit dunklen Holzgriffen. Die beiden jungen Männer nahmen Rücken an Rücken in der Mitte der markierten Stelle ohne eine Regung die Waffen entgegen. Auf ein Kommando hin gingen sie los. Als Ellart sich umdrehte, blickte er in Jakobs hassverzerrtes Gesicht. Nur eine Zehntelsekunde zögerte er. Gleich der erste Schuss von Jakob Seliger traf ihn tödlich.

Die Familie Kaulitz war gerade fertig mit dem zweiten Frühstück. Während Jesko und Ferdinand sich hinter ihren Zeitungen verschanzten, sprachen Aglaia und Elvira über Clemens' bevorstehende Rückkehr.

»Gott sei Dank, Kind«, sagte Elvira, »es wird auch langsam Zeit. Wir müssen die Gästeliste für eure Hochzeit zusammenstellen, wenn ihr im Mai heiraten wollt. Alles muss gut organisiert und vorbereitet werden. Ach, ich bin wirklich mächtig gespannt, wo du einmal wohnen wirst.« Sie machte ein trauriges Gesicht. »Ich werde dich schrecklich vermissen. Hoffentlich ist es nicht allzu weit weg.«

Jesko blickte vorwurfsvoll über den Zeitungsrand. »Musst du immer wieder davon anfangen, Elvira?«

»Lass man, Papachen, ich werde euch ja auch vermissen«, besänftigte Aglaia ihn.

Der Diener betrat den Raum. »Eine Depesche für Graf Ferdinand.«

»Nanu, wer depeschiert mir denn heute schon?« Als er die Nachricht überflogen hatte, wurde sein Gesicht kreidebleich. »Um Gottes willen! Es ist von Kraft zu Hohenlohe ... Ellart ist in einem Duell tödlich getroffen wurden.«

»Nein, das darf nicht sein«, flüsterte Aglaia. Dann sank sie ohnmächtig zu Boden.

Ferdinand fuhr nach Potsdam, um Ellart nach Hause zu holen. Von Kraft zu Hohenlohe-Ingelfingen hoffte er Näheres über die Umstände von Ellarts Tod zu erfahren. Der Kommandeur empfing ihn in seinen privaten Räumen. »Was für ein trauriger Anlass, der dich nach so langer Zeit zu mir führt«, grüßte er seinen alten Freund. »Mein aufrichtiges Beileid. Darf ich dir etwas zu trinken anbieten, vielleicht einen Cognac?«

Ferdinand nickte stumm. Hohenlohe gab seinem Adjutanten ein Zeichen, zu gehen, und goss selbst ein. »Es tut mir so leid um deinen Großneffen, Ferdinand. Eine wahrlich unangenehme Geschichte.«

»Kannst du mir sagen, was eigentlich passiert ist?«

»Es soll im Kasino einen heftigen Streit gegeben haben zwischen Ellart und seinem Stubenkameraden, einem Fähnrich Seliger. Wie man mir sagte, hat keiner der Anwesenden richtig verstanden, um was es eigentlich ging. Ich war zu der Zeit nicht in der Garnison, hatte eine Audienz bei Hofe. Keiner, nicht einmal Leutnant von Lerchenfeld, ein enger Freund Ellarts, konnte mir genaue Auskunft geben. Er hat ihm übrigens sekundiert.« Hohenlohe goss Cognac nach. »Ich weiß, es ist kein Trost, aber ich denke, es wird bald Krieg geben. Zwischen Preußen und Frankreich brodelt es gewaltig. Lange kann es allerdings nicht dauern. Unsere Truppen sind stärker und wesentlich besser ausgerüstet als die Frankreichs. Trotzdem wird es auf beiden Seiten schwere Verluste geben. Wer weiß, ob der Junge heil daraus zurückgekommen wäre.«

»Nein, das ist kein Trost, Kraft. Krieg ist etwas anderes als ein sinnloses Duell.« Ferdinand zündete sich eine Zigarette an. Seine Hände zitterten. »Sag, was ist mit diesem Seliger?«

»Er hat eine schwere Schussverletzung am Knie, ist somit dienstuntauglich. Er musste seinen Abschied nehmen. Wie trägt es Ellarts Mutter? Ich hörte, ihr Mann ist 1866 gefallen.«

»Sie ist verzweifelt. Die ganze Familie ist außer sich und ich ...«, für einen Moment versagte ihm die Stimme, »... ich kann es noch gar nicht glauben.« Er wischte sich mit seinem Taschentuch über die Augen. »Hat mein Großneffe Schulden gehabt, ist da etwas bekannt?«

Der Kommandeur zögerte. »Es gab Gerüchte, aber unter

seinen Sachen wurde nichts gefunden, und bisher haben sich noch keine Gläubiger gemeldet. Du weißt, die sind sofort da, wenn so etwas passiert.«

»Gut.« Ferdinand erhob sich. »Ich reise mit dem nächsten Zug. Ist alles vorbereitet?«

»Ja, man wird dich zur Station begleiten.« Die beiden Männer gaben sich die Hand. »Leb wohl, alter Freund. Und richte deiner Familie mein herzlichstes Beileid aus.«

Clemens wollte trotz des Trauerjahres nicht länger mit der Hochzeit warten.

»Es wird Gerede geben«, gab Jesko zu bedenken. Aber nicht nur Clemens, auch Aglaia sagte, das sei ihr egal. »Was soll mir das Geschwätz der Leute noch antun nach dem, was mir in den letzten Jahren widerfahren ist?«

Anfang Juni, es war ein warmer Frühsommertag, wurden Aglaia und Clemens getraut. Es war eine kleine stille Zeremonie in der Schlosskapelle. Die Trauer um Ellart ließ keine große Gesellschaft zu. Nur die Familie war anwesend. Alexander, der inzwischen in Königsberg studierte, fungierte als Clemens' Trauzeuge, Elvira als der Aglaias. Bei dem anschließenden Mittagessen hielt Jesko eine anrührende Rede. Wie sehr sie sich alle freuten, dass Aglaia ein neues Glück gefunden habe. Er schloss mit den Worten: »Wir, Elvira und ich, haben uns das immer für dich gewünscht. Aber dass es einmal Clemens sein würde, wäre uns nie in den Sinn gekommen. Doch wir sind uns sicher, einen Besseren hättest du nicht finden können.« Alle erhoben ihre Gläser und stießen auf das Brautpaar an.

Als das Dessert abserviert war und Hannes fragte, wo die Herrschaften den Mokka zu nehmen wünschten, bat Clemens ihn, einen Moment zu warten. Er erhob sich. »Lieber Jesko, ich danke dir für deine lieben Worte. Ihr alle wisst, dass ich Aglaia von Herzen liebe, und ich verspreche euch, alles nur Menschenmögliche zu tun, dass sie wieder glücklich wird. Ich weiß, dass ihr endlich erfahren wollt, wohin ich eure geliebte Aglaia entführen werde. Deshalb würde ich vorschlagen, dass wir den Mokka dort nehmen.« Er sah aus dem Fenster. »Wie ich sehe, wartet Josef bereits mit der Kutsche. Also, wenn es euch recht ist …«

Ein paar Minuten später saßen alle in der Kutsche. Alexander hatte auf dem Kutschbock Platz genommen, zu sechst wäre es doch ein wenig zu eng geworden. Alle schwiegen gespannt.

»Sieh nur, Clemens, dort drüben liegt Wallerstein. Mein Gott, wie lange war ich nicht mehr dort. Ist unser Haus in der Nähe?« Clemens legte Aglaia die Finger auf die Lippen und sagte leise: »Gleich wirst du es wissen, Liebste.« An alle gewandt sagte er: »Würdet ihr bitte alle für ein paar Minuten die Augen schließen. Auch du, Alex. Und nicht schummeln.«

»Was soll das denn?«, brummte Jesko. Das war ja zu albern.

Aber Elvira lachte. »Nun lass doch dem Jungen den Spaß.«

Clemens behielt alle im Auge. Wenn einer blinzelte, rief er: »Nicht schummeln, hab ich gesagt. Gleich habt ihr es überstanden.« Angenehm kühl war es auf einmal. Aglaia bemerkte, dass sie durch einen Wald fuhren. Doch da war sie schon wieder, die glühende Hitze, die schon seit Wochen das Land austrocknete. Und in diesem Moment rief Clemens: »So, jetzt könnt ihr die Augen aufmachen.«

Auf der Anhöhe vor ihnen lag Wallerstein. Die Kutsche fuhr direkt darauf zu. Für einen Moment verschlug es allen die Sprache. Aglaia war die Erste, die ihre Fassung wiederfand. Sie fiel Clemens um den Hals. »Ich danke dir! Oh, wie ich dir danke. Mein Wallerstein … Wie konntest du das nur so lange vor uns geheim halten?«

»Das frage ich mich auch«, entfuhr es Jesko. »Wo hier doch jeder alles über jeden weiß.«

Und Ferdinand sagte tief beeindruckt »Also, *die* Überraschung ist dir gelungen, das muss ich schon sagen.«

Vor der großen Freitreppe stand die gesamte Dienerschaft, nach Rang und Stellung nebeneinander aufgereiht, um die neuen Herrschaften zu begrüßen. Voller Freude erkannte Aglaia einige vertraute Gesichter. Da stand der Erste Diener Kurt, Haare und Bart schneeweiß, er musste an die siebzig sein, dann die Hausdame, Frau Hübner, und Helma, die Mamsell.

Dem Diener liefen Tränen über die Wange, als Aglaia ihn begrüßte. »Nu ne nich, dass ich das noch erleben darf! Das Komtesschen zurück zuhause, was 'ne Freude aber auch.«

Aglaia drückte seine Hand. »Ja Kurt, ich freue mich auch. Und Frau Hübner und du Helma, ihr seid alle noch da. Wie schön!« Für jeden hatte sie ein freundliches Wort, und nachdem sie die Reihe abgegangen war, betrat sie zum ersten Mal seit dem Tod ihres Vaters wieder ihr Geburtshaus. Die Räume waren prachtvoll eingerichtet, überall frische Blumen und Palmen in kostbaren Gefäßen. Fast erkannte Aglaia ihr altes Zuhause nicht wieder.

»Hast du die Einrichtung übernommen?«, fragte Elvira Clemens erstaunt. So viel Geschmack hatte sie Wilhelmine gar nicht zugetraut.

»Nein.« Clemens lächelte. »Ich habe einiges aus England kommen lassen und anderes hier gekauft. Die vorige Einrichtung war mir ein wenig zu pompös. Nur im Park habe ich nichts verändert.« Aglaia sah ihn dankbar an. Nichts hier erinnerte mehr an ihre ungeliebte Mutter. Livrierte Lakaien servierten jetzt Mokka und Petit Fours. Die Herren zündeten sich ihre Zigarren an und tranken alten englischen Port. Jesko prostete seiner Frau zu, die ihr Glück kaum fassen konnte. »Siehste, mein altes Marjellchen, alle Aufregung war umsonst. Näher an Birkenau geht es ja nun wirklich nicht.«

Wie ein Lauffeuer verbreitete sich die Nachricht im ganzen Landkreis. Wochenlang wurde über nichts anderes gesprochen. Aglaia von Wallerstein war nach Hause zurückgekehrt!

Das Land stöhnte unter der sommerlichen Hitze. Es war nun schon das dritte Jahr, in dem die Landwirte um ihre Ernte fürchten mussten. Aglaia und Clemens entflohen den unerträglichen Temperaturen und verbrachten ihre Hochzeitsreise in Kranz. Sie hatten das kleine verträumte Ostseebad dem trubeligen Zoppot vorgezogen, wollten ihre Zweisamkeit genießen und nicht auf Schritt und Tritt Freunden oder Bekannten begegnen. Clemens hatte etwas außerhalb des Ortes ein kleines Haus gemietet. Ein Dienstmädchen kam täglich für ein paar Stunden, den Rest der Zeit wollten sie ungestört sein. Sie machten lange Strandspaziergänge, badeten im Meer, und ihre Mahlzeiten nahmen sie in einem der vielen kleinen Gasthäuser ein. Nachts liebten sie sich, als ob es kein Morgen gäbe. Aglaia war zum ersten Mal seit Jahren wieder glücklich. Mitte Juli kamen sie zurück. Ihr erster Weg führte sie am nächsten Tag nach Birkenau.

»Da seid ihr ja endlich wieder!« Strahlend nahm Elvira Aglaia in den Arm.

»Ja, kaum angekommen, musste ich in aller Früh die Pferde satteln lassen. Meine Frau konnte es gar nicht erwarten, euch zu sehen«, berichtete Clemens lachend. »Ich hoffe wenigstens, dass ich hier ein anständiges Frühstück kriege.« Hannes hatte bereits zwei neue Gedecke aufgelegt, und Aglaia erzählte begeistert von ihren Ferien. »Diese herrliche frische Luft, und immer etwas Wind.« Sie versuchte, sich mit ihrem Fächer ein wenig Kühlung zu verschaffen. »Ich hatte schon ganz vergessen, wie unerträglich heiß es hier ist.« Während sie weiter schwärmte, von dem beschaulichen kleinen Ort und dem frischen Fisch, beugte sich Hannes zu Jesko hinunter. »Verzeihung, dass ich störe, Herr Graf. Eben kam ein Extrablatt. Es dürfte Sie interessieren.«

Jesko schlug die Zeitung auf. »Um Gottes willen! Frankreich hat Preußen den Krieg erklärt.« Für einen Moment herrschte betretenes Schweigen.

Dann sagte Aglaia mit zitternder Stimme: »Wenn Alexander auf die Idee kommen sollte, sich freiwillig zu melden, werde ich das nicht zulassen. Noch einen Menschen zu verlieren, überstehe ich nicht.« Sie war den Tränen nahe.

»Mach dir keine Sorgen, Aglaia«, versuchte Jesko seine Schwiegertochter zu beruhigen. »Alexander ist mitten im Studium, man wird ihn auf keinen Fall einziehen. Und wie ich ihn kenne, hat er überhaupt keine Lust, Krieg zu spielen.«

»Und wenn der Krieg über Jahre geht?«

Nun sprach auch Ferdinand beruhigend auf seine Nichte ein. »Reg dich nicht auf, Aglaia. Hohenlohe deutete schon an, dass es Krieg geben könnte. Aber er ist sicher, dass er nicht lange dauern wird.«

Kraft zu Hohenlohe-Ingelfingens Prophezeiung sollte sich bewahrheiten. Bereits nach einem halben Jahr hatte Preußen Frankreich vernichtend geschlagen, und am 18. Januar 1871 wurde König Wilhelm I in Versailles zum deutschen Kaiser gekrönt.

Kurz darauf kam die Nachricht von Wilhelmines Ableben. Die Leiterin des Stifts schrieb an Aglaia, ihre Mutter sei ihrem schweren Herzleiden erlegen. Sie hätte verfügt, in Badenweiler bestattet zu werden. Ihr verbliebenes Hab und Gut habe sie ihrer Zofe Gerda vermacht, die ihr bis zur letzten Stunde treu gedient habe. Aglaia verspürte keine Trauer.

Sommer 1873

Alexander und Franz hatten sich zur großen Erleichterung ihrer Mütter nicht zum Kriegsdienst gemeldet und waren inzwischen mit ihrem Studium fertig. Beide hatten bereits ihre Stellung angetreten. Franz war von Clemens auf Wallerstein als Inspektor und Forstverwalter eingestellt worden, und Alexander übernahm, zusammen mit dem alten Plenzrat, die Verwaltung von Linderwies. Schernuppen war weit unter Preis verkauft worden. Der Erlös reichte nicht im Entferntesten, um die entstandenen Schulden zu tilgen. Im Gegenteil, die Missernten der letzten Jahre hatten Jesko gezwungen, neue Hypotheken aufzunehmen, nicht nur auf Linderwies, sondern auch auf Birkenau. Die Sorgen hatten ihn sichtlich altern lassen.

Heute war seit langem wieder ein Tag, an dem er heiter gestimmt war. Das milde Wetter im April und Mai, dann warme Tage im Juni und Juli, unterbrochen von kurzen, heftigen Gewitterregen, ließen dieses Jahr endlich auf eine gute Ernte hoffen.

Jesko und Ferdinand saßen mit Alexander auf der Terrasse, und Elvira schnitt für Aglaias Geburtstag Rosen. In einer Stunde wollte man nach Wallerstein fahren, um zu gratulieren und dort das Mittagessen einzunehmen.

»Richtiges Gedeihwetter haben wir heute«, sagte Jesko gut gelaunt. »Was meinst du, Jungchen, schaffen wir es in diesem Jahr, aus dem Schuldenpott rauszukommen?«

Alexander machte ein bedenkliches Gesicht. »Ich fürchte, ich kann deinen Optimismus nicht teilen, Großpapa. Wenn die Bank uns nicht noch einmal einen größeren Kredit gewährt, weiß ich nicht, wie wir es schaffen sollen. Ich habe hin- und hergerechnet und sogar versucht, ein Stück Wald zu verkaufen. Aber die Zeiten sind schlecht. Der Preis, den man mir geboten hat, war inakzeptabel.«

Jesko sah seinen Enkel entsetzt an. »Ich wusste nicht, dass es so schlecht steht. Ist das die Schuld von Plenzrat?«

»Du weißt, dass ich die Bücher schon während meines Studiums geführt habe. Plenzrat kann nichts dafür. Drei Jahre Missernte, das hält der gesündeste Betrieb nicht aus.«

»Aber Junge, warum hast du denn gar nichts gesagt?«

»Was hätte das denn genützt, Großpapa? Du wärst nur vor lauter Sorgen nicht in den Schlaf gekommen.«

»Und wie soll es weitergehen, wenn die Bank wirklich kein Geld mehr gibt?«, fragte Ferdinand. »Warum bittet ihr nicht Clemens? Er scheint doch …«

»Kommt überhaupt nicht in Frage«, schnitt sein Bruder ihm das Wort ab.

»Ehrlich gesagt, Großpapa, habe ich auch schon daran gedacht.«

»Nein und noch mal nein. Ich verbiete euch, auch nur daran zu denken.«

Die Sonne strahlte von einem wolkenlosen Himmel, als sie in der offenen Kutsche nach Wallerstein hinüberfuhren, vorbei an wogenden Feldern, durchsetzt mit leuchtenden Mohn- und Kornblumen. Auf saftigen Weiden grasten Kühe, und in weiß eingezäunten Koppeln weideten Stuten mit ihren Fohlen. Hin und wieder unterbrach ein kleiner Mischwald die herrliche

Landschaft. Alexander war tief in Gedanken versunken. Was sollte bloß aus ihm werden, wenn sie Linderwies verkaufen mussten? Birkenau mit seinen zehntausend Morgen Land benötigte keinen Verwalter, schon gar keinen mit seinen Fähigkeiten. Außerdem würde es nicht genug abwerfen, um neben seinen Großeltern ihn selbst und vielleicht eine kleine Familie zu ernähren. Er würde sich wohl oder übel demnächst nach einer anderen Stelle umsehen müssen. Sie fuhren die Auffahrt nach Wallerstein hinauf, und da lief ihnen auch schon seine Mutter entgegen, strahlend schön und allem Anschein nach überglücklich. Für den Moment vergaß er seine trüben Gedanken.

Ferdinand, der wieder einmal eine Woche in Berlin verbracht hatte, unterhielt die Gesellschaft mit Klatsch aus der großen Welt. »Stellt euch vor, Bismarck, dieser Baum von einem Mann, bricht immer in Tränen aus, wenn ihm etwas nicht gewährt wird, das ihm am Herzen liegt.«

»Und hat er etwa Erfolg damit?«, fragte Elvira erstaunt. »Kraft zu Hohenlohe sagt, der Kaiser fällt immer wieder darauf herein.«

Man hatte sich auf der Terrasse niedergelassen, um den Mokka zu nehmen, als Kurt, schreckensbleich meldete: »Eine Gräfin Kaulitz wünscht Gräfin Wallerstein zu sprechen.«

Aglaia sah Jesko fragend an. »Haben wir irgendwelche Verwandten, von denen ich nichts weiß?«

Der schüttelte den Kopf. »Soweit mir bekannt, ist Alexander der Letzte aus unserer Linie. Das muss eine Hochstaplerin sein. Oder hast du dich vielleicht verhört, Kurt?«

»Nein, gewiss nicht, Herr Graf.« Er schluckte, als fiele ihm das Sprechen schwer. »Die Dame ... sie hat ein kleines Kind dabei.«

»Das wird ja immer besser«, sagte Elvira mit höhnischem Lachen. »Sehen wir uns unsere obskure Namensvetterin doch einmal an.«

Aglaia erhob sich. »Ich lasse bitten, Kurt.« Die junge, zarte Frau trug einen breitrandigen Hut mit Schleier. An der Hand hielt sie ein etwa vier Jahre altes entzückendes Mädchen mit leuchtend roten Locken. Als sie ihren Schleier hob, senkte sich ein fast unheimliches Schweigen über die Gesellschaft. Bis auf Alexander starrten sie alle ungläubig an.

Aglaia klammerte sich an die Lehne ihres Stuhles. Aus ihrem Gesicht war alle Farbe gewichen. »Mein Gott …«, stammelte sie, »… Tanya?«

»Nein, ich bin Amalie. Tanya war meine Mutter.«

Clemens konnte Aglaia gerade noch auffangen. Als sie wieder zu sich kam, redeten alle durcheinander. Es gab keinen Zweifel, sie musste Tanyas Tochter sein, die Ähnlichkeit war frappant.

»Wir dachten, du seiest tot«. Elvira war außer sich.

»Wie hast du uns, ich meine Wallerstein, überhaupt gefunden?«, fragte Jesko.

Alexander, der keine Ahnung hatte, was hier überhaupt vor sich ging, versuchte Ruhe in die Aufregung zu bringen. »Nun lasst Amalie doch erst einmal Luft holen. Wie soll sie denn all die Fragen auf einmal beantworten? Sie sieht ja schon ganz erschöpft aus.« Er winkte Kurt. »Bring doch den beiden jungen Damen erst einmal eine Erfrischung.«

Amalie sah Alexander dankbar an. ›Was für ein netter junger Mann. Er sieht Ellart ähnlich.‹

»Vielleicht sollten wir uns erst alle einmal bekannt machen«, fuhr Alexander fort. »Die junge Dame weiß ja gar nicht, wer wir sind.«

Als Letzte stellte sich Aglaia vor. »Ich bin Aglaia von Wallerstein. Deine Mutter war meine Schwester. Ihren Tod habe ich nie verwunden. Alexander ist übrigens mein Sohn.«

Lange saß die Familie zusammen und lauschte Amalies Geschichte. »Erst als mein Vater im Sterben lag, gestand er mir, dass ich nicht sein leibliches Kind bin«, begann sie. »Er und meine Mutter konnten keine Kinder bekommen und haben mich aus einem Waisenhaus in Pommern geholt. Ich muss ein sehr zartes Kind gewesen sein. Bis ich drei Jahre alt war, lebten sie in ständiger Angst, ich könnte sterben.«

»Mein Gott, armes Kind«, entfuhr es Aglaia. »Du tust mir unendlich leid.«

Ein Lächeln trat in Amalies Gesicht. »Das ist gar nicht nötig. Meine Adoptiveltern waren die warmherzigsten und liebsten Menschen, die man sich vorstellen kann. Ich hatte eine wunderschöne behütete Kindheit. Nun, kurz bevor mein Vater starb, gab er mir ein Holzkästchen. ›Vielleicht findest du darin deine Wurzeln‹, hat er gesagt. ›Ich habe es nie geöffnet. Du warst der Sonnenschein in unserem Leben.‹« Sie zog zwei Briefe aus ihrer Tasche. Einen davon reichte sie Aglaia. »Diesen Brief hat meine Mutter dir am Tag deiner Hochzeit geschrieben, und dieser«, sie reichte ihn Elvira »hat mich hierhergeführt.«

Elvira schlug die Hände vors Gesicht. »Das ist mein Brief, den ich Tanya vor ihrer Abreise in das Kloster geschrieben habe. Ohne den hättest du uns ja nie gefunden!«

»Doch«, sagte Amalie mit fester Stimme. »Ich bin die Frau von Ellart von Kaulitz aus Ostpreußen, und das hier …«, sie strich dem kleinen Mädchen an ihrer Seite über den Kopf, »… das ist Franziska, unsere Tochter.«

In dieser Nacht fand kaum einer Schlaf. Zu groß war für alle die Aufregung. Immer wieder las Aglaia Tanyas Brief.

Aglaia, meine geliebte Cousine und Schwester meines Herzens,

heute ist Dein großer Tag. Wie gern wäre ich bei Dir. Du weißt das, aber ich habe Schuld auf mich geladen, und nun muss ich dafür büßen. Bei allem Unglück, in mir wächst ein Menschlein, es pufft und strampelt und erinnert mich daran, dass ich noch am Leben bin. Werden wir uns jemals wiedersehen? Ich weiß es nicht. Es liegt in Gottes Hand. Ich lasse mich treiben vom Wind des Schicksals. Heute Abend, ich kann es kaum erwarten, werden wir, auch wenn wir uns nicht hören können, miteinander sprechen. Bei dem Anblick des herrlichen Himmels über Ostpreußen mit unseren Sternen, die Dich beschützen sollen Dein ganzes Leben lang.

Ein Engel, dessen Namen ich nicht nennen kann, hat meine Gebete erhört und mir eines Tages Papier und Feder gegeben. Ich schreibe diesen Brief, obwohl er dieses Kloster niemals verlassen wird. Deine Mutter hat es verboten. Aber es ist mir ein Trost, meine Gedanken zu Papier zu bringen. Werde glücklich, meine geliebte Aglaia. Vergiss mich nicht, Du meine geliebte Cousine, die ich meine Schwester nenne, weil ich Dich so sehr liebe, und die Du mir meine Kindheit so lebenswert gemacht hast. Leb wohl.

Immer Deine Tanya

Sie war im Innersten aufgewühlt. Um zehn Uhr suchte sie an dem klaren Himmel ihren Stern und sprach zu ihrer geliebten Schwester. »Ich weiß, du hast mir deine Tochter geschickt. Ich bin ja so unendlich glücklich.« Noch ahnte niemand, dass sich Alexander Hals über Kopf in Amalie verliebt hatte.

Amalie ersparte ihrer neuen Familie die erniedrigenden

Umstände ihrer Heirat. Als man sie fragte, warum sie als Ellarts Frau nicht schon früher gekommen sei, sagte sie: »Eine Woche nach unserer Hochzeit starb Ellart bei einem Duell. Mein Vater war damals schon sehr krank, und wir verbrachten die Zeit, die ihm noch blieb, in einem Kurort in der Schweiz.«

Als es darum ging, wo Amalie und Franziska in Zukunft wohnen sollten, entbrannte eine heftige Diskussion. Jeder erhob Anspruch auf das neue Familienmitglied, bis Alexander schließlich sagte: »Vielleicht lasst ihr das Amalie entscheiden.«

Wieder traf ihn ein dankbarer Blick. »Ich weiß nicht recht ... Vielleicht könnte ich eine Woche auf Wallerstein und eine Woche auf Birkenau sein – wenn euch das recht ist. Und wir können uns ja auch gegenseitig besuchen.« Amalie wollte es möglichst allen recht machen.

Ein paar Tage später ritt Alexander mit Amalie nach Linderwies. »Bisher hast du ja kaum etwas von unserem schönen Ostpreußen gesehen«, hatte er zu ihr gesagt. Er führte sie auf dem Gut herum, zeigte ihr die Stallungen und seine prachtvollen Pferde auf den Koppeln. Zu allem stellte Amalie kluge Fragen. Als sie in sein Büro kamen, erklärte er: »Hier arbeite ich, wenn ich nicht auf dem Feld bin. Allerdings weiß ich nicht wie lange noch.«

Amalie sah ihn erstaunt an. »Wie meinst du das? Ich denke, du liebst deine Arbeit hier?«

»Oh ja, das tue ich.«

»Ja aber willst du weg aus Ostpreußen?«

»Von Wollen kann keine Rede sein. Ich werde wohl müssen. Wir sind kurz davor, unser herrliches Gut zum Verkauf anzubieten. Die Bank will uns keinen neuen Kredit mehr geben. Wir hatten drei schrecklich schwere Jahre, das übersteht man nicht so einfach.« Auf dem Heimweg, kurz vor dem kleinen Birkenwald, zügelte Alexander sein Pferd und sprang ab. »Komm, lass uns einen Moment ausruhen.« Er half Amalie vom Pferd und legte sein Taschentuch auf einen umgekippten Baumstamm. Schweigend blickte sie in die vor ihr liegende herrliche Landschaft. Im Hintergrund waren die Gebäude von Linderwies zu sehen. Alexander hatte den Arm um sie gelegt.

»Es ist so wunderschön hier«, sagte sie.

»Ja, das ist es. Und es wird mir unendlich schwerfallen, hier wegzugehen, alles zu verlassen, mein Land, meine Familie … und vor allem dich.« Er sprang auf. »Ach lass uns nicht sentimental werden«, rief er übertrieben fröhlich. »Wir sollten nach Hause reiten. Man erwartet uns sicher schon zum Kleinmittag.«

Wenn Amalie und Franziska auf Wallerstein waren, fand Alexander immer einen Grund, von Birkenau herüberzukommen, und bald war allen klar, warum. Er liebte Amalie.

Es dauerte nicht lange, da hatten alle Amalie in ihr Herz geschlossen. Sie war Tanya nicht nur äußerlich so ähnlich, sie hatte auch das gleiche liebe Wesen ihrer Mutter geerbt. Und Franziska wurde von allen nach Strich und Faden verwöhnt, keinen Wunsch konnte man dem entzückenden Kind abschlagen.

Seit einiger Zeit war in Amalie ein Plan gereift. Ein paar Wochen später, bei einem gemeinsamen Abendessen auf Birkenau, klopfte sie an ihr Glas und erhob sich. »Liebe Familie, als Erstes möchte ich euch danken, mit was für einer Liebe und Selbstverständlichkeit ihr mich bei euch aufgenommen habt. Vor einiger Zeit habe ich von Alexander erfahren, dass ihr euch wegen jahrelanger Missernten in finanziellen Schwierigkeiten befindet.«

»Alex, wie konntest du nur!« Jesko sah seinen Enkel vorwurfsvoll an.

»Bitte, lieber Jesko, mach Alexander keine Vorwürfe. Er ist verzweifelt, und ich bin sehr froh, dass er sich mir anvertraut hat.« Sie strahlte Alexander an. »Gott sei Dank hast du das!« Dann fuhr sie fort. »Ihr wisst ja noch lange nicht alles über mich. Dafür war die Zeit zu kurz. Mein Vater war ein sehr reicher Mann. Er hat mir ein Vermögen hinterlassen.« Sie holte tief Luft, als müsse sie sich Mut machen für das, was sie jetzt sagen wollte. »Ihr könntet mir keine größere Freude machen, als mein Geld anzunehmen, um Linderwies und Birkenau schuldenfrei zu machen. Ich wüsste nicht, wie es besser angelegt sein könnte.« Und um ihren Worten Nachdruck zu verleihen, sagte sie bestimmt: »Wenn ihr mein Angebot ablehnt, werde ich euch mit Franziska verlassen.« Für einen Augenblick waren alle sprachlos. Elvira hatte Tränen in den Augen, und Jesko sagte mit gepresster Stimme: »Ich weiß nicht, ob wir das annehmen können. Wir werden morgen darüber sprechen.«

Die Großeltern verabschiedeten sich bald. »Wir müssen ins Bett. Das war doch alles ein bisschen viel für uns in letzter Zeit«, erklärte Jesko.

Kurz darauf brach auch Ferdinand auf. »Ich muss das auch erst mal alles verdauen«, sagte er grinsend, »und damit meine ich nicht nur Minchens hervorragende Küche.«

Als sie allein waren, fragte Alexander: »Was hältst du davon, Amalie, wenn wir noch ein paar Schritte gehen? Ich kann jetzt unmöglich schon schlafen.«

Der fast volle Mond tauchte den Park in ein unwirkliches Licht. Es war still, nur das leise Knirschen des Kieses unter ihren Schuhen war zu hören. Ab und zu quakte ein Frosch, und aus dem nahen Wald klang das Rufen eines Käuzchens.

Einmal ließ ein lautes Knacken Amalie zusammenzucken. Schützend legte Alexander seinen Arm um ihre Schultern. »Du musst dich nicht fürchten. Das war wahrscheinlich nur ein Tier, das auf einen trockenen Ast getreten ist.« Er deutete auf eine Bank am Ufer des Sees. »Komm, wir setzen uns einen Moment. Ich liebe diesen Platz. Es ist so friedlich hier.« Dann zeigte er hinauf in den sternenklaren Himmel. »Siehst du den hellen Stern dort? ›Da leuchtet Tanya, meine kleine Schwester‹, hat mir meine Mutter einmal erzählt, als ich klein war. Jeden Abend hat sie zu ihr gesprochen. Sie sagte einmal, der Himmel über Ostpreußen sei für sie das Schönste auf der Welt.«

Alexanders Arm lag noch immer auf Amalies Schulter. Er zog sie eng an sich. »Ich glaube, wir können dein Angebot nicht annehmen«, sagte er, nachdem sie eine Weile geschwiegen hatten.

»Doch, das könnt ihr. Ich habe euch doch erzählt, dass ich schon immer meinen Kopf durchgesetzt habe.« Sie sah Alexander an. »Ich weiß, dass du mich liebst, und ich weiß auch, dass du mir unter diesen Umständen keinen Antrag machen wirst, weil ich denken könnte, du heiratest mich nur meines Geldes wegen. Deshalb frage ich dich jetzt, Alexander von Kaulitz, willst du mich heiraten?«

Alexander lachte laut auf. »Das ist wahrscheinlich der ungewöhnlichste Antrag, der jemals gemacht wurde.« Er nahm ihr Gesicht in beide Hände und küsste sie. »Ja, du wunderbares Wesen, ich will.«

Am nächsten Tag verkündeten Alexander und Amalie ihre Verlobung.

Nachwort

Wer sich für das tragische Schicksal der Familie Lackner interessiert, kann mehr über deren Leben in dem 2004 erschienenen Bestseller *Und Wunder gibt es doch* erfahren. Das Leben der Familie Gölder ist in dem anschließend erschienenen Roman *Wilde Rosen, weites Land* berührend beschrieben. Der dritte Ostpreußenroman von Maja Schulze-Lackner *Solang es Träume gibt* erzählt die aufregende Geschichte der gräflichen Familie Troyenfeld.